Edward de Bono

Wie Kinder richtig denken lernen

Das spielerische Lernprogramm

Aus dem Englischen übersetzt von
Sabine Steinberg

ECON Verlag
Düsseldorf · Wien · New York · Moskau

Titel der englischen Originalausgabe:
Teach Your Children to Think
Originalverlag: Aitken & Stone Ltd., London
Übersetzt von: Sabine Steinberg
Copyright © 1992 by McQuaig Group Inc.

Die Deutsche Bibliothek – CIP-Einheitsaufnahme

de Bono, Edward:
Wie Kinder richtig denken lernen: Das spielerische
Lernprogramm / Edward de Bono. Aus dem Engl. übers. von Sabine Steinberg.
– Düsseldorf; Wien; New York; Moskau:
ECON Verlag, 1994
Einheitssacht.: Teach your children to think ⟨dt.⟩
ISBN 3-430-11417-9

Lektorat: Gerda-Charlotte Stroucken/Kristina Raub
Gesetzt aus Primus, Berthold
Satz: Dörlemann-Satz, Lemförde
Papier: Papierfabrik Schleipen GmbH, Bad Dürkheim
Druck und Bindearbeiten: Pustet, Regensburg
Printed in Germany
ISBN 3-430-11417-9

Inhalt

Teil III

Teil IV

Teil V

Anhang

Vorbemerkung des Autors

Ich habe dieses Buch geschrieben, damit es auf der Welt ein paar junge Menschen mehr gibt, die »ich bin ein Denker« von sich sagen.

Noch besser fände ich es, wenn ein paar von ihnen noch weiter gehen und »ich bin ein Denker – und ich denke gerne« sagen würden.

Auch Eltern und Erwachsene finden in diesem Buch Gelegenheit, zur gleichen Aussage zu kommen.

Denken ist nicht schwer. Denken ist nicht langweilig. Um richtig denken zu können, muß man kein Genie sein.

Das zukünftige Wohlergehen unserer Welt hängt von richtigem Denken ab. Für das persönliche Leben mußte man schon immer gut denken können, die wachsende Komplexität von Ansprüchen und Möglichkeiten erfordert jedoch ein noch besseres Denken. Im Beruf und Geschäftsleben ist richtiges Denken wesentlich fürs Überleben, für Erfolg und den Wettbewerb.

Teil I

Dieses Buch ist nicht für Sie geeignet, wenn . . .

. . . Sie glauben, daß Intelligenz allein ausreicht. Wenn Sie der Überzeugung sind, daß eine hochintelligente Person automatisch richtig denken kann und eine weniger intelligente Person ein weniger guter Denker ist, dann ist dieses Buch nicht für Sie geeignet.

Meiner Erfahrung nach sind hochintelligente Menschen nicht immer gute Denker. Viele hochintelligente Menschen fallen auf die *Intelligenzfalle* herein und sind deshalb nur schlechte Denker. Intelligenz ist ein Potential. Denken ist die Fähigkeit, das Potential zu nutzen. Später werde ich auf diesen Punkt noch ausführlicher zu sprechen kommen.

. . . Sie glauben, daß die Fähigkeit zum Denken bereits in der Schule gelehrt wird. Wenn Sie glauben, daß die Schule der richtige Ort ist, um Denken zu lehren, und daß diese Aufgabe dort gut erfüllt wird, dann ist dieses Buch nicht für Sie geeignet.

Meiner Erfahrung nach wurde Denken an den Schulen bisher überhaupt nicht gelehrt. An manchen Schulen wird eine beschränkte Denkfähigkeit hinsichtlich Information und Analyse vermittelt. Erst in jüngster Zeit wird Denken in etwas stärkerem Maße vermittelt. Manche Schulen haben damit begonnen, *kritisches Denken* zu lehren. Das ist lobenswert, aber ineffizient – ja, sogar gefährlich. Auch darauf werde ich später noch zu sprechen kommen.

Das von mir entworfene CoRT-Denkprogramm wird heute von Millionen von Schülern in verschiedenen Ländern auf der

ganzen Welt angewendet. Und dennoch ist es unwahrscheinlich, daß es gerade an der Schule, die *Ihre* Kinder besuchen,
angewendet wird.

... Sie glauben, daß die Fähigkeit zum Denken nicht gelehrt
werden kann. Wenn Sie glauben, daß diese Fähigkeit nur entwickelt werden kann, wenn man über spezifische Themen
nachdenkt oder sein Denkvermögen im alltäglichen Leben
anwendet, dann ist dieses Buch nicht für Sie geeignet.

Die meisten Menschen im Bildungswesen und viele andere
in allen möglichen Bereichen haben immer angenommen, Denken könne nicht direkt gelehrt werden. Diese Ansicht beginnt
sich nun langsam zu ändern, da Erfahrungen und Untersuchungen das Gegenteil beweisen.

Die Tatsache, daß wir viel Zeit damit verbringen, über alle
möglichen Dinge nachzudenken, verbessert unsere Denkfähigkeit nicht. Ein Journalist, der mit zwei Fingern tippt, tippt auch
mit Sechzig noch mit zwei Fingern. Das liegt nicht an der man-
gelnden Praxis. Je häufiger jemand mit zwei Fingern tippt, desto besser beherrscht er diese Fähigkeit. Hätte diese Person jedoch in jungen Jahren einen Schnellkurs im Zehnfingersystem
belegt, könnte sie ihr ganzes Leben lang besser Schreibma-
schine schreiben. Das gleiche gilt für das Denken. Praxis allein
reicht nicht aus.

13

Warum wir ein neues Denken über das Denken brauchen

Information und Denken

Information ist äußerst wichtig. Information ist leicht zu vermitteln. Information ist leicht zu überprüfen. Es kommt nicht von ungefähr, daß sich Bildungsinstitutionen so intensiv mit Information befassen.

Denken ist kein Ersatz für Information, aber Information kann ein Ersatz für Denken sein.

Die meisten theologischen Definitionen gehen davon aus, daß Gott vollkommen und allwissend ist. Wenn Wissen vollkommen und vollständig ist, braucht man nicht zu denken.

In manchen Bereichen können wir vielleicht vollständige Informationen erhalten, und dann werden diese Bereiche zu Routineangelegenheiten, in denen Denken nicht erforderlich ist. In der Zukunft werden wir diese Routineangelegenheiten Computern überlassen.

Verfügen wir jedoch nicht über vollständige Informationen, müssen wir denken, um den größtmöglichen Nutzen aus der Information, die wir haben, zu ziehen. Auch wenn unsere Computer und Informationstechnologien uns mit immer mehr Informationen versorgen, müssen wir denken, damit wir von all diesen Informationen nicht überwältigt und verwirrt werden.

Auch wenn wir uns mit der Zukunft befassen, müssen wir denken, weil wir über die Zukunft niemals vollständige Informationen haben können.

Was Kreativität, Entwürfe, Unternehmungen und alles Neue anbelangt, so müssen wir ebenfalls denken.

14

Wir müssen denken, um die Informationen, die auch unseren Mitstreitern zur Verfügung stehen, besser nutzen zu können.

Information allein reicht also nicht aus. Wir müssen auch denken. Leider geraten wir da in ein schweres Dilemma. Jede Information ist wertvoll. Selbst die kleinste Information ist von wachsendem Wert, weil sie zu dem hinzukommt, was wir bereits wissen. Woher sollen wir also den Mut nehmen, den Zeitaufwand, den wir mit der Vermittlung von Information verwenden, zu reduzieren, um noch Zeit für die Vermittlung der Fähigkeit zum Denken zu finden, die wir zur optimalen Nutzung der Information brauchen?

Intelligenz und Denken

Die Annahme, Intelligenz und Denken seien identisch, hat im Bildungswesen zu zwei irrigen Schlußfolgerungen geführt:

1. Schüler mit einem hohen Intelligenzgrad müssen nicht gefördert werden, weil sie automatisch gute Denker sind.
2. Schüler mit einem weniger hohen Intelligenzgrad müssen nicht gefördert werden, weil aus ihnen niemals gute Denker werden.

Die Beziehung zwischen Intelligenz und Denken ist wie die Beziehung zwischen einem Auto und seinem Fahrer. Ein gutes Auto kann von einem schlechten Fahrer gefahren werden. Ein weniger gutes Auto kann von einem guten Fahrer gefahren werden. Die Qualität des Autos ist sein Potential, so wie Intelligenz das Potential des Verstandes ist. Die Fähigkeit des Autofahrers bestimmt, wie die Qualität des Autos genutzt wird. Die Fähigkeit des Denkers bestimmt, wie Intelligenz genutzt wird.

Ich habe Denken oft als *die ausführende Fähigkeit, mit der Intelligenz aufgrund von Erfahrungen handelt,* definiert.

Viele hochintelligente Menschen haben bestimmte Ansichten über ein Thema und benutzen dann ihre Intelligenz, um diese Ansichten zu verteidigen. Da sie ihre Ansichten sehr gut verteidigen können, sehen sie keinen Anlaß, das Thema genauer zu erforschen oder sich alternative Ansichten anzuhören. Das ist schlechtes Denken und Bestandteil der *Intelligenzfalle*.

In Abbildung 1 wird dargestellt, wie ein Denker eine Situation erkennt und sie sofort beurteilt. Der andere Denker erkennt die Situation, macht sich daran, sie zu erforschen und beurteilt sie dann erst. Die hochintelligente Person kann die Prozesse des *Erkennens und Beurteilens* natürlich sehr gut durchführen, aber wenn das *Erforschen* fehlt, handelt es sich dennoch um schlechtes Denken.

Hochintelligente Menschen können normalerweise ohne weiteres Rätsel oder Probleme lösen, bei denen alle Teile vorhanden sind. Weniger gut kommen sie dagegen mit Situationen zurecht, bei denen sie die einzelnen Teile erst finden und deren Wert bestimmen müssen.

Dies kann auch mit ihrem »Ego« zusammenhängen. Hochintelligente Menschen sind gerne im Recht. Manche pflegen andere anzugreifen und zu kritisieren, da es so leicht ist, den anderen nachzuweisen, daß sie unrecht haben. Manche wiederum gehen ungern spekulative Risiken ein, weil sie dann nicht sicher sein können, daß sie recht haben.

Natürlich gibt es auch hochintelligente Menschen, die ausgezeichnete Denker sind. Das ist jedoch keine natürliche Folge. Die Fähigkeit zum Denken muß erst entwickelt werden.

Cleverneß und Weisheit

In der Schule, bei Rätseln, Tests, Prüfungen und in unserem Wertesystem wird immer wieder betont, wie wichtig Cleverneß ist.

Ein cleverer junger Mann kann an der Wall Street eine

Situation

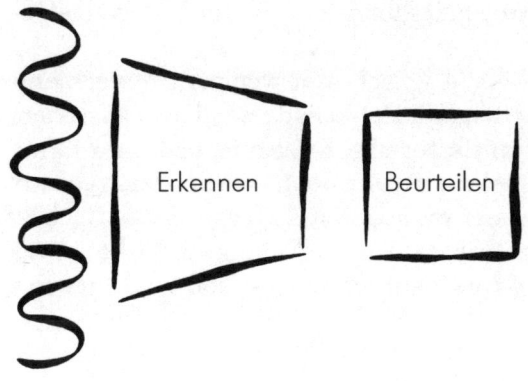

Erkennen

Beurteilen

Situation

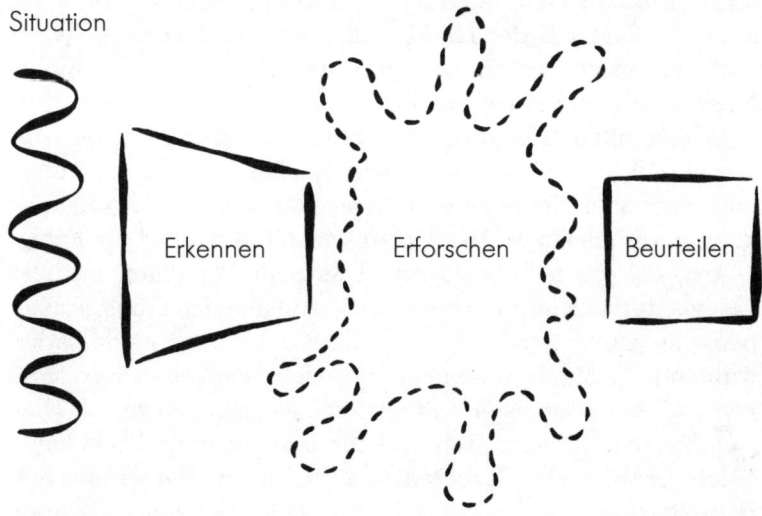

Erkennen

Erforschen

Beurteilen

Abbildung 1

17

Menge Geld verdienen, aber sein Privatleben ist dafür möglicherweise in völliger Unordnung.

Man kann Cleverneß als eine stark fokussierende Kameralinse bezeichnen, Weisheit hingegen als ein Weitwinkelobjektiv.

Wir zollen der Weisheit jedoch weit weniger Aufmerksamkeit als der Cleverneß; hauptsächlich, da wir davon ausgehen, Weisheit käme erst mit Alter und Erfahrung und man könne sie nicht lehren. Das ist ein Irrtum, denn Weisheit kann gelehrt werden. Dies ist eins der wichtigsten Anliegen dieses Buches. Weisheit hängt sehr stark von Wahrnehmung ab. Sie hat etwas mit der Vermittlung von Wahrnehmung – und nicht nur mit Logik – zu tun.

Muß Denken schwierig sein?

Warum versuchen wir immer, das Denken von Menschen zu fördern, indem wir ihnen Aufgaben stellen, die zu schwer für sie sind? Es liegt auf der Hand, daß, wenn die Denkaufgabe zu leicht ist, keine Anstrengung erforderlich ist und daher nichts erreicht und nichts gelernt wird.

In fast allen Bereichen, in denen Fähigkeiten entwickelt werden (Tennis, Skifahren, Musik, Kochen), stehen wir Aufgaben gegenüber, die nur mäßig schwierig sind. Diese Aufgaben können wir also bewältigen, aber wir müssen dabei die Fähigkeiten, die wir haben, nutzen. Das baut Vertrauen in diese Fähigkeiten auf und macht uns die Aufgaben geläufig. Aufgaben, die fast unmöglich zu lösen sind, zerstören das Selbstbewußtsein. Deshalb wenden sich so viele Menschen vom Denken ab. Sie finden es ermüdend, weil es so schwierig ist. Eine Aufgabe macht keine Freude, wenn man sie nicht lösen kann.

Ich glaube nicht, daß Denksportaufgaben, Rätsel und mathematische Spiele dazu geeignet sind, Denken zu lehren. Deshalb sind die Denkaufgaben und -übungen in diesem Buch nicht schwierig.

Außerdem wird die Annahme, wenn man sehr schwierige Aufgaben lösen könne, dann könne man auch alle die lösen, die weniger schwierig sind, nicht von der menschlichen Erfahrung bestätigt. Viele Menschen, die zu äußerst komplexen geistigen Leistungen fähig sind, können mit einfacheren Aufgaben oft nicht umgehen.

Wie man ein Intellektueller wird

Die erste Regel des Intellektualismus lautet: *Wenn du nicht viel zu sagen hast, sage es so komplex wie möglich.* Ein wirklicher Intellektueller hat eine genauso tiefe Angst vor Vereinfachungen wie ein Farmer vor Dürreperioden. Wenn etwas nicht komplex ist, womit soll man dann arbeiten oder worüber soll man schreiben?

Ich habe einmal vor Lehrern gesprochen, die etwa folgendes gesagt haben: »Halten Sie Ihren Vortrag bitte so kompliziert, daß wir davon beeindruckt sind« – dann allerdings könnte er zu kompliziert sein, um noch einen praktischen Nutzen zu haben.

Beschreibungen sind oft ungeheuer komplex. Wenn Sie wollen, können Sie einen einfachen Kugelschreiber in zehn Teile zerlegen und dann alle zehn Teile sowie ihre Beziehung untereinander beschreiben. Haben Sie erst einmal eine Handvoll Konzepte, dann können Sie damit die komplexesten Sachzusammenhänge komponieren. Das Wort »Spiele« kann grenzenlos mit Worten gespielt werden.

Sie kommentieren die Kommentare der Kommentatoren. Und so nährt sich der Prozeß aus sich selbst. Oft ist der Kommentar wichtiger als Kreativität, und das nennen wir »Gelehrtheit«.

Manche Menschen halten diesen Prozeß für zu kompliziert und unnötig. Das gilt besonders für die, die nur am praktischen Ergebnis interessiert sind. Sie setzen *Intellektualismus* mit *Denken* gleich und folgern daraus, daß Denken unnötig sei. Das ist schade.

19

Sie können ein Denker sein, ohne gleichzeitig ein Intellektueller zu sein. Tatsächlich sind viele Intellektuelle keine besonders guten Denker.

Reaktives und proaktives Denken

In der Schule werden den Schülern normalerweise Arbeitspapiere, Bücher und Texte präsentiert, auf die die Schüler dann *reagieren* müssen. Aus diesen praktischen Gründen ist fast jedes Denken, das in der Schule gelehrt wird, *reaktiv*: »Hier ist etwas – was denkst du darüber?«

Die Lehrer können die Schüler nicht einfach auffordern, nach draußen zu gehen und irgendein Geschäft zu organisieren. Sie können die Schüler nicht einfach auffordern, ein reales Problem zu lösen oder ein reales Projekt in Angriff zu nehmen, denn das ist in der Schule einfach nicht praktikabel.

Dieser reaktive Denktyp paßt gut zu der intellektuellen Tradition der Ausbildung: Wie reagieren wir auf das, was es schon gibt?

Aber Schule und Ausbildung sind kein Spiel. Im wirklichen Leben benötigt jeder einen großen Anteil an *proaktivem* Denken, um in alltäglichen Situationen handlungsfähig zu sein. Nicht alle Informationen werden gegeben – Sie müssen viele selbst finden. Es liegt nicht alles offen vor Ihnen. Wenn Sie nur auf Ihrem Stuhl sitzen bleiben, passiert nichts. Es ist einfach, in einem Restaurant zu essen, wo einem das Essen hingestellt wird. Aber es ist etwas anderes, Zutaten für das Essen zu kaufen und es selbst zu kochen.

Es liegt nicht an unserem Bildungssystem, daß proaktives Denken nicht so leicht zu handhaben ist wie reaktives Denken. Es liegt jedoch an unserem Bildungssystem vorauszusetzen, daß reaktives Denken ausreichend sei.

Der neue Begriff »Fähigkeit zum Tun«

Jeder weiß, was es bedeutet, lesen, schreiben und rechnen zu können. Den Begriff *Fähigkeit zum Tun* habe ich vor einigen Jahren erfunden, um auch diese Fähigkeiten begrifflich abdekken zu können.

In unserem Bildungssystem hält sich der Mythos, *Wissen* sei genug. Wenn Sie also über ausreichendes Wissen verfügen, ist die Handlung leicht und offensichtlich. So finden Sie mit einer detaillierteren Karte leichter den Weg, als mit einer Übersichtskarte.

In der wirklichen Welt ist das anders. Meine langjährige Erfahrung durch die Arbeit mit Industrie und Politik hat mir gezeigt, daß *Tun* keineswegs einfach ist, denn Denken spielt beim Tun eine große Rolle.

Man muß mit Menschen umgehen. Man muß Entscheidungen treffen. Man muß Strategien entwerfen und überwachen. Man muß Pläne erstellen und ausführen. Es gibt Konflikte, Verhandlungen und Geschäftsabschlüsse. Werte müssen festgelegt und Abwertungen gemacht werden. All dies erfordert Denken. All dies erfordert ein hohes Maß an Fähigkeit zum Tun.

Industrienationen, die in unserer vom Wettbewerb geprägten Welt keine Fähigkeit zum Tun haben, bleiben wirtschaftlich auf der Strecke. Junge Leute, die die Fähigkeit zum Tun nicht erwerben, werden später im akademischen Bereich arbeiten müssen. Die Fähigkeit zum Tun setzt die Berücksichtigung solcher Aspekte des Denkens wie Ansichten anderer Leute, Prioritäten, Ziele, Alternativen, Konsequenzen, Vorausschau, Entscheidungen, Konfliktlösungen und Kreativität voraus, die normalerweise von jener Art zu denken, die für Informationsanalyse verwendet wird, nicht abgedeckt werden. Die eben genannten Gesichtspunkte sind Teil des proaktiven Denkens und nicht des üblichen reaktiven Denkens.

Kritisches Denken

In der Tradition des westlichen Denkens wird großer Wert auf kritisches Denken gelegt. Das ist zum Teil in den Denkgewohnheiten der griechischen Antike begründet, die in der Renaissance wiederentdeckt wurden, und zum Teil in dem Bedürfnis der kirchlichen Denker des Mittelalters, gegen Häresie vorgehen zu können.

Kritisches Denken hat nur in zwei Gesellschaftsformen einen hohen Wert: zum einen in einer sehr stabilen Gesellschaft (wie in der griechischen Antike und im Mittelalter), in der jede neue Idee, die Wandel bedeuten könnte, kritisch bewertet werden muß. Zum anderen gilt dies für eine Gesellschaft, die voller konstruktiver und kreativer Energien ist und in der kritisches Denken das Wertvolle vom Nebensächlichen scheiden soll. Leider existiert heutzutage keine dieser beiden Gesellschaftsformen. Es gibt ein großes Bedürfnis nach Wandel, dennoch herrscht ein bemerkenswerter Mangel an neuen Ideen und kreativer Energie.

Stellen Sie sich einmal ein Projektteam von sechs brillanten kritischen Denkern vor, die sich zu einem Gespräch darüber treffen, wie mit der örtlichen Umweltverschmutzung umgegangen werden sollte. Keiner von ihnen kann seinen hochtrainierten Verstand benutzen, bis endlich einer von ihnen mit einem konkreten Vorschlag kommt. Das Problem dabei ist, daß kritisches Denken *reaktiv* ist, also muß erst etwas da sein, das *kritisiert* werden kann. Die Vorschläge und Grundideen jedoch können nur durch konstruktives und kreatives Denken entstehen.

Wenn wir jemanden darauf trainieren würden, alle Irrtümer beim Denken zu vermeiden, wäre diese Person dann ein guter Denker? Keineswegs. Wenn wir einen Autofahrer darauf trainieren würden, alle Fehler beim Autofahren zu vermeiden, wäre er dann ein guter Fahrer? Nein, weil er theoretisch das Auto in der Garage lassen und so jede Möglichkeit eines Irrtums vermeiden könnte.

Es kann äußerst wertvoll sein, Fehler beim Fahren zu vermeiden, vorausgesetzt, das Auto fährt wirklich irgendwohin. Genauso ist kritisches Denken nur dann wertvoll, wenn wir zugleich auch über konstruktives und kreatives Denken verfügen. Wenn Sie kein Pferd haben, brauchen Sie auch keine Sporen.

Dieser Punkt ist besonders wichtig, weil viele Schulen glauben, es sei ausreichend, wenn sie kritisches Denken lehren. Sie tun dies, weil es zu der üblichen Betonung des reaktiven Denkens und auch zu der traditionellen Sicht des Denkens paßt. Kritisches Denken ist wichtig und hat einen wertvollen Platz im Denken. Aber es ist nur ein Teil des Denkens. Zu sagen, ein einzelnes Rad bei einem Auto sei ungenügend, bedeutet nicht, den Wert dieses Rades in Frage zu stellen.

Die Annahme, kritisches Denken sei ausreichend, birgt viele Gefahren in sich. Die besten Gehirne laufen in diese Falle und entwickeln daher nicht die konstruktiven und kreativen Denkfähigkeiten, die für die Gesellschaft so wesentlich sind. In den Schulen wird weder Zeit noch Mühe in die konstruktiven und kreativen Aspekte des Denkens investiert, weil die Schulen der Überzeugung sind, sie lehrten *Denken* bereits. Hier herrscht die gefährliche Arroganz vor, die aus kritischem Denken entstehen kann, weil fehlerfreies Denken als absolut richtig angesehen wird – obwohl es auf inadäquater Information oder Wahrnehmung basiert (ich komme auf diesen Punkt später noch zurück). Die Fähigkeit zum kritischen Denken ohne die dazugehörige Fähigkeit zum kreativen und konstruktiven Denken behindert ganz entscheidend das Entstehen von notwendigen neuen Ideen. Kritik ist sehr viel einfacher als Kreativität.

Das Widersacher-System

In den USA kommt ein Anwalt auf 350 Bürger.
In Japan kommt ein Anwalt auf 9000 Bürger.
Das Widersacher-System ist in der westlichen Denktradi-

tion fest verankert. Es entsteht direkt aus der Gewohnheit des kritischen Denkens und der Suche nach Wahrheit durch kontroversen Dialog. Streit und Debatte werden als die richtige Methode angesehen, um ein Thema zu erforschen, weil beide Parteien motiviert sind. Wenn jedoch die Motivation steigt, fällt der Wille zur Erforschung der Problematik. Würde eine Partei freiwillig eine Ansicht vertreten, die die andere Partei begünstigt?

»Ich habe recht – du hast unrecht«, wird üblicherweise argumentiert.

Politik, Gesetzgebung, Wissenschaft (in einem gewissen Maß) und Alltag basieren auf dem Widersacher-System, das jedoch ein sehr beschränktes und fehlerhaftes System ist. (Diesen Punkt habe ich ausführlicher in meinem Buch *Der Klügere gibt nicht nach* erklärt.)

Polaritäten, Polemiken und Konflikte werden durch Gegnergewohnheiten oft noch verschlimmert. Konflikte erfordern viel häufiger, daß man mit einem *Entwurf* auf sie eingeht, statt an ihnen die gegnerische Stärke erprobt.

Herausforderung und Protest

»Warum muß ich morgens aufstehen?«
»Warum muß ich eine Krawatte tragen?«
»Warum muß ich zur Schule gehen?«

Viele Menschen setzen die Vorstellung des *Denkens* mit Herausforderung, Protest und Streit gleich. Deshalb sind zahlreiche Regierungen, Bildungsinstitutionen und sogar Eltern dagegen, daß Denken unterrichtet wird. Sie sehen Denken als Ursache für endlose Proteste und Debatten. In der Tat traf dies dort zu, wo der altmodische Begriff des Protestdenkens vorherrschte.

Das CoRT-Denkprogramm, das ich entwickelt habe, findet jedoch heute in vielen Kulturen und Ideologien Verwendung (bei den Katholiken, Protestanten, Marxisten, Mohammeda-

24

nern, Chinesen usw.). Der Grund dafür ist, daß das CoRT-Programm etwas mit konstruktivem Denken zu tun hat und sich stark vom Herausforderungs- und Protestdenken unterscheidet. Manche Regierungen sehen sogar im Unterrichten von konstruktivem Denken den besten Schutz gegen das Protestdenken geistig wacher junger Menschen, denen ebendieses Denken nicht beigebracht wurde.

Herausforderungsdenken hängt eng mit kritischem Denken und Widersacherdenken zusammen. Oft wird es als ausreichend empfunden, zu protestieren oder herauszufordern, in der Annahme, die andere Seite (oder die Autorität) werde die Dinge schon irgendwie richten. So denken häufig Kinder, die verlangen, daß ihre Eltern alle Angelegenheiten für sie in Ordnung bringen.

Protest hat durchaus seinen Stellenwert, denn viele Dinge sind dadurch erreicht worden: ökologische Problemlösungen, das Moratorium für Waljagd, die Rechte für Frauen und Minderheiten, sicherere Autos usw. Protest ist berechtigt, wenn Ungerechtigkeiten abgeschafft werden sollen und ein Thema stärker ins öffentliche Bewußtsein gerückt werden soll. Wo Fehler beseitigt werden müssen, mag Protest genügen. In anderen Bereichen, die kreatives und konstruktives Denken erfordern, ist Protest nicht ausreichend.

Es gibt jedoch eine positive Art von Herausforderung, denn ohne sie würden wir niemals alte Ideen verwerfen, um bessere zu entwickeln. Diese positive Herausforderung ist Teil des kreativen Denkens.

Bei der negativen Herausforderung greifen wir lediglich die bestehende Idee an und fordern die andere Partei auf, die Idee zu verteidigen oder sie zu verbessern.

Bei der positiven Herausforderung hingegen erkennen wir den Wert der bestehenden Idee an, schaffen eine neue Idee und stellen sie neben die alte. Dann versuchen wir zu zeigen, daß die neue Idee ihre Meriten und ihren Nutzen hat.

Traditionelle Revolutionen waren immer negativ: Ein Feind wurde definiert und dann wurde gekämpft, um diesen Feind zu überwinden. Es ist an der Zeit, Entwürfe für positive Revolutionen zu entwickeln, bei denen es keine Feinde gibt, sondern Strukturen, um die Dinge besser zu gestalten.

Das Bedürfnis, recht zu haben

Wenn Sie an einem mathematischen Problem arbeiten und die richtige Antwort finden, hören Sie auf zu denken. Richtiger als richtig können Sie nicht liegen. Im wirklichen Leben ist das jedoch nicht so. Sie erhalten eine Antwort, die *richtig* zu sein scheint, denken aber trotzdem weiter. Sie denken deshalb weiter, weil es für Sie gewöhnlich noch andere Antworten gibt, die besser sind (was Kosten, weniger Umweltverschmutzung, menschliche Werte, Wettbewerbsvorteile usw. angeht).

Unser Selbstbewußtsein hängt in immer stärkerem Maße davon ab, recht zu haben. In westlichen Kulturen ist das die Basis von Auseinandersetzung und Widersacher-System. Niederlagen gestehen wir wegen unseres Egos nur zögernd ein. Im Ergebnis ist deshalb unser Denken aggressiv und defensiv, aber nur selten konstruktiv. Theoretisch könnte jeder froh darüber sein, einen Streit zu verlieren, weil man so am Ende etwas dazugelernt hat.

Bei Konferenzen wollen die Leute, daß ihrer Idee Vorrang gegeben wird – gleichgültig, ob es nun die beste Idee ist oder nicht –, weil ihr Ego dabei eine Rolle spielt. Wegen dieses Problems mit dem eigenen Selbstbewußtsein ist die Entwicklung von Techniken, mit denen man das Denken vom Ego lösen kann, ein wichtiger Lernaspekt des Denkens. Ich werde solche Techniken (wie die Sechs-Hut-Technik) in diesem Buch beschreiben.

Analyse und Entwurf

Analyse ist ein so wichtiger Teil unserer Denktradition, daß fast unser gesamtes weiterführendes Ausbildungssystem (Fachhochschulen und Hochschulen) auf die Entwicklung analytischer Fähigkeiten ausgerichtet ist.

Es kann kein Zweifel daran bestehen, daß Analyse ein äußerst wichtiger Bestandteil des Denkens ist. Durch Analyse können wir komplexe Situationen so zerlegen, daß wir mit ihnen umgehen können. Durch Analyse können wir die Ursache eines Problems entdecken und dann versuchen, es zu lösen.

Wie beim kritischen Denken lautet auch hier die Frage nicht, ob Analyse einen Wert hat, sondern ob sie ausreichend ist. Wir haben zwar jetzt ein Auto mit zwei Rädern, und jedes Rad für sich ist sehr geeignet, aber zwei Räder sind immer noch nicht genug.

Wenn Sie auf etwas Spitzem sitzen, können Sie durch eine rasche Analyse die Ursache ihres Mißbehagens entfernen und so das Problem lösen. Viele Probleme können gelöst werden, indem man die Ursache findet und sie beseitigt. Es gibt jedoch auch zahlreiche andere Probleme, deren Ursachen wir nicht finden können. Vielleicht hat das Problem auch viele verschiedene Ursachen, oder wir finden zwar die Ursache (zum Beispiel menschliche Gier), können sie aber nicht beseitigen.

Aus diesem Grund gelingt es uns so schlecht, Probleme wie Drogenmißbrauch, Verschuldung der dritten Welt, Umweltverschmutzung und Verkehrschaos zu lösen. Um solchen Problemen Herr werden zu können, reicht Analyse nicht aus. Doch die Problemlöser in den Regierungen und überall sonst sind nur in analytischem Denken geschult.

Es gibt zahlreiche Probleme, für die man sowohl einen *Entwurf* als auch eine Analyse braucht. Durch Entwürfe können wir Lösungen aufbauen und schaffen. Entwurfsdenken erlaubt uns, die Dinge so zusammenzusetzen, daß genau das erreichbar wird, was wir wollen. Hier geht es weniger darum, die Ursache zu beseitigen, als vielmehr darum, eine Lösung aufzubauen.

Das Maß an Aufmerksamkeit, das wir dem Entwurfsdenken – und dem kreativen und konstruktiven Denken – widmen, ist in unserem Ausbildungssystem nur gering. Entwurf, das scheint nur etwas für Architekten, Graphik- und Modedesigner zu sein. Ein Entwurf ist jedoch auch ein wesentlicher und äußerst wichtiger Bestandteil des Denkens. Entwurf ist mindestens genauso wichtig wie Analyse. Entwurf schließt alle die Aspekte des Denkens ein, bei denen Dinge zusammengesetzt werden, um eine Wirkung zu erzielen.

Weil die Traditionen des westlichen wissenschaftlichen Denkens sich immer nur mit reaktivem Denken, mit Analyse, Auseinandersetzung und Bildung befaßt haben, sind so wichtige Aspekte des Denkens wie Entwurf stark vernachlässigt worden.

Kreatives Denken

In jedem sich selbst organisierenden System gibt es eine absolute mathematische Notwendigkeit für Kreativität. Es weist alles darauf hin, daß das Gehirn sich wie ein selbstorganisierendes neurales Netzwerk verhält. Warum haben wir dem kreativen Denken keine ernsthafte Aufmerksamkeit geschenkt, wenn es doch offensichtlich ein wesentlicher Bestandteil des Denkens ist (für Verbesserung, für Entwurf, Problemlösung, Wandel, neue Ideen usw.)?

Es gibt zwei Gründe, warum wir das kreative Denken vernachlässigt haben. Der erste Grund ist, daß wir geglaubt haben, wir könnten nicht aktiv daran arbeiten. Wir haben kreatives Denken als eine mystische Gabe betrachtet, die manche Leute besitzen und andere nicht. Wir haben geglaubt, daß man nichts anderes tun könne, als diese kreative Gabe bei denen, die sie anscheinend besitzen, zu fördern.

Der zweite Grund, aus dem wir das kreative Denken vernachlässigt haben, ist äußerst interessant. Jede wertvolle kreative Idee muß im nachhinein (nachdem sie jemand gehabt hat) immer logisch sein. Würde sich die neue Idee im nachhinein als nicht logisch erweisen, könnten wir sie niemals als wertvoll anerkennen. Alle übrigen Ideen sind lediglich verrückte Einfälle. Über ein paar der verrückten Einfälle ändern wir unsere Meinung vielleicht später einmal, der Rest bleibt für uns immer verrückt.

Weiterhin nehmen wir an, daß wir, wenn die kreative Idee im nachhinein logisch ist, auch in der Lage gewesen wären, sie durch Anwendung von Logik zu entwickeln. Also brauchen wir keine Kreativität, sondern nur eine bessere Logik.

Diese Annahme ist völlig falsch. Aber erst in den letzten Jahren haben wir (das heißt eigentlich nur eine kleine Anzahl von Leuten, die in diesem Bereich arbeiten) festgestellt, daß in einem selbstorganisierenden Informationssystem eine Idee im nachhinein zwar logisch sein kann, dies im vorhinein jedoch noch nicht sichtbar ist. Das hängt mit der asymmetrischen Natur von Mustern zusammen – aus denen auch Humor entsteht. Weil sich unsere traditionellen Denksysteme nur mit extern organisierten Informationssystemen befaßt haben (dem Bewegen von Symbolen nach Regeln der Logik), konnten wir dies nie erkennen.

Auch die Fürsprecher der Kreativität waren fehlgeleitet – allerdings in eine andere Richtung. Diese Leute glaubten, jeder sei von Natur aus kreativ und werde daran nur gehindert. Diese Behinderung entstünde aus dem Zwang, in der Schule nur die *richtigen* Antworten zu geben, und aus der Angst davor, Fehler zu machen oder im Beruf lächerlich zu wirken.

Wenn wir also Menschen von diesen Zwängen befreien könnten, könnten wir diese natürliche Kreativität freisetzen. Dies ist die Basis von Brainstorming und ähnlichen Prozessen, in denen sich Menschen von Zwängen lösen.

Leider ist Kreativität nicht jedem Gehirn angeboren. Der Zweck des Gehirns ist, Erfahrungen zuzulassen, um sie als Muster organisieren zu können – und die dann vorhandenen Muster zu nutzen. Wenn man Menschen also dazu bringt, sich selbst auszuleben, werden sie dadurch nur geringfügig kreativer (da sie weniger behindert werden).

Wenn wir kreativer sein wollen, müssen wir spezifische Denktechniken entwickeln. Diese Techniken sind ein Teil dessen, was ich *laterales Denken* genannt habe (worauf ich in diesem Buch später noch einmal zurückkommen werde). Diese Techniken sind nicht natürlich und beinhalten Provokationsmethoden, die äußerst unlogisch erscheinen. Tatsächlich jedoch sind solche Methoden in Mustersystemen vollkommen logisch.

Kreativität muß keine mystische Gabe bleiben. Es gibt spezifische Techniken für kreatives Denken, und ich werde in diesem Buch ein paar davon beschreiben.

Logik und Wahrnehmung

Jedermann weiß, daß Logik die Grundlage für gutes Denken ist. Ist sie das wirklich?

Schlechte Logik bewirkt schlechtes Denken. Das ist klar. Aber bewirkt gute Logik gutes Denken? Leider überhaupt nicht. Jeder Anfangslogiker weiß, daß Logik nie besser sein kann als ihre Grundvoraussetzungen oder -wahrnehmungen. Alle Logiker lernen das – und dann vergessen es viele von ihnen sofort wieder.

In Ihrem Computer befindet sich ein Fehler. Was auch immer Sie eingeben, der Output ist immer Blödsinn. Der Fehler wird behoben, und jetzt arbeitet der Computer wieder fehlerfrei. Wenn Sie gute Daten eingeben, erhalten Sie gute Antworten. Wenn Sie schlechte Daten eingeben, erhalten Sie schlechte Daten (obwohl Sie das vielleicht nicht wissen). Genauso funktioniert es mit der Logik. Wie der Computer ist die Logik ein Dienstleistungsmechanismus, der die Daten und Wahrnehmungen liefert, die wir verwenden. Deshalb sollten wir schlechte Logik schnell erkennen können und die Schlußfolgerungen von guter Logik nur langsam akzeptieren – vielleicht sind die Wahrnehmungen inadäquat.

Bei ungefähr 85 Prozent des gewöhnlichen Denkens geht es um Wahrnehmung. Die meisten Denkfehler sind deshalb Wahrnehmungsfehler (eingeschränkte Sicht usw.) und keine logischen Fehler. Wahrnehmung ist die Basis der Weisheit. Logik ist wichtig für technische Belange und besonders bei geschlossenen Systemen wie der Mathematik.

Da Wahrnehmung ein so wichtiger Bestandteil des Denkens ist, überrascht es, daß wir auf der Annahme bestehen, Logik sei die Basis des Denkens. Die Ursache hierfür liegt in unseren reaktiven Denkgewohnheiten. Man legt Schülern Material mit aufbereiteten Wahrnehmungen und Informationen vor und fordert sie dann auf zu reagieren. Logik ist nur dann wichtig, wenn die Wahrnehmungen vorhanden sind. Im wirklichen Leben jedoch müssen wir unsere eigenen Wahrnehmungen bilden.

Logik und Wahrnehmung sind beide in dem Sinne wichtig, wie sowohl Motor als auch Räder des Autos wichtig sind. Wenn ich jedoch gezwungen wäre, zwischen beiden zu wählen, würde ich Wahrnehmung wählen, weil der größte Teil des gewöhnlichen Denkens von Wahrnehmung abhängt. Außerdem kann man mit kluger Wahrnehmung ziemlich weit kommen (wie ich später noch erklären werde), während scharfe Logik und schlechte Wahrnehmung gefährlich sein können. In der Praxis sind Logik und Wahrnehmung eng miteinander verbunden.

In diesem Buch wird besonderer Wert auf Wahrnehmung gelegt, weil sie die Basis der Weisheit und ein besonders vernachlässigter Teil des Denkens ist.

Emotionen, Gefühle und Intuition

Im Gegensatz zu dem, was viele Menschen glauben, spielen Emotionen, Gefühle und Intuition eine zentrale Rolle im Denken. Der Zweck des Denkens ist es, die Welt (in unserem Gehirn) so zu ordnen, daß wir Emotionen effektiv anwenden können. Letztendlich treffen Emotionen die Wahl und die Entscheidungen.

Die Schlüsselfrage ist, wann wir Emotionen und Gefühle anwenden.

Es gibt Menschen, für die ein gutes Gefühl der einzige Leitsatz zum Handeln ist. Solche Menschen stehen der Logik mißtrauisch gegenüber, weil ihrer Meinung nach mit Logik etwas bewiesen werden kann (was stimmt, wenn Sie ihre Wahrnehmungen und Werte sorgfältig auswählen). Für solche Menschen wird das richtige Gefühl zu einer Art Gott. Das ist gefährlich, weil das Gefühl sowohl irreführend als auch inadäquat sein kann. Häufig liegt die Ursache für Unmenschlichkeit anderen gegenüber in den wahren Gefühlen des jeweiligen Moments.

Wenn wir jedoch unser Wahrnehmungsvermögen in jeglicher Hinsicht fördern und dann unsere Werte und Gefühle anwenden, werden wir zu einem sehr viel besseren Ergebnis gelangen.

Logik und Auseinandersetzungen können Gefühle nicht ändern, aber Wahrnehmung kann es. Ein Fremder, den Sie im Urlaub kennenlernen, ist äußerst hilfsbereit. Dann äußert jemand die Vermutung, er sei ein Gauner. Wenn Sie die Person mit dieser neuen Wahrnehmung betrachten, kann dies zu einer Änderung der Gefühle führen.

Statt Emotionen auszuschließen, wie es normalerweise beim Unterrichten im Denken der Fall ist, müssen wir Wege finden, um Emotionen und Gefühlen eine eigene Rolle in unserem Denken geben zu können. In diesem Buch werde ich solche Methoden beschreiben, zum Beispiel die Anwendung des *roten Huts* in der Sechs-Hüte-Technik.

Intuition spielt eine äußerst wichtige Rolle beim Denken. Aber es ist gefährlich, sich zurückzulehnen und nicht zu denken, weil man sich vorstellt, die Intuition erledige das alles irgendwie für einen. Bekanntermaßen kann Intuition manchmal irren – zum Beispiel wenn es verschiedene Entscheidungsmöglichkeiten gibt. Aber wie Emotionen und Gefühle spielt auch Intuition eine Rolle beim Denken.

Es gibt zwei wichtige Einflüsse auf junge Menschen. Der eine ist der von Freunden, der Gruppe und innerhalb der Altersgruppe ausgeübte Gruppenzwang. Er liefert die Wahrnehmungen und Werte. Wenn ein junger Mensch noch nicht für sich selbst denken kann, gibt es für ihn nur die Möglichkeit, in der Gruppe mitzuschwimmen (selbst wenn das bedeutet, Drogen zu nehmen oder ähnliches). Der zweite Einfluß geht von der Musik der Jugendkultur aus, die sich hauptsächlich mit den verwirrten Gefühlen Jugendlicher befaßt. Wie ein Weizenfeld im Wind sind die Gehirne Jugendlicher stundenlang Variationen von »er liebt mich – er liebt mich nicht« ausgesetzt. Popmusik ist ein sehr starkes Medium, das durchaus auch Werte, Einsichten sowie ein paar sinnvolle Gedanken vermittelt, aber im allgemeinen trägt der ständige Genuß von Liedern über aufgewühlte Emotionen nur wenig zum selbständigen Denken bei.

Zusammenfassung

In diesem Kapitel wollte ich einige der allgemein vorherrschenden falschen Auffassungen über das Denken korrigieren. Wir brauchen Information, aber wir brauchen auch Denken. Denken hat nicht nur etwas mit Cleverneß und schwierigen Problemen zu tun. Klugheit ist wichtiger als Cleverneß.

Das traditionelle Denken legt großen Wert auf kritisches Denken, Auseinandersetzung, Analyse und Logik. Dies alles ist sehr wichtig, und ich hoffe, daß ich in diesem Buch keinen anderen Eindruck entstehen lasse. Aber sie sind nur ein Teil des Denkens, und es ist äußerst gefährlich anzunehmen, sie reichten aus. Zusätzlich zum kritischen Denken brauchen wir ein konstruktives und kreatives Denken. Zusätzlich zur Auseinandersetzung brauchen wir die Erforschung des Themas. Zusätzlich zur Analyse brauchen wir die Fähigkeiten des Entwurfs. Zusätzlich zur Logik brauchen wir Wahrnehmung.

Erziehungsbedingt sind wir hauptsächlich mit reaktivem Denken befaßt: Reaktion auf das, was vor uns liegt. Aber es gibt noch eine andere (proaktive) Seite des Denkens, die beinhaltet, daß man in seiner Umwelt handelt und Resultate erzielt. Das erfordert eine *Fähigkeit zum Handeln* und konstruktives, kreatives sowie generatives Denken.

Denken hat oft einen negativen Beigeschmack: herausfordern, angreifen, kritisieren, streiten, Irrtümer nachweisen usw. Ist das wirklich die einzige Vorgehensweise – oder können wir das gleiche Ergebnis auf konstruktivere Art erreichen? Ich glaube, daß wir es können.

Kreatives Denken ist sehr wichtig. Wir sollten anfangen zu begreifen, wie wir kreatives Denken bewußt einsetzen können, anstatt auf eine Eingebung zu warten.

Emotionen und Gefühle spielen beim Denken eine Schlüsselrolle. Wir dürfen sie nicht ausschließen, sondern müssen sie im richtigen Moment einsetzen.

Intelligenz birgt ein Potential, und damit dieses Potential voll genutzt werden kann, müssen wir all unsere Denkfähigkeiten entwickeln. Ohne diese Fähigkeiten schöpfen wir unser Potential nicht voll aus.

Wie man dieses Buch anwendet

Alter

Obwohl dieses Buch auf die Anwendung mit Kindern zugeschnitten ist, gibt es nach oben keine Altersgrenze. Die Methoden und Techniken können sowohl von Kindern als auch von Erwachsenen angewendet werden. Viele der Methoden sind sogar in Management-Seminaren unterrichtet worden.

Das ist nicht weiter überraschend, da die grundlegenden mathematischen Prozesse für jedes Alter die gleichen sind. Das gleiche gilt für die grundlegenden Denkprozesse. Bei älteren Kindern wird mehr verlangt: Die Techniken sollen präziser eingesetzt werden, die Antworten sollen intelligenter sein und man soll in der Lage sein, verschiedene Techniken zu kombinieren. Die Übungen können zwar komplexer sein, doch die Grundvoraussetzungen sind dieselben.

Die untere Grenze für die meisten Methoden in diesem Buch liegt bei neun Jahren. Diese Altersgrenze kann bis zu ungefähr sechs Jahren gesenkt werden, wenn die Eltern geduldig sind und die Methoden vereinfachen. Auch bei ungewöhnlich begabten Kindern kann die Anwendungsgrenze gesenkt werden.

In diesem Kapitel werde ich aufführen, welche Dinge in diesem Buch für jüngere Kinder geeignet sind. Dazu gehört zum Beispiel die Zeichenmethode, die auch bei Vierjährigen schon angewendet werden kann.

Unterricht aus dem Buch

Es gibt drei Arten, aus dem Buch zu unterrichten:

1. Ältere, klügere Kinder und die, die am *Denken* interessiert sind, können das ganze Buch parallel mit den Eltern lesen. Die Hintergründe und Methoden können diskutiert werden. Die Übungen können gemeinsam ausgeführt werden. In solchen Fällen ist es günstig, zwei Exemplare des Buches zu haben (oder jeweils eins für jedes Kind und eins für den entsprechenden Elternteil).
2. Bei jüngeren Kindern und solchen, die nicht motiviert sind, das Buch durchzulesen, sollte ein Elternteil es lesen und die wichtigen Informationen an das Kind weitergeben. Einiges kann weggelassen und anderes vereinfacht werden. Die Teile, die die eigentlichen Prozesse beschreiben, können direkt aus dem Buch vorgelesen werden.
3. Bei ganz kleinen Kindern und den am wenigsten begabten liest ein Elternteil das Buch und gibt nur ausgewählte Teile daraus wieder. Da das Buch in diesem Alter verkürzt wiedergegeben werden muß, kann es, wenn das Kind größer ist, noch einmal durchgearbeitet werden.

Diese drei Möglichkeiten, das Buch zu nutzen, sind in Abbildung 2 dargestellt.

Motivation

Motivation ist der Schlüssel. Ohne Motivation ist es sehr schwierig, überhaupt Denken zu lehren.

Leider hat es keinen starken Motivationseffekt auf die meisten Kinder, wenn man ihnen sagt, daß *Denken* ihnen in der Schule oder im späteren Leben von großem Nutzen sein wird. Denken muß lebendig sein, Spaß machen, man muß es fast wie ein Spiel genießen können. Meine Erfahrung hat mir gezeigt,

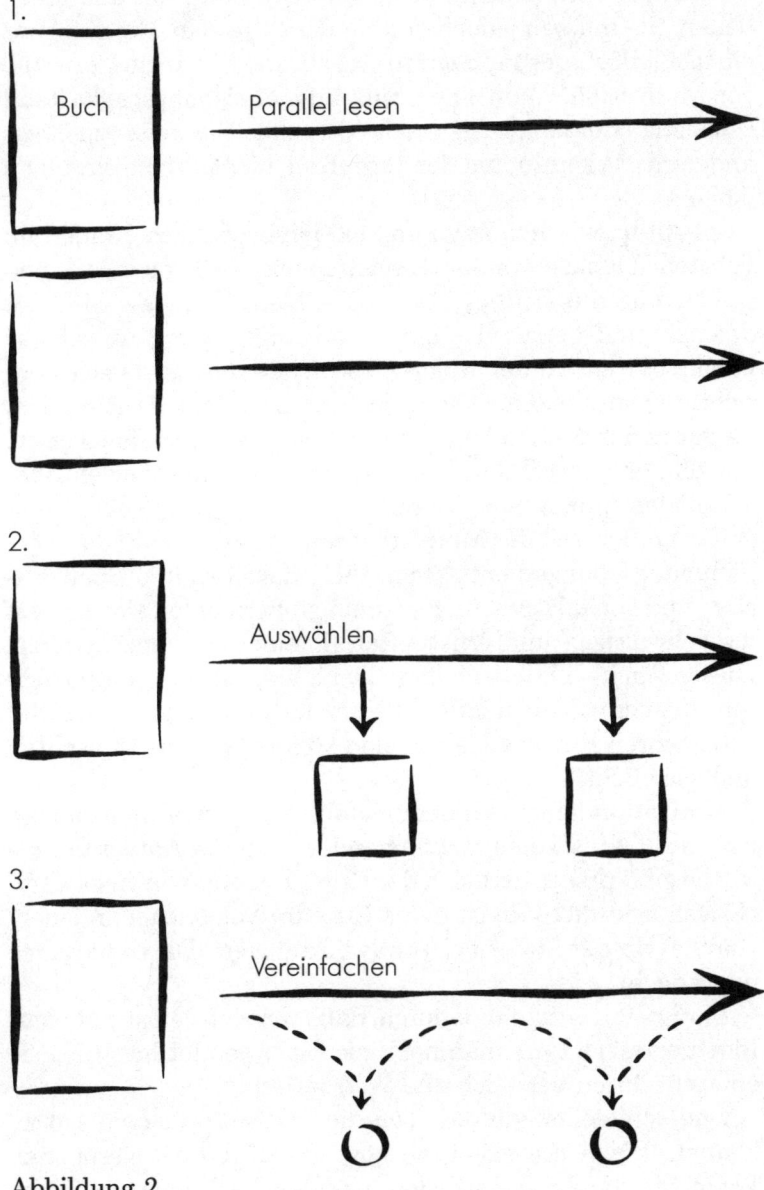

Abbildung 2

37

daß Kinder gern denken, ihren Verstand benutzen und Ideen haben. Sie müssen jedoch dazu in der Lage sein. Ein Kind vor ein fast unlösbares Problem zu stellen ist das genaue Gegenteil von Motivation. Wenn eine Übung oder ein Übungsgegenstand schwierig oder langweilig erscheint, gehen Sie weiter zu etwas anderem. Es kommt auf den Prozeß an, nicht auf die einzelnen Themen.

Im Alter zwischen neun und elf Jahren denken Kinder am liebsten. Danach werden Kinder irgendwie konservativ und wollen nur die *richtige Antwort* wissen. Teenager sind oft defensiv und denkfaul – sie haben Angst davor, unrecht zu haben. Es ist immer wichtig, die Einteilung in falsch oder richtig zu vermeiden. Denken ist eine Leistung. Manchmal ist sie gut und manchmal nicht so gut – wie bei allen Fähigkeiten. Sie können unter ihrem Leistungsniveau Tennis spielen, aber sie spielen immer noch Tennis.

Ein großer Teil der Motivation muß aus der Wahl der Themen oder Übungen entstehen. Viele davon sollten Spaß machen und spekulativ sein. Es ist ein großer Fehler, sich nur auf die schwierigen und ernsthaften Themen zu konzentrieren. Dieses Buch will dabei helfen, Denkfähigkeiten zu unterrichten – und es will nicht indirekt eine Methode vorgeben, mit der Eltern ihren Kindern klarmachen können, was sie tun sollten und was nicht.

Motivation hängt von dem Gefühl, etwas erreichen zu können, ab. Da es keine *richtigen* oder einzelne Antworten als solche gibt, präsentiert sich der Erfolg anders. Wie viele Alternativen hast du? Wie ist deine Liste im Vergleich zu meiner? Können wir der Liste noch etwas hinzufügen? Daran hätte ich nie gedacht!

Motivation entsteht dadurch, daß man sich selbst mit einer Idee überrascht, die man noch nie zuvor gehabt hat. Und sie entsteht durch Vergleich und Wettbewerb.

Und schließlich gibt es noch die Motivation, etwas gut zu können. Wenn Sie skifahren können, fahren Sie gerne Ski. Wenn Sie die Denkmethoden ausführen können, tun Sie es gern. Eine Denkaufgabe selbstbewußt und effektiv ausführen zu können, ist hochmotivierend.

Hobby oder Sport

Ich sehe keinen Grund, warum *Denken* nicht zu einem Hobby oder einem Sport werden sollte. Kinder können sich zu Übungen treffen und Spaß daran haben, ihren Verstand zu gebrauchen. Es hat einen sozialen Wert, einen Wert an sich und macht Freude, bessere Denkfähigkeiten zu entwickeln.

Die Struktur der Denkmethoden erlaubt dem Denken, weit über das hinauszugehen, was in einem normalen Gespräch oder einer Auseinandersetzung geschehen würde. Diese Methoden bilden die Basis für die Entwicklung des Denkens als Hobby.

Die Freude an der Denkfähigkeit kann dazu führen, daß Denkclubs gegründet werden. Eine Darstellung der Organisation und der Vorgehensweise solcher Clubs wird im letzten Teil dieses Buches gegeben.

Die Denkclubs oder die Denksitzungen sollten auf die Familie, Freunde oder die Nachbarschaft beschränkt bleiben.

Unterrichtsstil

Mach es einfach.
Vermeide Verwirrung.
Sei dir darüber klar, was du im Moment tust.

Übe die Methode an zahlreichen, unterschiedlichen Übungsthemen. Der Unterrichtsstil unterscheidet sich nicht allzusehr vom Unterricht in einer sportlichen Disziplin oder in einem Schulfach. Wie ein Lehrer müssen Sie deutlich machen, was Sie wollen und sicherstellen, daß man Sie verstanden hat. Verwenden Sie viele Beispiele, um zu zeigen, was Sie möchten.

Wichtig ist, daß man *vom Mittelpunkt aus* unterrichtet. Das bedeutet, daß man viele deutliche Beispiele verwendet. Wenn Sie auf Verwirrung treffen, zum Beispiel: »Ist es dieses oder ist es jenes?«, gehen Sie am besten zu einem anderen Beispiel über, statt es philosophisch zu beleuchten (das wäre Unterricht von der Grenze). Machen Sie immer sehr deutlich, was Sie erreichen wollen. Es gelingt Ihnen vielleicht nicht immer, dorthin zu kommen, aber Sie wissen zumindest, was Sie tun wollen. Auf jeden Fall ist es besser, einfach und praktisch zu sein, als wenn Sie versuchen, vollkommen und umfassend zu sein.

Halten Sie sich nie zu lange bei einem Thema oder einer Übung auf. Selbst wenn es äußerst interessant ist, über dieses Thema nachzudenken, ist es wichtig, zu einem anderen Thema überzugehen. Die Anwendung der Methode oder des Werkzeugs auf viele Themen erlaubt einer Person, Fähigkeiten in der Anwendung der Methode aufzubauen. Denken Sie immer daran: Ziel ist es, Denkfähigkeiten aufzubauen, und nicht nur eine interessante Diskussion in Gang zu bringen, in der ein wenig Denken stattfindet.

Disziplin

Disziplin ist äußerst wichtig beim Unterrichten von Denkfähigkeiten. Ohne Disziplin gibt es kein Gefühl dafür, etwas erreicht zu haben.

Die erste Disziplin ist die der Zeit. Die Zeit, die für jede Denkübung vorgesehen ist, mag sehr kurz erscheinen, ist aber bewußt so gewählt. Wenn wir die CoRT-Methode in Schulen zum erstenmal einsetzen, beklagen sich sowohl Lehrer als auch Schüler, daß sie über ein Thema unmöglich in drei Minuten nachdenken können. Nach einer Weile jedoch stellen sie fest, daß sie in drei Minuten eine erstaunliche Menge an Denkarbeit leisten können – wenn sie wissen, daß das alles ist, was sie an Zeit zur Verfügung haben.

Daß nur so wenig Zeit erlaubt ist, bedeutet, daß die Zeit

wirklich zum Denken genutzt wird und nicht zum Diskutieren oder Herumalbern. Diese zeitliche Disziplin wird nicht nur auf jede Übung, sondern auf die gesamte Denksitzung oder -lektion angewendet. Das Trainieren einer Fähigkeit erfordert immer Disziplin, wie jeder Sporttrainer weiß.

Die zweite Disziplin ist die der Konzentration. Über welches Thema denke ich gerade nach? Was versuche ich gerade jetzt zu tun (welche Methode wende ich an)? Denken kann ungenau sein. Jemand, der gebeten wird, ein Problem zu überdenken, entwickelt Ideen zu einem anderen Problem. Im Lauf der Diskussion über ein Thema driftet das Gespräch zu einem völlig anderen Thema ab, was zwar der Freude am Gespräch dienlich sein kann, effektives Denken jedoch verhindert.

Denken sollte jedoch frei, ungezwungen und unbegrenzt sein. Je enger der Rahmen für das Denken ist, desto freier kann das Denken in diesem Rahmen sein. Ein Tischler braucht viele Werkzeuge und muß diese Werkzeuge anwenden können. Es steht ihm frei, jedes dieser Werkzeuge für andere Zwecke zu benutzen. Aber der Tischler weiß immer, welches Werkzeug er zu benutzen hat und was er damit tun kann.

Die Perlenketten-Struktur des Buches

Dieses Buch hätte man in einer logischen Sequenz schreiben können, in der die verschiedenen Teile aufeinander folgen. Man hätte dieses Buch auch streng organisieren können, indem man alle *Werkzeuge* in einem Kapitel, alle *Strukturen* in einem anderen Kapitel und alle *Gewohnheiten* in einem weiteren Kapitel zusammenfaßt.

Wäre das Buch tatsächlich so geschrieben worden, wäre es nicht als Lehrbuch zu benutzen.

Deshalb sind Anordnung und Struktur des Buches auf besondere Art und Weise angelegt, damit Sie daraus unterrichten können. Betrachten Sie einmal eine Halskette wie in Abbil-

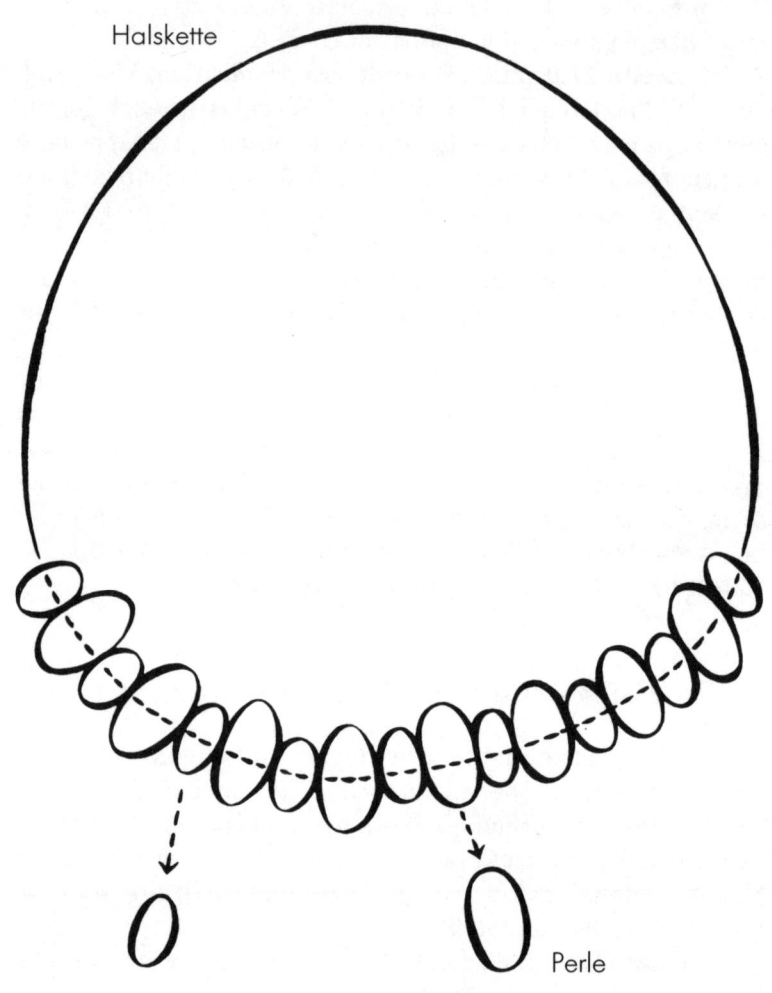

Halskette

Perle

Abbildung 3

dung 3. Jede Perle ist vollkommen in sich selbst, und doch bilden alle Perlen zusammen die Kette. Ähnlich sind die verschiedenen Methoden in diesem Buch in sich vollständig. Jede Methode kann einzeln herausgenommen und angewendet werden. Dieses Verfahren unterscheidet sich stark von dem *hierarchischen Verfahren*, bei dem Sie Ebene zwei erst erreichen, wenn Sie Ebene eins beherrschen. Und genauso können Sie mit Ebene eins nichts anfangen, bevor Sie nicht Ebene zwei erreicht haben.

Dieses Kettenverfahren nenne ich manchmal das *parallele* Verfahren. Wenn ein Lehrer fünf Werkzeuge erläutert, der Schüler das erste nicht versteht, fehlt, wenn das zweite an der Reihe ist, das dritte vergißt und nicht weiß, wann er das vierte gebrauchen soll, dann kann er das fünfte immer noch voll verwenden. Es ist so, als hätte man mehrere Pfeile im Köcher, von denen jeder seinen eigenen Wert hat.

Sequenz

Nehmen wir einmal an, ein einfacher Denkvorgang besteht aus drei Schritten:

1. Konzentration
2. Gebrauch eines Denkwerkzeuges
3. Ergebnis

Sicher würde es doch Sinn machen, zuerst Konzentration, dann das Werkzeug und zum Schluß die Ableitung des Ergebnisses zu vermitteln. Keineswegs. Die Reihenfolge, in der die Schritte angewendet werden, entspricht nicht der Reihenfolge, in der sie vermittelt werden sollten.

Es gibt gute Gründe, Dinge *rückwärts* zu lehren – weil Sie dann immer etwas vor sich haben, was Sie bereits kennen –, aber damit wollen wir uns hier nicht befassen.

Es ist sinnvoll, das Ergebnis von Anfang an zu vermitteln,

damit der Denker ein Gefühl für das Erreichte bekommt, während er seine Denkfähigkeit aufbaut.

Die in diesem Buch verwendete Sequenz ist daher eine praktische Sequenz, die auf vielen Voraussetzungen beruht – einschließlich Motivation. Dieses Buch ist keine philosophische Abhandlung über das Denken, sondern ein praktisches Handbuch zum Unterrichten von Denkfähigkeiten.

Formelle Praxis

Nehmen wir einmal an, Sie hätten nie ein Tennisspiel gesehen. Sie stehen am Tennisplatz, und nach einer Viertelstunde haben Sie das Gefühl, daß Sie die Spielregeln verstanden haben. Sind Sie jetzt ein Tennisspieler?

Genauso ist es mit dem Denken. Fast alles in diesem Buch ist leicht zu verstehen. Sie könnten es in ungefähr fünf Minuten durchlesen und jede Aktivität oder Methode verstehen. Aber das allein macht noch keinen besseren Denker aus Ihnen, sondern erst die Praxis. Nicht irgendeine Denkpraxis, sondern die bewußte Praxis in der Anwendung eines Werkzeugs oder einer Methode. Ein Tischler kann eine Säge in die Hand nehmen und beschreiben, wie sie funktioniert. Was jedoch die Fähigkeit des Tischlers ausmacht, ist die Praxis in der Anwendung der Säge.

An einem gewissen Punkt muß die Praxis formell, bewußt und diszipliniert sein. Denken Sie auch an die Analogie des Sporttrainings. Sie müssen sich Zeit nehmen, um zum Training zu gehen, also müssen Sie sich auch für die formelle Denkpraxis Zeit nehmen. Nennen Sie es *Denklektion* oder *Denksitzung*, oder suchen Sie nach einem besseren Ausdruck.

Die Zeit für die formelle Denklektion sollte nicht weniger als zwanzig Minuten und nicht mehr als fünfundvierzig Minuten betragen. Halten Sie sich daran. Diese vorgeschlagene Zeitspanne bezieht sich auf ein Elternteil und ein Kind. Sind es mehr Kinder, brauchen Sie mehr Zeit, und die Zeitspanne könnte sich von mindestens dreißig Minuten bis zu einer Stunde erstrecken.

Die Lektion könnte jede Woche zur gleichen Zeit stattfinden, oder Sie können jedesmal einen Tag und eine Zeit für die nächste Sitzung festlegen.

Ich würde nur eine Lektion pro Woche vorschlagen, es sei denn, die Motivation (des Kindes, nicht der Eltern) ist sehr hoch. In diesem Fall könnte auf zwei Lektionen pro Woche erhöht werden. Wenn die Familie im Urlaub ist, könnte möglicherweise jeden Tag eine Sitzung stattfinden – wenn sie Spaß macht.

Was sollte in jeder Lektion behandelt werden? Generell gilt, daß nie mehr als ein Thema pro Lektion behandelt werden sollte. Ich rate sogar dazu, ein Thema über zwei Lektionen zu erstrecken.

Während einer Sitzung können, zusätzlich zu dem neuen Thema, die früher behandelten Themen geübt werden. Man kann auch Denkspiele einsetzen. Vergessen Sie nie, daß jede Sitzung lebendig und unterhaltsam sein sollte. Vermeiden Sie es, an einem langweiligen Thema festzuhalten.

Informelle Praxis

Neben den formellen Praxissitzungen können die Denkwerkzeuge, Gewohnheiten, Methoden und Einstellungen jederzeit informell geübt werden.

Als Eltern können Sie das Kind an eine besondere Denkeinstellung oder -gewohnheit erinnern. Sie können das Kind zum Beispiel auffordern, ein Werkzeug für eine bestimmte Situation, über die schon gesprochen worden ist, anzuwenden. Oder Sie können etwas als Beispiel für eine besondere Denkmethode herausstellen.

Es gibt auch Denkspiele, die jederzeit eingeführt werden können. Jedes von ihnen dauert nur ein paar Minuten.

Diese informelle Praxis ist sehr wichtig, weil dadurch die

Denkfähigkeiten in das normale Leben integriert werden – anstatt ein besonderes Spiel zu sein, das nur bei bestimmten Sitzungen gespielt wird.

Es ist jedoch wichtig, die informelle Praxis nicht so zu übertreiben, daß sie störend wirkt.

Es gibt immer zwei Ebenen, auf denen die Denkfähigkeiten operieren. Die erste Ebene ist die formelle, explizite und bewußte Anwendung eines Werkzeugs oder einer Methode. So sagt zum Beispiel jemand: »Laß uns hier ein PMI (eins der Werkzeuge) machen.«

Die zweite Ebene ist die implizite oder verborgene Ebene, auf der eine Gewohnheit oder ein Denkprinzip ohne jede Kenntnis angewendet wird. Wenn jemand zum Beispiel zu Ihnen kommt und zu Ihnen sagt, daß es nur zwei Methoden gibt, etwas zu tun, denken Sie möglicherweise: »Vielleicht hat er recht. Vielleicht gibt es wirklich nur zwei Methoden. Aber ich werde trotzdem ein paar Sekunden darüber nachdenken, ob es nicht noch eine andere Methode gibt.«

Scheuen Sie sich nicht, formell und explizit nach der Anwendung der Werkzeuge und Methoden zu fragen. Die Werkzeuge sind am effektivsten, wenn sie auf diese explizite Art genutzt werden. Zuerst kommt Ihnen das vielleicht peinlich vor, aber mit der Zeit wird es ganz normal. Machen Sie nicht den Fehler (den viele Lehrer machen), zu glauben, die Verhaltensweisen und Gewohnheiten hinter jedem formellen Denkwerkzeug könnten gelehrt und angewendet werden, ohne das Werkzeug zu erwähnen. Jahrelange Erfahrung hat mir gezeigt, daß dies sehr viel weniger effektiv ist. Der Verstand braucht formelle Operationen, damit unsere Aufmerksamkeit darauf gerichtet werden kann. Verhaltensweisen sind gut, aber nicht genug.

Übungen

Es gibt in diesem Buch an unterschiedlichen Stellen Übungen. Sie sollten die Übungen so anwenden, wie sie vorgegeben sind.

46

Sie können sie auch mit ihren eigenen Themen ergänzen. Aber achten Sie darauf, nicht zu viele schwierige oder ernste Themen einzubringen, denn es sollte immer Spaß machen, Denkfähigkeiten aufzubauen. Wenn die Fähigkeiten erst einmal vorhanden sind, können sie natürlich auch auf schwierige Themen angewendet werden.

Es gibt vier Arten von Übungsthemen:

1. *Heitere Themen*: Sie regen die Vorstellungskraft an, sind verrückt, spekulativ und sollten nicht ernstgenommen werden. Obwohl das Thema nicht ernst ist, sind die Prinzipien, Funktionen und Operationen ganz real (wie bei der Metapher): »Was wäre, wenn wir alle mitten auf der Brust einen dritten Arm hätten?« »Wäre es eine gute Idee, wenn alle Kinder über zehn Jahren zehn Stunden in der Woche gegen Bezahlung arbeiten müßten?« »Wenn Hunde sprechen könnten, was würde sich ändern?«

2. *Entfernte Themen*: Das sind sensible und realistische Themen, die außerhalb der Erfahrungen und Bedürfnisse der Kinder liegen, die Denkübungen machen. Die Themen können aus Wirtschaft, Politik oder dem Erwachsenenleben ganz allgemein stammen. »Welche Faktoren würdest du berücksichtigen, wenn du den Standort für ein neues Fast-food-Restaurant bestimmen müßtest?« »Wie würdest du die Verkehrsprobleme in den Innenstädten lösen?« »Was sollte mit dem Haushaltsmüll passieren?« »In dem Geschäft, das dir gehört, wird viel gestohlen. Wie würdest du das Problem lösen?«

3. *Freizeitthemen*: Dies sind Themen, die in direktem Bezug zu Alter, Umgebung und Interessen des Kindes, das Denkfähigkeiten erlernt, stehen. »Dein bester Freund geht dir aus dem Weg, und du weißt nicht warum – was würdest du tun?« »Du teilst ein Zimmer mit deinem Bruder, und er macht schrecklich viel Unordnung – was kannst du dagegen unternehmen?« »Du kannst während der Ferien drei Dinge tun – wie triffst du deine Wahl?« »Wie würdest du eine Party für deine Freunde planen?«

4. *Schwierige Themen*: Dies sind ernsthafte Themen, die in direkter Beziehung zum Leben des Kindes, das denken lernt, stehen. Das Alter, die Situation und Interessen des Kindes beeinflussen die Wahl der Themen. Neue Themen können aus alltäglichen Bedürfnissen und Problemen entstehen. Mit diesen Themen sollte vorsichtig umgegangen werden. Vor allem dürfen Eltern sie nicht zum Vorwand nehmen, um ihren Kindern *Predigten* zu halten. Wie bei den anderen Themen, sollten auch diese Themen in einer objektiven Denkweise angewandt werden. »Sollten junge Menschen rauchen?« »Du möchtest die Freiheit haben, spät nach Hause zu kommen, aber deine Eltern wollen, daß du früh nach Hause kommst. Was kannst du machen?« »Du weißt, daß deine Freunde Drogen ausprobieren, wie kannst du sie davon überzeugen, daß sie die Finger davon lassen sollen?« »Du findest nie Zeit zum Arbeiten, wie kannst du dieses Problem lösen?« »Wie kannst du mehr Freunde in deiner Umgebung finden?«

Die Themenauswahl sollte gemischt sein. Heitere Themen sind wichtig für Motivation und Vergnügen und damit auch wichtig für die Entwicklung der Denkfähigkeit, da weder Emotionen, Vorurteile noch Erfahrung den Denkprozeß behindern. Die weiter entfernt liegenden Themen geben dem Jugendlichen das Gefühl, wie ein Erwachsener zu denken und wirkliche Probleme zu lösen. Ich habe die Erfahrung gemacht, daß Jugendliche solche Themen mögen. Außerdem erzeugen sie einen Denkhintergrund, der später von Nutzen sein kann. Das Nachdenken über solche Themen sensibilisiert den Jugendlichen außerdem für Themen in Zeitungen oder im Fernsehen (Themen aus den Nachrichten können durchaus als Übungsthemen verwendet werden).

Es ist ein Irrtum zu glauben, Jugendliche seien nur an ihren eigenen Problemen interessiert. Solche Themen sind nützlich, um zu zeigen, wie Denken auf normale, alltägliche Themen angewendet werden kann. Es ist nicht einfach, allgemeine Themen zu entwickeln, die auf Jugendliche unterschiedlichen

Alters in unterschiedlichen Umgebungen zutreffen, deshalb sollten Eltern sich einen Vorrat von Themen zulegen, die ihre eigenen Kinder direkt angehen.

Der Hauptzweck schwieriger Themen ist zu zeigen, daß Denkfähigkeiten nicht nur ein Spiel sind, sondern auch auf ernsthafte Themen angewendet werden können. Denken Sie jedoch daran, daß bei diesen schwierigen Themen die Denkfähigkeit nicht sosehr geschult wird, da sich die ganze Aufmerksamkeit auf den Inhalt richtet.

Wenn ich die Themenmischung in Prozentsätzen ausdrücken müßte, würde ich folgendes vorschlagen:

Aufbauphase der Denkfähigkeiten:
40 Prozent heitere Themen
30 Prozent weiter entfernte Themen
10 Prozent schwierige Themen
20 Prozent Themen der Jugendlichen

Anwendungsphase schon erworbener Fähigkeiten:
20 Prozent heitere Themen
30 Prozent weiter entfernte Themen
20 Prozent schwierige Themen
30 Prozent Themen der Jugendlichen

Durchführung

Wie werden die Denkübungen ausgeführt?

Demonstration: Sie als Elternteil oder Lehrer arbeiten eine Übung durch, um zu zeigen, wie eine bestimmte Methode oder ein Werkzeug angewendet werden sollten. Vielleicht möchten Sie das Thema vorher vorbereiten. Sie sollten jedoch auch in der Lage sein, ein Thema ohne Vorbereitung anzuwenden, denn darum wird Ihr Kind Sie bitten.

Gemeinsam: Elternteil und Kind arbeiten die Übung gemeinsam durch. Jeder macht Vorschläge. Als Elternteil sollten

Sie sich am Anfang zurückhalten, damit Ihr Kind Vorschläge machen kann. Wenn diese Vorgehensweise erfolgreich ist, machen Sie selbst Vorschläge, um zu zeigen, daß auch Sie sich damit auseinandergesetzt haben. Gemeinsames Vorgehen bedeutet nicht Auseinandersetzung oder sogar Streit – es bedeutet, so zusammenzuarbeiten, wie die Zylinder in einem Automotor zusammenarbeiten.

Nachfrage: Das ist die normale, einseitige Nachfrage, die wir aus der Schule kennen. Sie fordern Ihr Kind auf, eine Denkübung durchzuführen. In manchen Fällen bitten Sie vielleicht darum, daß dies sofort getan wird. In anderen Fällen sind ein paar Minuten zum Nachdenken erlaubt. Ihr Kind kann diese Zeit dazu verwenden, sich ein paar grundlegende Notizen zu machen, bevor es antwortet.

Parallel: Hier führen sowohl Elternteil als auch Kind getrennt die Denkübung durch. Das geschieht am besten in Form von Notizen, es kann aber auch ausformuliert werden. Am Ende der Zeit werden die beiden Ergebnisse miteinander verglichen. Diese Art, Dinge zu tun, kann sehr motivierend sein, wenn der Jugendliche sieht, daß er fast genausogut (wenn nicht sogar besser) wie der Elternteil ist. Diese Methode ist für geringer begabte Kinder nicht zu empfehlen.

Gruppe: Bei mehreren Kindern (oder Erwachsenen) kann die Denkübung als Gruppenübung durchgeführt werden. Der Elternteil stellt die Aufgabe, und dann arbeitet die Gruppe gemeinsam daran. Am Ende der zugewiesenen Zeit berichtet der Sprecher der Gruppe über das Ergebnis.

Schriftlich: Im allgemeinen können die Übungen verbal durchgeführt werden. Notizen können hilfreich sein. Manchmal kann es nützlich sein, eine Denkaufgabe zu stellen und für einen späteren Zeitpunkt eine schriftliche Ausführung zu verlangen. Wo die Verwendung von Diagrammen zur Methode gehört (bei manchen ist das der Fall), wird das Diagramm als Ergebnis der Übung präsentiert. In diesem Fall wird das Ergebnis eher in der gleichen Denksitzung als später präsentiert (sofortiger Gebrauch).

Die Art dieses Buches

Dieses Buch deckt nicht alle Aspekte des Denkens ab und will auch nicht die Philosophie des Denkens diskutieren.

Das Buch soll praxisbezogen und nützlich sein.

Wenn das Buch diszipliniert verwendet wird, enthält es zahlreiche nützliche Verhaltensweisen, Gewohnheiten, Operationen, Werkzeuge und Strukturen des Denkens, die angewendet werden können. Wenn auch nur einige davon gut gelernt werden, so haben sie immer noch ihren eigenen Wert.

Manche Themen in diesem Buch werden in einem späteren Buch noch detaillierter und ausführlicher behandelt werden.

Alter und Fähigkeit

Ich möchte hier einige Vorschläge machen, wie das Buch für Kinder unterschiedlichen Alters und mit unterschiedlichen Fähigkeiten genutzt werden kann. Es sind wirklich nur Vorschläge, und es steht den Eltern frei, alle Möglichkeiten auszuprobieren, wenn sie passend erscheinen. Meiner Meinung nach unterschätzen Lehrer und Eltern für gewöhnlich die Denkfähigkeit von Kindern und auch ihre Fähigkeit, über ganz unterschiedliche Themen nachzudenken. Oft haben Lehrer zu mir gesagt: »Die Schüler in meiner Klasse sind noch zu jung, um mit diesem Problem konfrontiert zu werden.« Ich schlage in solchen Fällen immer vor, es einfach einmal auszuprobieren. Sie versuchen es und sind von den Denkfähigkeiten der Kinder überrascht.

Vereinfachen

Die Grundregel lautet *vereinfachen*. Statt ein ganzes Kapitel auszulassen, lesen Sie es besser durch und vereinfachen dann den Vorgang. Es ist fast unmöglich, zu sehr zu vereinfachen. Manche Teile dieses Buches sind ausführlicher als andere, weil das gegenüber älteren und begabteren Kindern nur gerecht ist, aber auch diese Teile können in vereinfachter Form genutzt werden.

Fragen Sie sich: »Wie kann ich das am einfachsten vermitteln?« Haben Sie keine Angst, etwas Wichtiges auszulassen. Achten Sie nicht auf das, was Sie ausgelassen haben, sondern auf das, was Sie vermitteln. Einfache Sachverhalte, die effektiv genutzt werden, beeinflussen bereits die Denkfähigkeit.

Vor allem vermeiden Sie Verwirrung. Wenn irgend etwas Verwirrung hervorruft, fangen Sie noch einmal von vorn an.

Bitten Sie Ihr Kind, das zu wiederholen, was Sie ihm Ihrer Meinung nach beigebracht haben. So können Sie am besten überprüfen, ob alles verstanden worden ist.

Beispiele und Übungen verdeutlichen die Dinge. Sie lehren Fähigkeiten, nicht Philosophie.

Gruppen

Ich unterteile die potentiellen Schüler dieses Buches in drei große Gruppen:

Junge Gruppe: Unter neun Jahren
Mittlere Gruppe: Neun bis vierzehn Jahre
Ältere Gruppe: über vierzehn Jahre

Diese großen Altersgruppierungen verändern sich natürlich je nach Fähigkeiten. Ein sehr begabtes Kind in der jungen Gruppe kann dann zum Beispiel so behandelt werden, als gehöre es zur mittleren Gruppe. Ebenso kann ein Kind aus der älteren Gruppe mit geringeren Fähigkeiten als zur mittleren Gruppe gehörig behandelt werden.

Auch die Geduld der Eltern hat Einfluß auf die Einordnung in die Altersgruppen. Eltern, die darauf vorbereitet sind, Zeit für das Studium des Buches und die Vereinfachung der Prozesse aufzuwenden, sind vielleicht durchaus in der Lage, das Material der mittleren Gruppe einem jüngeren Kind oder das der älteren Gruppe einem Kind zwischen neun und vierzehn Jahren zu vermitteln.

Junge Gruppe

Die »Zeichenmethode« ist äußerst wichtig und kann bereits bei vier- bis fünfjährigen Kindern angewendet werden. Obwohl diese Methode erst gegen Ende des Buches beschrieben wird, sollten Sie sie jetzt schon einsetzen.

Die Eltern sollten Teil I des Buches durchlesen, aber noch nicht daraus unterrichten.

Teil II kann größtenteils schon direkt eingesetzt werden. Das Beispiel des Zimmermanns ist ein gutes Basismodell. Verhaltensweisen können so auf allgemeine Art abgedeckt werden.

Die Sechs-Hüte-Methode kann ab sechs Jahren angewendet werden. In diesem Alter sollte eine vereinfachte Form gewählt werden. Behandeln Sie die Hüte nur in ihrer individuellen Anwendung. Versuchen Sie nicht, den *Sequenz*-Gebrauch der Hüte zu vermitteln, außer vielleicht bei besonders begabten Kindern.

Ergebnis und Schlußfolgerung kann in vereinfachter Form vermittelt werden, sie sind jedoch wichtig. *Vorwärts und parallel* kann in sehr vereinfachter Form vermittelt werden. *Logik und Wahrnehmung* kann weggelassen werden.

Bei den Werkzeugen sollte sich die Aufmerksamkeit vor allem auf CAF, APC, OPV, C&S, PMI, AGO und FIP richten. Erfahrungen in Schulen (wo auf jeden Lehrer sehr viel mehr Kinder kommen) haben gezeigt, daß diese Werkzeuge von sechs Jahren aufwärts eingesetzt werden können. Sie werden in einer Grundform mit zahlreichen Übungen und Beispielen unterrichtet. Möglicherweise gibt es Probleme mit C&S und AGO, da Kinder Konsequenzen oder Ziele nicht so gut einschätzen können.

Das Kapitel *Werte* ist wichtig und sollte auch einbezogen werden. Das Kapitel über *Fokus und Zweck* kann weggelassen werden.

Teil III sollte völlig vereinfacht werden. Das Kapitel *Grundgedanke und detaillierte Vorstellung* ist wichtig, aber jüngeren Kindern nicht ohne weiteres beizubringen. Hier reicht es, eine allgemeine Vorstellung zu vermitteln. Das Kapitel *Grundlegende Denkoperation* kann abgedeckt werden, ohne daß allzusehr ins Detail gegangen werden muß. Man braucht nicht alle Denkoperationen unter jedem Typ von grundlegenden Operationen durchzuführen. Die Übungen hier sind nützlich und machen Spaß.

Wahrheit, Logik und kritisches Denken muß ganz abgehandelt werden, da es ein äußerst wichtiger Bestandteil des Denkens ist, aber es sollte in stark vereinfachter Form behandelt werden, um jede Verwirrung zu vermeiden. *Unter welchen Umständen* ist nicht schwierig zu vermitteln und sollte erwähnt werden. *Hypothese, Spekulation und Provokation* ist auch jüngeren Kindern leicht zu vermitteln, weil es dem entspricht, was sie die meiste Zeit tun müssen. Gestalten Sie es so einfach wie möglich, und versuchen Sie nicht, zwischen Hypothese, Spekulation und Provokation zu unterscheiden.

Das Kapitel über *Laterales Denken* kann weggelassen werden. Die Kapitel über *Provokation und PO* und *Bewegung* sollten vereinfacht mit vielen Beispielen und Übungen vermittelt werden. Kinder begreifen diese Ideen durch Anwendung, nicht durch Erklärung.

Die *Zufallswort*-Technik funktioniert sehr gut bei Kindern jeden Alters. Es macht ihnen Spaß, neue Ideen durch die Verwendung von Zufallswörtern zu entwickeln. Dieses Kapitel kann ganz behandelt werden – in Form von Übungen.

Teil IV des Buches ist für jüngere Kinder nicht besonders geeignet. Die TO/LO/POSO/GO-Methode kann ganz allgemein abgehandelt werden. Hier gibt es keine komplizierten Konzepte. Im allgemeinen werden die Eltern wahrscheinlich mit den Kindern die verschiedenen Phasen durchgehen. Das Zeichnen von Kästchen für die einzelnen Phasen kann nützlich sein (fülle jedes Kästchen aus).

Aus dem Rest von Teil IV würde ich nur eine stark vereinfachte Fassung von *Diskussion und Meinungsverschiedenheiten* herausgreifen, und auch das nur als Versuch, um herauszufinden, was jede Partei gedacht hat. Ebenfalls könnte die

Anwendung der Werkzeuge für *Entscheidungen und Wahlen* versucht werden.

Mittlere Gruppe

Die Eltern sollten zwar Teil I lesen, brauchen ihn aber nicht anzuwenden.

Teil II kann ganz verwendet werden.

Teil III kann ebenfalls ganz verwendet werden, aber möglicherweise müssen die drei Hintergrundkapitel vereinfacht werden: *Wahrheit, Logik und kritisches Denken, Hypothese, Spekulation und Provokation* und *Laterales Denken.*

Teil IV kann ebenfalls vollständig verwendet werden, aber dieser Teil ist detaillierter als die anderen und muß deswegen vereinfacht werden. Es reicht aus, das Grundlegende in jedem Kapitel zu erklären und so viele Übungen wie möglich zu machen. Beginnen Sie mit einer eindeutigen, einfachen Grundlage, und fügen Sie die Details später hinzu.

Teil V kann ganz verwendet werden.

Ältere Gruppe

Hier kann das ganze Buch verwendet werden. In diesem Alter kann der Schüler bereits sein eigenes Exemplar besitzen und es selbst durchlesen. Er sollte zum Beispiel auch das Material in Teil I kennen. Es ist besser, wenn er es zuerst allein durchliest und dann erst mit seinem Lehrer darüber redet. Diese Diskussionen sollten nicht auf der Grundlage von »was ist hier falsch, was ist da richtig« geführt werden, weil eine solche Haltung den Schüler sofort dazu bringt, bestimmte Teile für richtig oder falsch zu halten. Das behindert die Entwicklung seiner Denkfähigkeiten. Die Diskussionshaltung sollte vielmehr sein: »Was will uns der Autor hier mitteilen? Wie kann es für uns nützlich sein?«

Manche der begabteren Kinder haben vielleicht das Gefühl, ihre Denkfähigkeiten funktionierten recht gut und sie bräuchten Teil II nicht, weil sie das alles schon beherrschten, doch die Erfahrung hat gezeigt, daß das nicht stimmt. Menschen behaupten, sich so zu verhalten, tun es aber nicht. Diese Werkzeuge sind von klugen Erwachsenen und besonders begabten Kindern (Intelligenzquotient über 150) benutzt worden. Wenn sie wirklich so einfach sind, dann können die Eltern vom Kind erwarten, daß es sie effektiv und detailliert benutzt. Und in der Tat ist es einfach, jedes Werkzeug zu verstehen – es jedoch effektiv zu nutzen, ist etwas anderes.

Teil III kann detailliert mit Diskussionen über die Hintergrundkapitel *Wahrheit, Logik und kritisches Denken, Hypothese, Spekulation und Provokation* und *Laterales Denken* behandelt werden.

Teil IV ist für die ältere Gruppe besonders geeignet, weil hier Denksituationen vorkommen, denen sie häufig begegnen. Alle Einzelheiten können mit dieser Gruppe behandelt werden.

Bei Teil IV ist es äußerst wichtig, daß jeder Schritt beachtet wird. Ältere oder begabtere Kinder neigen dazu, schnell ein allgemeines Gefühl für eine Situation zu entwickeln und zu glauben, das sei genug an Denktätigkeit. Die einzelnen Schritte sind nicht schwierig und scheinen manchmal nicht notwendig zu sein. Es ist jedoch wichtig, sich daran zu gewöhnen, sie vollständig durchzugehen.

Teil V kann ganz verwendet werden. Die *Zeitungsübungen* und das *Zehn-Minuten-Denkspiel* sind für diese Altersgruppe besonders geeignet.

Weiterer und wiederholter Gebrauch

Wenn Ihre Kinder zu der jungen Gruppe gehören, ist dieses Buch nicht sofort relevant. Aber die Kinder werden größer und kommen in die mittlere und ältere Gruppe. Die Teile des Buches, die zunächst ausgelassen wurden, können dann durchgearbeitet werden.

Das Buch sollte nicht einfach durchgelesen und dann vergessen werden. Sie können es immer wieder zur Hand nehmen und sich dabei auf unterschiedliche Teile konzentrieren (zum Beispiel auf die Techniken des Lateralen Denkens). Vielleicht möchten Sie auch das Kapitel über *Entscheidungen und Wahlen* noch einmal durcharbeiten oder die *Sechs Hüte*, um die Methoden als Grundlage für Familiendiskussionen zu verwenden.

Denkverhalten

Letztendlich gibt es nur zwei Arten von Denkverhalten:

1. Sie wollen denken.
2. Sie müssen denken.

1. *Sie wollen denken*: Sie beherrschen eine bestimmte Art, etwas anzugehen, mit der es keine Schwierigkeiten gibt, und Sie könnten weiterhin Probleme auf diese Art lösen – aber Sie möchten gerne wissen, ob es eine bessere Methode gibt. Könnte es schneller gehen? Einfacher? Kostengünstiger? Mit weniger Fehlern, Aufwand, Verschmutzung, Gefahr usw.? Das sind wichtige Fragen, die bei jeder Verbesserungsüberlegung gestellt werden. Vor allem im Geschäftsleben oder auch zum Beispiel in der Politik, wo besonderer Wert auf Effizienz, Effektivität und Kostenreduzierung gelegt wird, ist diese Art zu denken äußerst wichtig. Doch auch im persönlichen Bereich sind solche Überlegungen von größter Bedeutung. Das Problem liegt darin, daß Sie nicht gezwungen sind, so zu denken, sondern Sie müssen es wollen.

Sie treffen eine Entscheidung oder eine Wahl. Sie organisieren etwas oder entwerfen einen Plan. Sie planen irgend etwas. All das können Sie tun, denn Sie sind nicht blockiert. Aber Sie haben das Gefühl, wenn Sie anders denken würden, würden die Wahl, die Entscheidung, die Organisation, der Plan oder der Entwurf besser ausfallen, als wenn Sie keine Zeit aufs Denken verwenden würden. Also möchten Sie Zeit darauf verwenden, die Dinge zu überdenken. Eine gründlich überdachte Entscheidung ist wahrscheinlich besser als eine impulsive. Ein sorgfältiger Entwurf ist wahrscheinlich besser als der erste spontane Einfall. Deshalb möchten Sie nachdenken. Wenn Sie sich über Denkwerkzeuge und -strukturen im klaren sind, sind Sie motivierter, darüber nachzudenken. Ohne solche Denkhilfen gehen Sie vielleicht einfach nur immer wieder auf gleiche Art an das Problem heran. In diesem Fall motiviert Sie das Erlernen von Denkfähigkeiten auch, sie zu verwenden.

Wir müssen hinzufügen, daß es Zeiten gibt, in denen Sie gerne denken möchten, weil es Ihnen einfach Spaß macht. Denken ist dann ein Hobby, eine Sportart, etwas, das Ihnen Freude macht.

2. *Sie müssen denken*: Es gibt ein Problem, das Sie nicht lösen können. Es gibt ein Dilemma, das eine Entscheidung erschwert. Es gibt einen Konflikt, der sich zuspitzt. Sie brauchen eine neue Idee und haben keine. Sie müssen eine günstige Gelegenheit finden, können es aber nicht. Kurz, Sie sind blockiert. Sie kommen nicht weiter. Sie haben keine Wahl. Sie müssen nachdenken. Es gibt keine Routinelösung für diese Situation. Normales Nachdenken nützt Ihnen nichts, Sie müssen angestrengt nachdenken.

Es gibt natürlich einen Unterschied zwischen Ihren *Bedürfnissen* und dem, was wir einmal Ihre *Gier* nennen wollen. Manchmal müssen Sie denken, weil Sie in Gefahr sind oder vor einem Problem stehen, das gelöst werden muß, selbst wenn sich Ihre Position nicht ändert. Wenn Sie mit dem Auto fahren und plötzlich einen Platten haben, müssen Sie dieses Problem lösen. In den *Gier*-Situationen wollen Sie weiterkommen. Sie möchten Geld haben, um sich ein besseres Auto kaufen zu können. Sie möchten an einem schöneren Ort Urlaub machen können. Sie möchten ein neues Geschäft eröffnen. Sie möchten neue Freunde gewinnen. Sie müssen diese Dinge eigentlich nicht tun – aber Sie möchten es gerne. Wenn Sie diese Dinge tun möchten, es aber keinen einfachen Weg gibt, sie zu tun, dann müssen Sie nachdenken. Sie schaffen damit zwar selbst die Notwendigkeit, aber es bleibt damit trotzdem eine Notwendigkeit, solange sie Sie betrifft.

Je besser Sie Ihre Denkfähigkeiten entwickeln, um so seltener werden Sie blockiert sein. Die Situationen werden sich mehr und mehr vom *Denken-Müssen* zum *Denken-Wollen* verschieben.

Routine und Nicht-Routine

Man könnte sagen, daß es der Zweck des Denkens ist, das Bedürfnis zu denken zu zerstören. Wenn wir durch Denken alles in Routine verwandeln können, brauchen wir nicht zu denken.

In gewissem Maß versuchen wir das schon mit Computern. Wir versuchen, *Expertensysteme* zu installieren, damit der Computer, wenn ihm eine Frage gestellt wird, durch eine Routine von Beurteilungen gehen und eine Antwort geben kann. Das soll uns von der Notwendigkeit befreien, selbst zu denken. Oder es schafft uns Freiheiten, die es uns ermöglichen, unsere Denkfähigkeiten in anderer Richtung einzusetzen.

Es ist richtig, daß wir unser Denken manchmal dazu einsetzen sollten, bestehende Routinesituationen zu hinterfragen und zu verbessern – so wie ein Golfspieler immerzu versucht, sein Handicap zu verbessern. Im allgemeinen jedoch brauchen wir über Routinedinge nicht nachzudenken.

In der Praxis richtet sich unser Denkverhalten meistens darauf, die richtige Routine zu finden. Ein Kind kommt mit Ausschlag zum Arzt. Der Arzt muß feststellen, ob es Masern, Sonnenbrand, eine Allergie oder sonst etwas hat. Wenn er die Diagnose gestellt hat, kann er zur Routinebehandlung übergehen. In der Diagnose wie in der Analyse versuchen wir, eine unbekannte Situation in eine Situation zu verwandeln, in der wir Routinemuster von Antworten verwenden können. Eine der Hauptstrategien in der Mathematik ist der Versuch, ein schwieriges Problem in eine andere Art von Problem zu verwandeln, für das es ein Routinevorgehen gibt.

Schließlich gibt es Situationen, in denen wirklich neues Denken erforderlich ist, wenn wir zum Beispiel neue Ideen, Erfindungen oder Lösungen für schwierige Probleme brauchen. Routine gibt es hier nicht, also reicht einfache Identifikation mit der Situation nicht aus. Am Ende besteht unser Denken jedoch darin, der Routine zu entfliehen und andere Subroutinen zu kombinieren, um ein Ergebnis zu bekommen.

Es gibt auch Denkroutinen. So können wir zum Beispiel eine Routine des kreativen Denkens erwerben, damit wir sie in einer Situation, die neue Ideen erfordert, einsetzen können.

Nach der Lektüre dieses Buches wird der Schüler über eine ganze Reihe solcher Arbeitsroutinen verfügen.

Fokus, Situation und Aufgabe

Die Verbindung zwischen einer Situation, die Denken erfordert, und unserer Fähigkeit, unser Denkvermögen, unsere Methoden und Routinen zu verwenden, wird dadurch hergestellt, daß wir in der Lage sind, den Denkbedarf zu definieren. »Wir brauchen auf dieser Reise zehn Leute, um den Rabatt zu bekommen. John hat beschlossen auszusteigen, und damit sind wir nur noch neun Leute. Die Aufgabe lautet, John zum Mitkommen zu bewegen, jemand anderen zu finden oder John dazu zu bringen, auf jeden Fall seinen Anteil zu zahlen. Wir wollen uns zunächst darauf konzentrieren, jemand anderen zu finden.«

Ich werde mich mit Fokus, Situation und Aufgabe später noch ausführlich befassen.

In vielen Denksituationen haben wir nur eine sehr allgemeine Vorstellung von Situation, Fokus und Aufgabe. Häufig definieren wir sie nicht oder klammern sie aus, weil wir voraussetzen, daß jeder Thema und Ziel des Denkens kennt. Es ist jedoch aus vielen Gründen nützlich, Situation, Aufgabe und Fokus ganz genau darzustellen. Möglicherweise gibt es alternative Sichtweisen der Situation. Es gibt vielleicht ein paar

Bereiche des möglichen Fokus. Verschiedene Denkaufgaben können gestellt werden. Wenn Dinge bewußtgemacht werden, kann man die Aufgaben nacheinander bewältigen:

Situation: Was ist die Situation? Welche Art von Situation ist es?

Aufgabe: Was wollen wir jetzt richtig machen? Welche Aufgaben sollen wir uns stellen?

Fokus: Worauf konzentrieren wir uns? Worauf zielen wir ab?

Einen anderen Gang einlegen

Viele Leute fragen mich, ob es eine *ideale* Art zu denken gibt, die man auf alle Gelegenheiten anwenden kann. Die Antwort darauf lautet *nein*.

Ein Golfspieler hat verschiedene Schläger in der Tasche. Jeder Schläger ist für einen bestimmten Zweck geeignet. Sie würden Putter nicht zum Driving benutzen oder den Driver zum Putten. Ein Auto mit einer Gangschaltung hat verschiedene Gänge, die für unterschiedliche Gelegenheiten geeignet sind. Auch ein Automatik-Auto hat Vorwärts- und Rückwärtsgänge. Ein Auto, das zur gleichen Zeit vorwärts und rückwärts fahren kann, gibt es nicht.

Beim Denken möchten wir uns vielleicht manchmal auf entgegengesetzte Art und Weise verhalten. Um zu zeigen, warum etwas nicht getan werden kann, brauchen wir zum Beispiel eine heftige Beurteilung. Zu anderen Zeiten verwenden wir vielleicht *Bewegung* – wir bewegen uns von einer Idee aus (gleichgültig, wie falsch sie ist) vorwärts, um eine andere Idee zu entwickeln. Manchmal möchten wir innerhalb eines bestimmten Rahmens arbeiten. Zu anderen Zeiten definieren wir diesen Rahmen nur, um ihm besser entkommen zu können.

Denkwerkzeuge und Methoden sind manchmal scheinbar widersprüchlich. Das kommt daher, weil sie jeweils für einen ganz bestimmten Zweck geschaffen sind. Eine Säge ist dazu da, Holz zu zersägen, und Klebstoff ist dazu geschaffen, Teile aneinanderzukleben. Das sind gegensätzliche Funktionen – aber beide sind an ihrem Platz nützlich.

Denkverhalten erfordert oft die Fähigkeit, zur rechten Zeit die richtige Methode anzuwenden.

Praktisches Denken

Betrachten wir einmal die drei Ebenen des praktischen Denkens: unbestimmtes Denken, Diskussion, angewandtes Denken.

Unbestimmtes Denken: Darunter verstehe ich das Denken im Verlauf des Alltags, das Reden mit anderen, die Fähigkeit, Routineangelegenheiten zu bewältigen und kleinere Probleme zu lösen. Auch Zeitung lesen oder fernsehen, einkaufen, das Benutzen von öffentlichen Verkehrsmitteln, Terminabsprachen usw. gehören dazu.

Auf dieser Ebene des unbestimmten Denkens befinden sich Hintergrundverhaltensweisen, Prinzipien und Denkgewohnheiten, die später im Buch behandelt werden. Für Werkzeuge oder Strukturen gibt es keinen Bedarf. Gelegentlich hört vielleicht jemand auf zu denken und könnte dann ein Werkzeug ganz bewußt einsetzen. Im Gespräch mit anderen können die Werkzeuge ein nützlicher Code sein, um Menschen dazu zu bringen, auf eine bestimmte Art zu denken. Sie müßten dazu diesen Code allerdings kennen.

Diskussion: Hier kommen Menschen zusammen, um gemeinsam über etwas nachzudenken. Es wird geforscht, betrachtet, diskutiert und manchmal gestritten.

Die Leute wissen, daß sie zusammengekommen sind, um über das Thema nachzudenken, Ideen und Gefühle auszutauschen und neue Ideen zu entwickeln. Es bleibt zu hoffen, daß die Verhaltensweisen, Prinzipien und Gewohnheiten des guten Denkens allen Teilnehmenden zur Verfügung stehen, es besteht jedoch sicher Bedarf an expliziter und bewußter Verwendung einiger Denkwerkzeuge (zum Beispiel des Sechs-Hüte-Denkens). Zufälliges Denken ist nicht sehr produktiv, und Streit ist nicht die beste Methode, um ein Thema auszuloten.

Meistens wird abgesehen von einer Tagesordnung und einem Resümee überhaupt kein Werkzeug bei einer Konferenz benutzt. Wenn Menschen jedoch zusammenkommen, um zu denken, sollten auch effektive Denkmethoden angewendet werden. Manchmal geht es bei einer Konferenz jedoch nicht um das Denken, sondern lediglich um die Kommunikation.

Angewandtes Denken: Hier gibt es einen definierten Denkbedarf: Wahl, Entscheidung, Plan, Strategie, Initiative, Gelegenheit, Problem, Aufgabe, Konflikt usw. Die Situation kann definiert und der Denkbedarf benannt werden.

Vielleicht geht es darum, daß man über das Thema *nachdenken möchte* oder *nachdenken muß*. Eine allgemeine Diskussion reicht hier vielleicht nicht. Es besteht Bedarf an der Verwendung einzelner Denkwerkzeuge und bestimmter Strukturen, die in spezifischen Situationen (zum Beispiel Entscheidungen oder Bedarf an Kreativität) helfen können.

Automatisch und bewußt

Mit der Zeit können die Verhaltensweisen, Prinzipien, Gewohnheiten und Basisoperationen guten Denkens automatisch werden: Sie werden Teil des Hintergrunds eines jeden Denkvorgangs.

Einige der Verhaltensweisen, die etwas mit den aufmerksamkeitserregenden Werkzeugen zu tun haben, können zur zweiten Natur werden. Die Verwendung mancher Werkzeuge kann auch zur Routine werden.

Trotzdem gibt es immer noch das Bedürfnis, bestimmte Werkzeuge (vor allem die zum kreativen Denken) und auch Strukturen bewußt und diszipliniert zu benutzen.

Viele äußerst kreative Menschen, die meine Techniken des

lateralen Denkens seit Jahren im Berufsleben einsetzen, sagen mir, daß sie immer noch die besten Resultate erzielen, wenn sie die Techniken bewußt einsetzen: Schritt für Schritt.

Zusammenfassung

Manche der in diesem Buch erläuterten Denktechniken können ein natürlicher Bestandteil des Denkverhaltens werden. Manche der Fähigkeiten werden immer bewußt und diszipliniert eingesetzt werden müssen.

Es gibt Situationen, in denen der Denkende keine besondere Anstrengung leisten muß (unbestimmtes Denken).

Es gibt Situationen, in denen Sie so gut denken möchten, wie Sie können.

Es gibt Situationen, in denen Sie blockiert sind, aber das beste Denken einsetzen müssen, über das Sie verfügen.

Die Natur des Denkens

Ich habe das ganz gewöhnliche Fahrrad immer als eine der bemerkenswertesten Erfindungen der Menschheit empfunden, und zwar deshalb, weil das Fahrrad ein Apparat ist, mit dem die Energie des Menschen, seine Muskeln und Knochenstrukturen auf äußerst effektive Art genutzt werden können. Auf einem Fahrrad kann man schneller und weiter vorwärtskommen als zu Fuß, ohne daß dazu Energie von außen gebraucht wird.

Nehmen wir einmal an, wir lassen ein paar Leute um die Wette laufen. Einer wird Erster, einer Zweiter und einer wird Dritter, entsprechend ihrer natürlichen Fähigkeit zu laufen. Wenn wir jetzt das Fahrrad ins Spiel brächten und die Leute darauf trainieren ließen, verliefe das Rennen ganz anders. Jeder wäre schneller (und käme weiter) als vorher.

Mit dem Denken ist es genauso. Wir können unsere natürliche Denkfähigkeit benutzen, und sie wird uns gute Dienste leisten. Aber wenn wir Methoden, Strukturen und Bezeichnungen entwickeln, können wir wesentlich mehr leisten.

Die Mathematik ist hier das beste Beispiel. Wir haben Bezeichnungen und Systeme entwickelt, die es uns ermöglichen, schwierige Berechnungen durchzuführen. In diesem Fall haben wir uns nicht zurückgelehnt und gesagt, daß die natürlichen mathematischen Fähigkeiten ausreichen würden.

Wie beim Fahrrad und der Mathematik können wir auch Methoden entwickeln, die unser Denken verbessern.

Die Natur des Verstandes

Bei einem Urlaub in der Karibik haben Sie nur drei Kleidungsstücke zur Verfügung, die Sie jeden Morgen anziehen: Hemd, Hose und Schuhe. Auf wie viele verschiedene Arten können Sie sich anziehen? Es gibt drei Möglichkeiten, was Sie als erstes anziehen können. Wenn Sie ein Teil angezogen haben, haben Sie nur noch zwei Möglichkeiten. Zum Schluß bleibt nur noch ein Kleidungsstück übrig.

Die Zahl der möglichen Anziehvarianten ist also eigentlich sechs, wie die einfache Rechnung zeigt: $3 \times 2 \times 1 = 6$.

Wenn Sie elf Kleidungsstücke zum Anziehen hätten (die normale Situation), wie viele Auswahlmöglichkeiten hätten Sie dann? Elf Möglichkeiten für das erste Kleidungsstück, dann zehn . . . usw. Die Rechnung bleibt die gleiche: $11 \times 10 \times 9 \times 8 \times 7 \times 6 \times 5 \times 4 \times 3 \times 2 \times 1 = 39\ 916\ 800$. Tatsächlich sind nicht alle diese Möglichkeiten wirklich möglich, weil wir zum Beispiel nicht die Schuhe anziehen können, bevor wir die Sokken anhaben. In der Realität gibt es nur ungefähr fünftausend Wahlmöglichkeiten.

Auf jeden Fall bräuchten wir, wenn wir alle diese Wahlmöglichkeiten jeden Morgen durchprobieren müßten, um uns anzuziehen, mehrere Stunden. Tatsächlich benötigen wir jedoch keineswegs mehrere Stunden, weil unser Gehirn Routine entwickelt und wir nur dem Routinemuster folgen.

Das Gehirn ist ein besonders fähiges Organ und kann deshalb solche Routinemuster für all unsere Erfahrungen entwikkeln. Das liegt daran, daß es ein sich selbstorganisierendes System ist.

Selbstorganisation

Betrachten Sie einmal ein Schachbrett. Der Schachspieler bewegt die Figuren nach den Regeln des Spiels über das Brett. Die Figuren und das Brett sind passiv, der Spieler sorgt für die

Aktion. Genauso funktionieren unsere Informationssysteme. Wir sammeln Symbole, Wörter und Bilder und bewegen sie dann nach den Regeln des Spiels hin und her. Die Regeln sind zum Beispiel die der Mathematik, der Sprache oder der Logik.

Betrachten wir einmal eine andere Art von System. Regen fällt auf eine öde Landschaft. Mit der Zeit wird der Regen zu Rinnsalen, Bächen und Flüssen. So etwas nennt man ein selbstorganisierendes System, weil Regen und Landschaft sich gemeinsam selbst in das Muster des Wasserflusses organisieren.

Das Interesse an selbstorganisierenden Systemen nimmt zu. 1969 habe ich in meinem Buch *The Mechanism of Mind* gezeigt, wie ganz einfache Anordnungen des Nervensystems im Hirn zu starken, selbstorganisierenden Systemen führen können. Seitdem haben viele Leute diese Ideen weiterentwikkelt. In einem anderen Buch, *Der Klügere gibt nicht nach*, beschreibe ich diesen Mechanismus noch einmal und zeige die beachtlichen Auswirkungen, die ein starkes Informationssystem für unsere traditionellen Denkgewohnheiten hat.

Unser Verständnis von Wahrnehmung, Humor und Kreativität hängt direkt vom Verständnis selbstorganisierender Systeme ab. Humor ist eigentlich das signifikanteste Verhalten des menschlichen Hirns – weil es sich die Art des Systems zu eigen macht. Daß Philosophen und Psychologen traditionell Humor und Kreativität vernachlässigt haben, zeigt, daß sie nur auf passive und nicht auf selbstorganisierte Systeme geachtet haben.

Selbstorganisierende Systeme entwickeln Muster. Wenn wir uns einmal an ein Muster gewöhnt haben, bleibt uns nichts anderes übrig, als uns ihm entsprechend zu verhalten. Die Muster sind festgelegt für bestimmte Umstände, und wenn diese sich ändern, können sich auch die Muster ändern.

Was können wir tun?

Wenn das Gehirn Muster entwickelt, was können wir dann tun? Müssen wir ihnen nicht zwangsläufig folgen?

Stellen Sie sich eine schiefe Ebene vor wie in Abbildung 4. Sie legen einen Ball oben auf die schiefe Ebene, und der Ball rollt hinunter. Der Ball rollt von selbst die schiefe Ebene hinunter – aber Sie haben entschieden, den Ball oben auf die Spitze zu legen.

Stellen Sie sich vor, die schiefe Ebene ist ziemlich breit, und an ihrem unteren Ende steht eine Streichholzschachtel. Ihre Aufgabe ist es, die Streichholzschachtel umzuwerfen. Sie können den Ball nun nicht irgendwo oben hinlegen, sondern müssen seine Position so wählen, daß er beim Herunterrollen die Streichholzschachtel trifft.

Genauso ist Denken eine Kombination dessen, was das Gehirn tut, und was es auf unsere Veranlassung hin tut.

Addieren Sie die Zahlen 5 plus 11 plus 16. Das ist recht einfach. Manche Leute mögen es für einfacher halten, wenn die Zahlen untereinander stehen (siehe Abbildung 5). Kindern fällt es vielleicht leichter, wenn die Zahlen in einer Reihe als Punkte aufgeführt sind und sie diese einfach nur zusammenzählen müssen. An diesem Beispiel sehen wir, wie wir Dinge so anordnen können, daß das Gehirn leichter damit arbeiten kann.

Wenn Sie sagen sollen, welches von zwei ähnlichen Rechtekken größer ist, fällt es Ihnen vielleicht schwer, den Unterschied abzuschätzen. Aber wenn Sie ein Rechteck über das andere legen können, ist sofort ersichtlich, welches größer ist. Wieder einmal haben wir die Dinge so arrangiert, daß die Aufgabe für das Gehirn leichter zu lösen ist.

Sie sitzen in einem Sportstadion, umgeben von Tausenden von Menschen, und sagen zu sich: »Ich möchte all die Leute heraussuchen, die gelbe Kleidung tragen.« Jetzt sehen Sie sich im Stadion um, und Sie werden feststellen, daß die Leute mit gelber Kleidung sozusagen aus der Menge *herausspringen,*

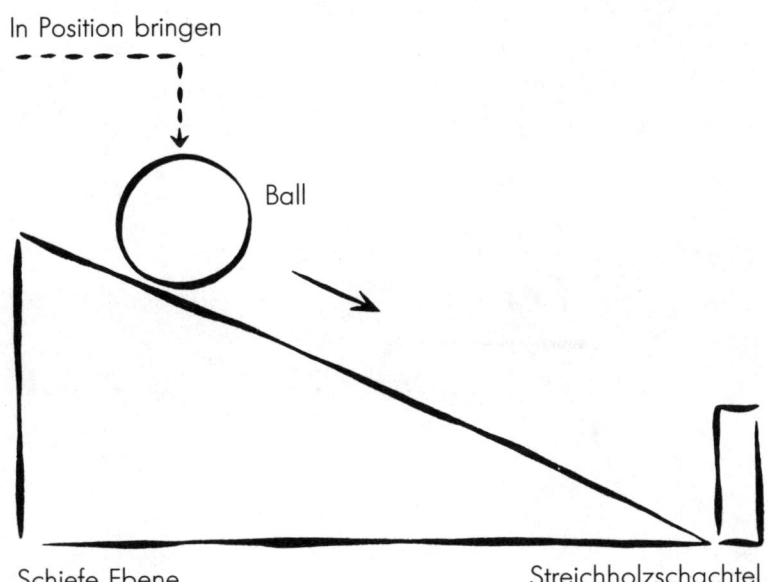

In Position bringen

Ball

Schiefe Ebene

Streichholzschachtel

Abbildung 4

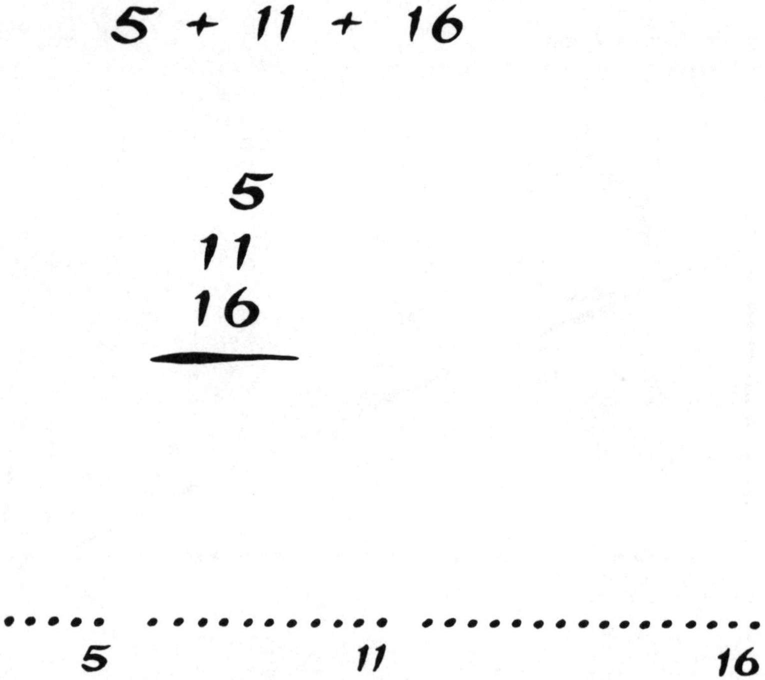

$$5 + 11 + 16$$

$$\begin{array}{r} 5 \\ 11 \\ 16 \\ \hline \end{array}$$

• • • • •   • • • • • • • • • • •   • • • • • • • • • • • • • •
5   11   16

Abbildung 5

denn Sie haben Ihr Gehirn darauf vorbereitet, *Gelb* zu sehen und haben damit Ihre Aufmerksamkeit auf Gelb gerichtet.

Aufmerksamkeit erregende Werkzeuge

Viele der Denkwerkzeuge sind einfach nur aufmerksamkeitserregende Werkzeuge. Wahrnehmung bedeutet, Aufmerksamkeit auf etwas zu richten, anstatt sie nur willenlos fließen zu lassen.

Manchmal ermöglichen Werkzeuge oder Strukturen uns, eine Sache nach der anderen zu tun, statt alles auf einmal tun zu wollen. Gelegentlich sind die Strukturen vorgegeben, so daß wir Dinge besonders effektiv hintereinander erledigen können. In gewisser Weise ist dies der Zweck mathematischer Formeln.

Obwohl das Gehirn also seine eigenen Charakteristika hat, können wir Dinge tun, die es diesen Charakteristika erlauben, zu unseren Gunsten zu arbeiten.

Es gibt keinen Widerspruch zwischen dem natürlichen Verhalten des Gehirns und der Idee zielgerichteten Denkens.

Training

Der Zweck des Trainings für einen Athleten oder Sportler ist es, Fehler zu eliminieren und die sinnvollsten Leistungsroutinen aufzubauen. In diesem Fall geht die Leistung von den Muskeln aus, die von den Nerven aktiviert werden.

Denktraining verläuft in etwa genauso, denn damit versuchen wir, Irrtümer zu eliminieren oder sie zumindest zu kennzeichnen, damit wir sie erkennen, wenn sie uns unterlaufen. Wir bemühen uns, möglichst sinnvolle Routinen zu entwickeln (zum Beispiel die Bereitschaft, Ausschau nach Alternativen zu halten).

Zusammenfassung

Als selbstorganisierendes System erlaubt das Gehirn nach eingehender Information, sich selbst in Routinemustern zu organisieren. Dafür hat das Gehirn ein eigenes, natürliches Verhalten. Wir können jedoch eingreifen, um dieses natürliche Verhalten effektiver für unsere Zwecke zu nutzen. Wir können aufmerksamkeitserregende Werkzeuge und Strukturen entwickeln und können zusätzlich durch Training versuchen, Routinemuster zu etablieren, die effektiver als die natürlichen sind. All diese Dinge bilden die Grundlage für die Entwicklung von Denkfähigkeiten.

Teil II

Schreiner und Denker

Mein Lieblingsbeispiel für einen Denker ist ein Schreiner. Schreiner tun Dinge. Schreiner bauen Dinge. Schreiner tun Dinge Schritt für Schritt. Schreiner gehen mit Holz um – man kann also sehen, was sie machen.

Basishandlungen

Ein Schreiner führt nur wenige Basishandlungen durch. Wir können die folgenden drei benennen:

1. Schneiden
2. Leimen/Zusammenfügen
3. Formgeben

Schneiden bedeutet, das Teil herauszulösen, das man vom Ganzen haben will. Wie ich später noch erläutern werde, entspricht dies den Denkvorgängen Extraktion, Analyse, Fokus, Aufmerksamkeit auf etwas richten usw.

Zusammenfügen bedeutet, Dinge mit Leim, Nägeln oder Schrauben zusammenzufügen. Das entspricht folgenden Denkvorgängen: Verbindungen herstellen, Bindeglieder finden, Synthese, Zusammenfassen, Entwurf usw.

Formgeben bedeutet, eine bestimmte Form zu vollenden, und das, was man im Augenblick vor sich hat, mit dem zu vergleichen, was man letztendlich haben möchte. Beim Denken entspricht das: Beurteilung, Vergleich, Überprüfung und Vereinbarkeit feststellen.

Ein Schreiner muß nur wenige Basishandlungen durchführen (es gibt noch ein paar andere, wie bohren oder polieren), aber diese wenigen Handgriffe ermöglichen es ihm, komplizierte Dinge herzustellen.

Werkzeuge

Ein Schreiner verwendet Werkzeuge, um diese Basishandlungen durchzuführen. Er sagt nicht nur »ich möchte das zersägen«, sondern nimmt eine Säge in die Hand und benutzt sie. Die Effektivität seiner Werkzeuge ist über die Jahrhunderte hinweg weiterentwickelt worden.

Es gibt Sägen, Meißel und Bohrer zum Zerschneiden. Es gibt Leim, Hammer und Nägel, Schrauben und Schraubenzieher, um Dinge zusammenzufügen. Und es gibt Schablonen und Muster, nach denen man Dinge formen kann.

Genauso können wir Werkzeuge zum Denken benutzen. Manche dieser Werkzeuge (wie PMI) werden in diesem Buch vorgestellt. Der Schreiner entwickelt seine Fähigkeiten im Umgang mit den Werkzeugen. Wenn er erst einmal den richtigen Gebrauch der Werkzeuge gelernt hat, kann er die Werkzeuge in unterschiedlichen Kombinationen verwenden, um unterschiedliche Dinge zu tun.

Eine Säge ist etwas Konkretes. Ebenso klar umrissen sind die Denkwerkzeuge, und so müssen sie auch behandelt werden. Wenn Sie eine Säge benutzen, benutzen Sie eine Säge und nicht nur eine *Schneidemethode*.

Strukturen

Manchmal muß der Schreiner Dinge in einer bestimmten Position halten, damit er daran arbeiten kann. Das Stück Holz muß zum Beispiel festgeklemmt werden, damit es durchgesägt oder durchbohrt werden kann. Zu diesem Zweck gibt es Werkbänke und Zwingen.

Wenn der Schreiner bestimmte Dinge zusammenleimen möchte, so spannt er sie in eine Haltevorrichtung ein, die ihm diesen Arbeitsvorgang ermöglicht.

Nach dem gleichen Prinzip funktionieren die Denkstrukturen, die in diesem Buch vorgestellt werden. Sie *halten* die Dinge, damit wir leichter damit arbeiten können.

Verhaltensweisen

Für gewöhnlich hat ein Schreiner eine bestimmte Einstellung zu seiner Arbeit.

Eine Einstellung kann zum Beispiel das Streben nach Einfachheit sein, eine andere ist vielleicht die Freude an etwas Dauerhaftem. Kraft kennzeichnet alle Schreiner.

Auch ein guter Denker hat bestimmte Einstellungen, die in seiner Art zu denken zutage treten.

Prinzipien

Verhaltensweisen und Einstellungen sind allgemein, Prinzipien sind spezifisch. Oft überlappen sich beide.

Auch ein Schreiner folgt zahlreichen Prinzipien, indem er bestimmte Dinge tut oder vermeidet. Dazu gehören zum Beispiel: Arbeite mit der Holzmaserung! Sieh zu, daß alle Verbindungsstellen die größtmögliche Klebefläche haben! Miß alles nach! Verwende eine dünne Leimschicht!

Ebenso gibt es bestimmte Basisprinzipien für das Denken. Gutes Denken wird zum Beispiel immer die spezifischen Umstände untersuchen wollen, unter denen eine Behauptung wahr ist.

Gewohnheiten

Ein Schreiner entwickelt bestimmte Arbeitsgewohnheiten, die jedoch nicht von vornherein vorhanden sind. Der Schreiner wird sie sich so lange ins Gedächtnis rufen müssen, bis sie zur Gewohnheit geworden sind.

Zu solchen Gewohnheiten gehören zum Beispiel ein Werkzeug sofort nach Gebrauch wieder an seinen Platz zurückzulegen, regelmäßiges Schärfen der Schneideflächen und häufiges Vergleichen der Form mit der Schablone.

Manchmal besteht die Gewohnheit vielleicht in der automatischen Anwendung eines Prinzips, so daß der Unterschied zwischen Prinzip und Gewohnheit nicht immer ganz eindeutig ist. Dabei ist wichtig, daß Gewohnheiten Routinevorgänge sind.

Auch ein guter Denker versucht Routinegewohnheiten zu entwickeln. Er wird zum Beispiel aus der Routine immer innehalten, um zu überprüfen, ob es Alternativen gibt. Vielleicht gibt es alternative Methoden, die Situation zu sehen, alternative Erklärungen, alternative Handlungsweisen, alternative Werte usw.

Zusammenfassung

Das Beispiel des Schreiners liefert uns alle Elemente für die Denkfähigkeit, die ich in diesem Buch beschreiben werde:

Verhaltensweisen: Die Einstellungen, mit denen wir an das Denken herangehen.
Prinzipien: Die Prinzipien, die zum guten Denken führen.
Gewohnheiten: Die Routine, die wir automatisch werden lassen sollten.
Grundlegende Handlungen: Die grundlegenden Handlungen des Denkens.
Werkzeuge: Die Denkwerkzeuge, die wir gezielt einsetzen.

Strukturen: Haltevorrichtungen, in die wir etwas einspannen, um besser daran arbeiten zu können.

Denken Sie immer an das Beispiel des Schreiners, und vergegenwärtigen Sie sich, wie er beim Bau von Dingen vorgeht.

Verhaltensweisen

Verhaltensweisen und Einstellungen beeinflussen unsere Art, an das Denken heranzugehen, deshalb führe ich als erstes die Einstellungen an, die einen guten Denker ausmachen. Auf diesen Einstellungen basiert das Buch.

Gewohnheiten und Prinzipien werden später behandelt – wenn Sie schon viel Denkpraxis haben, weil dies der beste Zeitpunkt ist, um Prinzipien und Gewohnheiten zusammenzufassen.

Schlechte Einstellungen

Richtige Verhaltensweisen können besser im Vergleich mit schlechten eingeschätzt werden:

»Denken ist nicht wichtig. Wichtig ist nur, daß man sich gut fühlt.«

»Denken ist langweilig, verwirrend und führt zu nichts.«

»Ich finde alle Probleme zu schwierig.«

»Denken ist nur etwas für Akademiker und Intellektuelle – andere Leute müssen mit ihren Problemen zurechtkommen, ohne zu denken.«

Das sind negative und ablehnende Einstellungen von Menschen, die kein Vertrauen in ihre Denkfähigkeit haben und nie gelernt haben zu denken. Aber es gibt auch den entgegengesetzten Typus schlechter Einstellungen. Er trifft auf Menschen zu, die zu arrogant sind und den Zweck des Denkens falsch beurteilen:

»Ich finde Denken sehr leicht. Du betrachtest etwas und denkst dir was dabei.«

»Ich finde, ich habe immer recht. Ich habe keine Probleme damit, meine Ideen zu verteidigen.«

»Der Hauptzweck des Denkens ist, zu beweisen, daß die, die nicht deiner Meinung sind, unrecht haben.«

»Wenn du beim Denken nie Fehler machst, mußt du wohl recht haben.«

»Es gibt nur eine richtige Antwort, und jeder, der sie nicht sieht, muß dumm sein.«

Manche der obengenannten Einstellungen mögen extrem wirken, und möglicherweise werden solche Einstellungen auch nur selten in Worte gefaßt. Wenn Sie jedoch beobachten, wie viele Menschen denken, werden Sie zu dem Ergebnis kommen, daß ihr Denken tatsächlich auf solchen Einstellungen beruht.

Gute Einstellungen

Dies sind die Einstellungen, die ich bei einem guten Denker erwarte. Viele gute Denker nutzen diese Einstellungen schon und haben sie als Teil ihrer natürlichen *Weisheit* entwickelt. Wenn Sie schon solche Einstellungen haben, ist es nützlich, daß sie einmal angesprochen und bestätigt werden. Wenn Sie die noch nicht haben, ist es nützlich, sie zu kennen und zu erwerben.

Zuallererst handelt es sich hierbei um Einstellungen gegenüber der Fähigkeit des Denkens selbst:

Jeder muß denken – jeder kann denken: Denken ist nicht nur etwas für sehr kluge Leute oder Spezialisten. Jeder muß zu gewissen Zeiten denken. Jeder kann seine Denkfähigkeit entwickeln.

Denken ist eine Fähigkeit, die man entwickeln kann: Denken ist nicht wie Ihre Körpergröße oder die Farbe Ihrer Augen – daran können Sie nichts ändern, sondern Denken ist eine

Fähigkeit wie Skilaufen, Schwimmen oder Fahrradfahren. Die Fähigkeit zu denken kann erworben werden.

Ich bin ein Denker: Das ist die beste Einstellung von allen. Es spielt keine Rolle, wie gut Sie denken können. Es reicht, daß Sie sich selbst als Denker sehen.

Ich kann immer besser im Denken werden: Das ist wichtig. Selbst der beste Denker kann immer noch besser werden. Aus dieser Einstellung entsteht das Bemühen, die Denkfähigkeit jederzeit zu verbessern.

Denken erfordert bewußte Anstrengung: Die Voraussetzung, es genüge, ein guter Denker zu sein, und somit sei jegliches Denken gut, reicht nicht aus. Manchmal erfordert Denken eine bewußte Anstrengung – vielleicht den Einsatz eines Werkzeugs oder einer Struktur. Denken vollzieht sich nicht immer automatisch.

Dinge, die auf den ersten Blick kompliziert erscheinen, können oft vereinfacht werden: Lassen Sie sich von anscheinend komplizierten Themen nicht abschrecken. Gehen Sie sie an. Möglicherweise können Sie sie einfacher machen – wenn nicht, schadet es nichts, daß Sie es versucht haben.

Machen Sie einen Schritt nach dem anderen: Wenn Sie so vorgehen, können Sie die meisten Dinge bewältigen. Machen Sie sich klar, wie Sie vorgehen wollen, und tun Sie es dann.

Trennen Sie Ihr Ego von Ihrem Denken. Betrachten Sie Ihr Denken objektiv: Das ist äußerst schwierig, aber notwendig, wenn Sie ein guter Denker werden möchten. *Sie* und *Ihr Denken* sind zweierlei.

Es ist nicht der Zweck des Denkens, immer recht zu haben: Der Zweck des Denkens ist es, bessere Ideen zu bekommen und besser im Denken zu werden. Wenn Sie immer recht haben wollen, kommen Sie nur da an, wo Sie begonnen haben.

Zuhören und Lernen ist ein wichtiger Teil des Denkens: Denken ist nicht nur das, was Sie tun, sondern auch das, was andere Leute tun.

Seien Sie bescheiden – Arroganz kennzeichnet den schlechten

Denker: Es ist nicht immer leicht, bescheiden zu sein, wenn die Menschen um einen herum Vorurteile haben, blind und beschränkt in ihren Ansichten sind oder einfach nur unrecht haben. Sie sollten sich jedoch in Ihrem Denken darum bemühen. Bedenken Sie, daß auch Ihr Denken falsch, unvollständig oder einseitig sein kann.

Das sind ein paar Einstellungen zur Denkfähigkeit und ihrem Gebrauch. Nun wollen wir uns einmal einige Einstellungen zur Natur Ihres Denkens ansehen:

Denken sollte konstruktiv, nicht negativ sein: Es reicht nicht aus, der Gegenseite Fehler nachzuweisen. Diese negative Art des Denkens ist viel zu allgemein. Manchmal hat dieses Vorgehen einen Sinn, aber meistens nur einen eingeschränkten. Versuchen Sie, konstruktiv zu sein und weiter zu gehen.

Erforschen Sie ein Thema, statt darüber zu streiten: Wenn der Zweck einer Diskussion wirklich ist, ein Thema zu vertiefen, dann können Sie das Thema gemeinsam viel effektiver erforschen, wenn Sie es wirklich erforschen, statt darüber zu streiten.

Die Gegenseite hat bei einem Streit für gewöhnlich etwas Nützliches und Konstruktives zu sagen, wenn Sie sich die Mühe machen, darauf einzugehen: Statt nach Angriffsmöglichkeiten Ausschau zu halten, versuchen Sie zu sehen, welche Gegenargumente wirklich wertvoll sind.

Menschen mit unterschiedlichen Ansichten haben für gewöhnlich von ihrem spezifischen Standpunkt aus recht: Statt die anderen für dumm zu halten, versuchen Sie, deren Standpunkt zu verstehen und zu begreifen, warum sie ihn vertreten.

Es ist möglich, kreativ zu sein und neue Ideen zu haben: Kreativität ist keineswegs eine besondere Gabe, die nur wenige Menschen besitzen. Sie können sich um neue Ideen bemühen. (Sie können auch ein paar spezifische Techniken zu Hilfe nehmen.)

Haben Sie keine Angst davor, Ideen auszuprobieren: Sie müssen nicht immer recht behalten. Sie können mögliche Ideen ausprobieren und diese sogar als bewußte Provokation verwenden – vorausgesetzt, Sie machen klar, daß sie als Provokation gedacht sind.

An jedem Punkt des Denkens gibt es Alternativen, an die Sie noch nicht gedacht haben: Glauben Sie nie, daß Ihr Denken alle möglichen Alternativen abgedeckt hat. Obwohl dies manchmal zutreffen mag, gibt es oft genug noch Alternativen – auch offensichtliche –, die Sie noch nicht bedacht haben.

Vermeiden Sie Dogmatismus, auch wenn Sie glauben, Sie haben recht: Wenn Ihre Idee gut genug ist, müssen Sie nicht dogmatisch sein. Wenn Ihre Idee nicht gut genug ist, ist Dogmatismus nicht angebracht. Sie können immer sagen: »Nach den Informationen, die ich habe, kommt es mir so vor, als ob . . .«

Die Liste der Einstellungen ist nicht vollständig, sondern ließe sich wahrscheinlich noch weiterführen. Die hier aufgeführten Einstellungen können auf viele verschiedene Arten ausgedrückt werden. Manche Dinge können unter *Einstellungen* aufgeführt werden (so wie: »Denk langsam« oder: »Beachte immer die Werte, die beteiligt sind«), während ich sie unter *Prinzipien* oder *Gewohnheiten* aufgeführt habe. Bei diesen Einteilungen gibt es häufig Überlappungen. Ich habe versucht, unter *Einstellungen* den allgemeinen Zugang zum Denken darzustellen, statt spezifische Richtlinien zu geben.

Übungen zum Kapitel »Einstellungen«

1. Erklären Sie dem Kind/Schüler und diskutieren Sie mit ihm den Begriff *Einstellungen*. Dazu gehören Einstellungen zu Sport, Musik, Freunden, Schule usw.
2. Lies dir die Liste der schlechten Einstellungen durch. Glaubst du, einer deiner Freunde hat diese Einstellungen? Diskutiere darüber, warum manche Menschen solche Einstellungen haben könnten und warum solche Einstellungen schlecht sein könnten.

3. Überlege dir weitere schlechte Einstellungen, die noch in diese Liste passen könnten. Vielleicht mußt du dazu eine bereits aufgeführte schlechte Einstellung aufgliedern.

4. Sieh dir die guten Einstellungen nacheinander an und diskutiere darüber, warum eine Einstellung gut ist. Vielleicht kannst du besondere Umstände anführen, unter denen eine solche Einstellung nicht so gut ist – vermeide es jedoch, dies in der Angst, Verwirrung zu erzeugen, zu tun. Es reicht, wenn die Einstellung im großen und ganzen nützlich ist.

5. Stelle dir die Aufgabe, die fünf nützlichsten Einstellungen herauszufinden. Der Zweck dieser Aufgabe ist nicht eigentlich, die nützlichsten fünf Einstellungen herauszufiltern, sondern im Selektionsprozeß alle Einstellungen zu überprüfen.

6. Wenn du die guten Einstellungen zu einer kleineren Anzahl kombinieren müßtest, wie würdest du das machen? (Diese Übung ist besonders für ältere oder begabtere Kinder geeignet.)

7. Wenn du zu der Liste der guten Eigenschaften etwas hinzufügen müßtest, was wäre das dann? (Diese Übung kann auf Gesprächsbasis oder als schriftliche Aufgabe durchgeführt werden.)

Bemerkung: Bei all diesen Übungen wird das Kind oder der Schüler direkt angesprochen – als wenn ihm Übungen direkt vorlägen.

Die sechs Denkhüte

Haben Sie jemals versucht, ein dickes Buch auf dem Kopf zu balancieren, mit der linken Hand mit zwei Bällen zu jonglieren und zugleich mit der rechten Hand eine Tafel Schokolade auszupacken? Das wäre wahrscheinlich ziemlich schwierig. Viele verschiedene Dinge zur gleichen Zeit zu tun ist immer schwierig und verwirrend.

Beim Denken sind wir oft versucht, zuviel gleichzeitig zu bewältigen. Wir sehen uns die Tatsachen an; wir versuchen, eine logische Argumentation aufzubauen; unsere Emotionen kommen ins Spiel; vielleicht versuchen wir, eine neue Idee zu entwickeln; wir versuchen herauszufinden, ob unsere Idee funktioniert. All dies tun wir mehr oder weniger gleichzeitig. Dabei ist es kein Wunder, daß wir manchmal in Verwirrung geraten. Zu anderen Zeiten gelingt uns vielleicht nur eins dieser Dinge gut – vielleicht beherrschen unsere Emotionen unser Denken, oder wir sind einfach nur negativ.

Die sechs Denkhüte sind eine Methode, um auf eine bestimmte Art zu denken. Statt zu versuchen, alles auf einmal zu tun, *tragen* wir nur einen Hut zu einer Zeit. Es gibt sechs verschiedenfarbige Hüte, und jede Farbe stellt einen bestimmten Denktyp dar:

Weißer Hut: Fakten, Darstellungen und Information. Über welche Information verfügen wir? Welche Informationen brauchen wir noch?
Roter Hut: Emotionen, Gefühle, Vorahnungen und Intuition.

Was für ein Gefühl habe ich in diesem Moment bei diesem Thema?

Schwarzer Hut: Wahrheit, Beurteilung, Einstellung zu den Fakten. Paßt das zu den Fakten? Funktioniert es? Ist es richtig? Ist es machbar?

Gelber Hut: Vorteile, Nutzen, Ersparnisse. Warum kann etwas getan werden? Welchen Nutzen hat es? Warum ist es gut, etwas zu tun?

Grüner Hut: Erforschung, Vorschläge, neue Ideen, alternative Vorgehensweisen. Was können wir hier machen? Gibt es unterschiedliche Ideen?

Blauer Hut: Nachdenken über das Denken. Kontrolle des Denkprozesses. Zusammenfassung des Standortes. Vorbereitung des nächsten Schritts. Erstellung eines Denkprogramms.

Jeder dieser Hüte wird auf den nächsten Seiten noch ausführlicher dargestellt.

Wenn Sie auf eine Großprojektionswand schauen, sehen Sie, daß aus jeder der drei Röhren eine andere Farbe kommt. Auf der Mattscheibe treffen diese unterschiedlichen Farben zu vielfarbigen Bildern zusammen. Das gleiche gilt für einen ganz normalen Fernsehschirm, nur daß wir die unterschiedlichen Farben nicht sehen können. Es gilt auch für ein Farbfoto, bei dem die unterschiedlichen Basisfarben getrennt behandelt werden, dann aber zu der Farbigkeit zusammenkommen. Farbdruck auf Papier funktioniert nach dem gleichen Prinzip. Jede Basisfarbe wird getrennt gedruckt (Farbtrennung), die unterschiedlichen Farben jedoch bilden die Gesamtfarbigkeit. Und genauso ist es mit dem Sechs-Hüte-Denken. Die Farben werden getrennt behandelt, so daß wir jede Farbe optimal bedenken können. Schließlich werden die Farben zu vielfarbigem Denken kombiniert.

Man geht davon aus, daß die Chemikalien im Hirn unterschiedlich reagieren, je nachdem, ob wir kreativ, positiv oder negativ denken. Wenn dies wirklich so ist, müssen wir die unterschiedlichen Denktypen voneinander trennen, weil wir

88

nicht in der Lage sind, für jeden Denktyp jederzeit die optimale Umgebung zu schaffen.

Warum Hüte?

Im Englischen sagt man oft: »Put on your thinking cap« (wörtlich: »Setz deinen Denkhut auf«, was in etwa bedeutet: »Denk mal scharf nach«). Zwischen Hüten und Denken besteht ein traditioneller Zusammenhang.

Oft definieren Hüte eine Rolle, die wir gerade spielen: eine Baseballkappe, ein Soldatenhelm, ein Schwesternhäubchen, usw. Am wichtigsten ist, daß Hüte leicht auf- und abgesetzt werden können. Einen Hut trägt man nicht ständig. Der Hut ist der Teil der Kleidung, der am leichtesten an- oder ausgezogen werden kann. Dieser Punkt ist besonders wichtig, weil jeder in der Lage sein muß, jeden der Hüte jederzeit auf- und abzusetzen.

Die Hüte sind keine Kategorien. Ganz falsch wäre es, zu sagen: »Sie ist ein Grüner-Hut-Denker«, oder: »Er ist ein Schwarzer-Hut-Denker.« Das genaue Gegenteil ist der Fall. Statt Menschen in ein Schema zu pressen und sie in Schubladen einzuordnen, sollen die Hüte Menschen ermutigen, alle Arten von Denken zu benutzen.

Rollenspiel

»Laß uns vier Minuten mit dem grünen Hut darüber nachdenken.«

»Wie sind die Fakten? Etwas Weißes-Hut-Denken, bitte.«

»Sei realistisch. Setz deinen schwarzen Hut auf.«

»Nimm jetzt statt des schwarzen Hutes mal den gelben.«

Wenn jemand einen Hut aufsetzt, spielt er die Rolle, die zu dem Hut gehört. Das wird zu einer Art Spiel.

Wenn Sie nicht glauben, daß die Idee funktioniert, Sie aber

jemand um etwas Gelbes-Hut-Denken bittet, werden Sie sich bemühen, etwas Positives an der Idee zu finden.

Wenn auf einer Sitzung jemand zu drei Minuten Grünen-Hut-Denkens auffordert, bemühen sich alle Anwesenden, Alternativen und neue Ideen zu entwickeln.

Sie können beschließen, Ihren roten Hut aufzusetzen, und sagen:»Wenn ich meinen roten Hut trage, habe ich das Gefühl, daß die Situation verfahren ist.«

Dieses Rollenspiel dient dazu, das Ego vom Denken zu lösen. Der Denker gibt ein Schauspiel (ein Grünes-Hut-Schauspiel, ein Schwarzes-Hut-Schauspiel, ein Gelbes-Hut-Schauspiel), zeigt dabei seine Fähigkeiten und zieht Befriedigung daraus, daß er seine Rolle gut spielt.

Dieses Rollenspiel befreit Denker. Auch wenn Sie eine Idee mögen, haben Sie die Freiheit, Schwarze-Hut-Ideen zu entwikkeln und darzulegen, warum sie nicht funktionieren können. Der grüne Hut gibt Ihnen die Freiheit, neue Ideen vorzuschlagen. Der rote Hut verleiht Ihnen die Freiheit, Ihre Vorahnungen und Gefühle auszudrücken – ohne daß Sie sie rechtfertigen müssen.

So wie das Sechs-Hüte-System Denker befreit, zwingt es sie auch, auf einer breiteren Basis zu denken. Wenn man jemanden auffordert, den grünen Hut aufzusetzen, ist dies eine Aufforderung an diese Person, kreativ zu denken. Eine Gruppe zum Schwarzen-Hut-Denken aufzufordern, bedeutet für sie, die Idee sorgfältig zu überprüfen.

Gebrauch der Hüte

1. Sie selbst: Sie können die Farbe eines Hutes wählen, um anderen die Art des Denkens mitzuteilen, nach der Sie vorgehen wollen:

»Wenn ich meinen schwarzen Hut aufsetze, zeige ich auf, was an der Idee falsch ist.«

»Ich werde meinen roten Hut aufsetzen, weil ich das Gefühl

habe, das ist alles nur ein Trick. Ich weiß nicht warum, aber ich habe so eine Vorahnung.«

»Wenn ich meinen grünen Hut aufsetze, möchte ich eine neue Idee vorstellen. Warum sollten die Leute ihre Motorräder nicht bei uns kaufen?«

»Ich möchte jetzt ein bißchen Gelbes-Hut-Denken. Die folgenden Punkte an der Idee sind gut . . .«

»Wir kommen anscheinend nicht weiter. Ich werde meinen blauen Hut aufsetzen und vorschlagen, daß wir uns klar darüber werden, was wir eigentlich wollen.«

Sie können sich selbst auch Anweisungen geben, welchen Hut Sie aufsetzen sollen, wenn Sie für sich selbst über etwas nachdenken. Sie können auch die Reihenfolge der Hüte festlegen und sich dann durcharbeiten.

2. *Jemand anders:* Wenn Sie mit jemandem sprechen, können Sie ihn bitten, einen bestimmten Hut aufzusetzen, einen bestimmten Hut abzusetzen oder die Hüte zu wechseln. Dadurch können Sie ihn zu einem Wechsel im Denken auffordern – ohne den anderen zu beleidigen:

»Teilen Sie mir bitte Ihre Schwarzen-Hut-Gedanken zu diesem Thema mit. Wir wollen keinen Fehler machen.«

»Machen Sie sich keine Gedanken darüber, was wir tun können. Ich möchte nur ein bißchen Weißes-Hut-Denken. Was sind die Fakten?«

»Das Gefühl haben Sie also dabei. Jetzt setzen Sie Ihren roten Hut bitte ab.«

»Ich bitte Sie, vom Schwarzen-Hut-Denken zum Gelben-Hut-Denken überzuwechseln.«

»Wie wäre es mit ein paar neuen Ideen? Können wir ein paar Grüne-Hut-Gedanken zu diesem Thema hören?«

3. *Gruppe:* Beim Arbeiten mit einer Gruppe kann der Gruppenleiter oder jemand anderer die einzelnen Mitglieder der Gruppe – oder die ganze Gruppe – auffordern, Hüte auf- und abzusetzen oder zu wechseln. Dieser Gebrauch ist vergleichbar

mit dem Gebrauch bei einer anderen Person – nur daß jetzt mehr Leute beteiligt sind:

»Wir wollen jetzt alle drei Minuten mit grünem Hut denken.«

»Ich möchte wissen, was Sie alle bei diesem Projekt empfinden – also bitte etwas Rotes-Hut-Denken von jedem von Ihnen.«

»Ich glaube, hier brauchen wir etwas Weißes-Hut-Denken. Stimmen Sie mir zu?«

»Bitte etwas Blaues-Hut-Denken. Wir brauchen Vorschläge hinsichtlich der Richtung unseres Denkens.«

Die sechs Denkhüte in Gebrauch

Im Dezember 1986 stellte ich die Sechs-Hüte-Methode in einem Tokyoter Hotel japanischen Managern vor. Der Anlaß war das Erscheinen der japanischen Ausgabe meines Buchs über dieses Thema. Bei diesem Treffen war der Geschäftsführer von NTT, Hisashi Shinto, anwesend. NTT (Nippon Telephone and Telegraph) hatte zu dieser Zeit 350 000 Mitarbeiter. Während ich nun an diesem Buch schreibe, ist NTT das höchstbewertete Unternehmen der Welt – wenn man die vier größten amerikanischen Kommunikationsunternehmen zusammennähme, wären sie nicht so groß wie NTT.

Mr. Shinto war ganz begeistert von der Methode und kaufte Hunderte von Büchern, die er seinen Angestellten zum Lesen gab. Später sagte er zu mir, daß die Methode große Auswirkungen auf das Denken seiner Leute gehabt habe, und er war davon so beeindruckt, daß er mich einlud, einen Vortrag vor der Geschäftsleitung und dem oberen Management zu halten. Viele andere Unternehmen in der ganzen Welt führen jetzt die Methode als Bestandteil in ihre Unternehmenskultur ein.

Wenn jeder mit den Hüten umgehen kann, werden Sitzungen viel produktiver, weil ein Thema diszipliniert untersucht werden kann, statt endlose Diskussionen darüber zu führen.

Die Sechs-Hüte-Methode funktioniert mit Kindern wie mit Erwachsenen gleichermaßen gut und kann beispielsweise auch als Rahmen für familiäre Diskussionen genutzt werden.

Die Sechs-Hüte-Methode als aufmerksamkeitserregendes Werkzeug

Die Sechs-Hüte-Methode ist wirklich ein aufmerksamkeitserregendes Werkzeug, weil sie unsere Aufmerksamkeit auf bestimmte Aspekte und auf einen bestimmten Denktyp richtet. So erlaubt uns der rote Hut zum Beispiel, unseren Gefühlen Aufmerksamkeit zu schenken.

Übungen zum Sechs-Hüte-Denken (allgemein)
1. Sprich über die Methode in allgemeinen Worten und vor allem über den Rollenspiel-Aspekt.
2. In welchen Situationen wäre deiner Meinung nach die Sechs-Hüte-Methode besonders angebracht? Suche Beispiele von Denksituationen, in denen du den einen oder anderen der Hüte verwenden könntest.
3. Hältst du die Sechs-Hüte-Methode in der Praxis für leicht anwendbar? Welche Schwierigkeiten könnten auftreten? Was könnten andere Leute gegen den Gebrauch der Hüte einzuwenden haben?
4. Die Zahl der Hüte ist auf sechs festgelegt. Wenn du weitere Hüte vorschlagen müßtest, welchen Denktyp würden diese weiteren Hüte abdecken? (Geeignet für ältere oder begabtere Kinder.)
5. Gib bei jeder der folgenden Bemerkungen an, welchen Hut der Sprecher deiner Meinung nach dabei getragen hat:
   »Dieses Auto kann in sechs Sekunden von Null auf Hundert beschleunigen. Es verbraucht im Stadtverkehr etwa acht Liter.«
   »Warum verkaufen wir die Fabrik nicht und mieten sie dann?«

»An diesem Punkt sollten wir die Optionen, die wir haben, auflisten.«

»Ich mag ihn nicht und möchte nicht mit ihm zusammenarbeiten.«

»Ich glaube nicht, daß die Leute vorsichtiger fahren, wenn der Benzinpreis heraufgesetzt wird.«

»Wenn er mich nicht zu seiner Geburtstagsparty einlädt, brauche ich auch kein Geld für ein Geburtstagsgeschenk auszugeben.«

»Man kann nicht über diese Mauer klettern.«

Weißes-Hut-Denken und Rotes-Hut-Denken

Ich werde die sechs Hüte jeweils zu zweit besprechen, weil es so einfacher ist, den Gebrauch der Hüte zu lernen und Übungen mit ihnen durchzuführen.

Weißer Hut

Denken Sie an weißes Papier. Denken Sie an einen Computerausdruck. Der weiße Hut bedeutet neutrale Information. Hier geht es nicht um Auseinandersetzung oder Vorschläge. Das Weiße-Hut-Denken richtet sich direkt auf die verfügbare Information. Information ist sehr wichtig für das Denken, deshalb ist eine Methode, mit der man sich direkt auf Information konzentrieren kann, äußerst nützlich.

Unter dem weißen Hut kann man drei Schlüsselfragen stellen:

1. Über welche Information verfügen wir?
2. Welche Information fehlt?
3. Wie kommen wir an die Information, die wir brauchen?

Die Information, über die wir verfügen

Wir breiten alle Informationen aus, die wir haben. Die Informationen bestehen zum Beispiel aus Fakten, Graphiken, Listen, Statistiken usw., können aber auch aus unserem persönlichen Wissen oder aus unserer Erfahrung bestehen. In diesem Fall müssen wir das kennzeichnen: »Meiner Erfahrung nach ...«, »So weit ich weiß ...«

95

Zusätzlich zu der offensichtlichen Information lesen wir zwischen den Zeilen, um festzustellen, welche anderen Informationen noch verfügbar sind. In Kriminalromanen bemerkt jeder gute Detektiv Hinweise, die anderen nicht aufgefallen sind.

Weißes-Hut-Denken und Rotes-Hut-Denken
Es gibt verschiedene Ebenen von Wahrheit, Wahrscheinlichkeit oder Beständigkeit der Information. Es gibt auch Vermutungen, Ableitungen und Möglichkeiten.

Wichtig beim Weißen-Hut-Denken ist, klar festzustellen, um welchen Informationstyp es sich handelt: »Dies ist eine Tatsache, wie man in diesen Graphiken sieht.«

»Meine Vermutung ist . . .«

»Aus der Tatsache, daß die Schlüssel im Auto gelassen wurden, schließe ich, daß der Fahrer beabsichtigte, zurückzukommen.«

»Die allgemein akzeptierte Ansicht ist, daß der Treibhauseffekt in fünfzig Jahren ernste Auswirkungen haben wird.«

Fehlende Information
Wir überprüfen die Informationen, über die wir verfügen, um festzustellen, welche Informationen fehlen. Wir versuchen, Lücken in unseren Informationen herauszufinden. Verfügen wir über genügend Informationen für unser Denken oder unsere Entscheidung? Wenn wir nicht genügend Informationen haben, was brauchen wir sonst noch?

Versuchen Sie die Informationsbedürfnisse so klar wie möglich zu definieren. Es ist immer gut, über so viel Information wie möglich zu verfügen, aber was brauchen wir wirklich?

Vielleicht brauchen wir Informationen, um zwischen zwei möglichen Erklärungen wählen zu können, vielleicht brauchen wir Informationen, um den bestmöglichen Handlungsverlauf auswählen zu können, oder aber wir brauchen Informationen, um feststellen zu können, ob das vorhandene Material unseren Zwecken dient.

Die Information bekommen, die wir brauchen
Zuhören ist Teil des Weißen-Hut-Denkens. Wir hören sorgfältig zu und nehmen Informationen auf – und nicht nur das, was gesagt werden soll.

Wir erhalten Informationen, indem wir lesen oder lernen, mit Computern und Datenbänken umzugehen.

Der nützlichste Weg, an Informationen zu kommen, ist, Fragen zu stellen. Es ist ein sehr wichtiger Bestandteil des Denkens, die richtigen Fragen stellen zu können. Was soll die Frage für Sie bewirken? Möchten Sie etwas überprüfen? Dann stellen Sie eine gezielte Frage, denn Sie wissen, auf was Sie abzielen – und die Antwort wird ja oder nein sein. Oder fischen Sie nach Informationen – wobei Sie nicht wissen, was Sie fangen wollen?

Unter dem weißen Hut können wir auch gefragt werden, auf welche Art wir beabsichtigen, an die fehlende Information heranzukommen. Dies kann durch Informationssuche, durch direkte Untersuchung oder durch Meinungsumfragen erfolgen.

Information und Gefühl
Manchmal kommen der weiße und der rote Hut sich recht nahe. Wenn wir in die Zukunft blicken, können wir nie ganz sicher sein, deshalb stellen wir Vermutungen an. Sie sagen vielleicht: »Ich habe das Gefühl, daß sich dieses Spielzeug gut verkaufen wird.« Natürlich können Sie sich dessen nicht sicher sein. Wenn Sie jedoch gute Gründe dafür anführen können (den Verkauf ähnlicher Spielzeuge, Tests, Märkte usw.), ist das Weißes-Hut-Denken. Wenn Sie keine Gründe anführen können, ist dies Rotes-Hut-Denken. Das Weiße-Hut-Denken sollte sich so eng wie möglich an Informationen halten, die überprüft werden können oder eine vernünftige Grundlage haben.

Wenn Sie sagen: »Mr. Herring mag diese Idee nicht«, dann ist das das Weißes-Hut-Denken, weil Sie über eine Tatsache berichten. Wenn Sie jedoch sagen: »Ich mag diese Idee nicht«, dann ist das Ihr Gefühl und somit Rotes-Hut-Denken. Selbst wenn Sie gute Gründe für Ihr Gefühl haben, ist es immer noch Rotes-Hut-Denken.

Streitfrage
Wenn jemand eine Information als korrekt darstellt und jemand anderes sie als unrichtig bestreitet, was geschieht dann? – Es werden ganz einfach beide Standpunkte nebeneinander betrachtet: »Mr. Jones hat gesagt, daß die Zahl der Unfalltoten pro Jahr in den USA bei 50 000 liegt. Mr. Klein stimmt ihm darin nicht zu und behauptet, die Zahl läge bei 70 000. Wir sollten das besser überprüfen.«

Roter Hut

Denken Sie an Feuer und Wärme. Der rote Hut steht für Emotionen, Gefühle, Vorahnungen und Intuition.

In gewisser Weise bildet der rote Hut das Gegenteil des weißen Huts. Der weiße Hut findet die objektiven Fakten heraus und ist nicht daran interessiert, welche Gefühle jemand bei einer Sache hat – Fakten sind Fakten. Der rote Hut ist nicht an Fakten interessiert, sondern nur an den Gefühlen der Menschen. Gefühle sind ein wichtiger Bestandteil des Denkens und spielen beim Denken immer eine Rolle. Wir versuchen, objektiv zu sein, sind aber (abgesehen von der Mathematik) selten wirklich objektiv. Letztendlich basieren alle Entscheidungen auf Gefühlen. Ich werde mich später in diesem Buch noch ausführlicher mit Gefühlen beschäftigen.

Der rote Hut erlaubt uns, unsere Gefühle auszudrücken, so daß sie Teil des Denkens werden. Gefühle haben nur dann einen Wert, wenn wir sie auch als Gefühle kennzeichnen. Das Problem entsteht, wenn wir vorgeben, sie seien etwas anderes als Gefühle. Hier sorgt der rote Hut für eine klare Kennzeichnung.

Intuition basiert oft auf der Erfahrung hinsichtlich eines Themas. Wir haben eine *Ahnung*, daß ein bestimmtes Vorgehen richtig ist. Aber wir können nicht genau erklären, wie wir zu dieser Schlußfolgerung gekommen sind. Intuition ist oft sehr wertvoll. Gelegentlich kann es jedoch auch katastrophal sein, sich auf Intuition zu verlassen (bei Wahrscheinlichkeit).

Rechtfertigung

Normalerweise versuchen wir, wenn wir uns auf eine Vorahnung oder auf Intuition stützen, eine vernünftige Basis dafür zu schaffen. Oft ist diese Basis falsch (und kann als falsch nachgewiesen werden), während die Intuition oder die Vorahnung durchaus von Wert ist.

Der rote Hut erlaubt dem Denker, einer Vorahnung oder Intuition nachzugehen, ohne daß er dies rechtfertigen oder absichern muß. »Wenn ich meinen roten Hut aufsetze, habe ich so eine Ahnung, daß er einmal ein großartiger Tennisspieler werden wird – fragt mich nicht, warum.«

Es sollte nie versucht werden, Rotes-Hut-Denken abzusichern oder zu rechtfertigen, denn eine solche Absicherung zerstört den ganzen Zweck des roten Hutes. Der rote Hut ist die Erlaubnis, Gefühle, Vorahnungen und Intuitionen auszusprechen, weil sie da sind – nicht, weil sie gerechtfertigt sind.

Jetzt

Der rote Hut deckt »jetzt« – Gefühle ab. Zu Beginn einer Konferenz kann das Rote-Hut-Gefühl einer Person ganz anders sein als am Ende der Sitzung.

Ein Gefühl hat nur dann einen Wert, wenn es ursprünglich und aufrichtig ist. Das bedeutet, daß es die Gefühle des Augenblicks sein müssen. Ein Denker kann sich zwar auf Gefühle beziehen, die er zu anderen Zeiten hatte, muß dies aber dann deutlich machen: »Normalerweise habe ich bei einem Motorrad das Gefühl, daß es sehr gefährlich ist – aber in diesem Moment habe ich das Gefühl, es ist eine gute Idee.«

Gemischte Gefühle

Es ist durchaus möglich, gemischte Gefühle zu haben – und sie sollten auch so wiedergegeben werden: »Bei einigen Aspekten habe ich ein gutes Gefühl – bei anderen ein schlechtes.«

Dann können Sie die verschiedenen Aspekte und ihre jeweiligen Gefühle dazu einzeln betrachten. Wenn jedoch eine Schlußfolgerung erforderlich ist (zum Beispiel, weil eine Entscheidung getroffen werden muß), kann es notwendig sein, daß der Denker ein Gesamtgefühl entwickelt: »Das mag ich und das mag ich nicht – aber insgesamt gefällt mir die Idee.«

Zusammenfassung

Weißes-Hut-Denken befaßt sich mit Informationen.
Rotes-Hut-Denken befaßt sich mit Gefühlen.

Übungen zum Weißen-Hut- und Roten-Hut-Denken

1. Was ist der Unterschied zwischen Weißem-Hut- und Rotem-Hut-Denken?
2. Sind Computer zu Rotem-Hut-Denken in der Lage?
3. Ein Junge hat einen Ball auf das Nachbargrundstück geschossen und dort eine Fensterscheibe zerbrochen. Der Junge und der Nachbar schreien sich an. Suche drei Beispiele für Rote-Hut-Bemerkungen bei jeder Partei.
4. Denke mit einem weißen Hut über die Straße nach, in der du wohnst.
5. Jemand schlägt dir vor, dich mit einem der drei folgenden Hobbys zu beschäftigen: Gartenarbeit, Schreinern, Briefmarkensammeln. Denke mit einem weißen Hut über jedes Thema nach. Dann denke über das gleiche Thema mit einem roten Hut nach.
6. Welche der folgenden Sätze entsprechen Weißem-Hut-Denken und welche Rotem-Hut-Denken?

»Umweltverschmutzung ist ein wachsendes Problem.«

»Meiner Meinung nach ist Umweltverschmutzung eines der größten Probleme der Welt.«

»Wir tun nicht genug gegen Umweltverschmutzung.«

»Umweltverschmutzung geht jeden an.«

»Hausmüll trägt zur Umweltverschmutzung bei.«

»Meinungsumfragen zeigen, daß die Menschen sich Gedanken über Umweltverschmutzung machen.«

»Ich weiß nicht, was ich gegen Umweltverschmutzung machen kann.«

7. Wenn sich ein junger Mensch darüber Gedanken macht, welche berufliche Laufbahn er einschlagen soll, welche Aspekte würden dann von Weißem-Hut-Denken abgedeckt und welche von Rotem-Hut-Denken?

8. Wenn man über die Farbe nachdenkt, in der man ein Zimmer streichen soll, welche Aspekte gehörten dann zum Weißen-Hut-Denken und welche zum Roten-Hut-Denken?

9. Setze deinen roten Hut auf, und liste drei Dinge auf, die du wirklich magst, und drei Dinge, die du absolut nicht magst.

Schwarzes-Hut-Denken und
Gelbes-Hut-Denken

Der schwarze und der gelbe Hut sind Formen der Beurteilung. Wenn wir den schwarzen Hut aufsetzen, befassen wir uns mit Wahrheit und Paßform. Mit dem gelben Hut denken wir über den Nutzen nach. Beide Hüte müssen vollkommen logisch sein. Mit beiden Hüten müssen Sie für das, was Sie sagen, eine eindeutige Begründung haben. Wenn Sie etwas nicht begründen können, sollten Sie den roten Hut aufsetzen, weil eine Erklärung ohne Begründung einem Gefühl oder einer Ahnung entspricht.

Schwarzer Hut

Denken Sie an einen strengen Richter. Denken Sie daran, wie man Ihnen manchmal den schwarzen Peter zuschiebt, wenn Sie etwas falsch gemacht haben.

Der schwarze Hut wird von allen Hüten sicher am häufigsten gebraucht. In gewisser Weise ist er auch der wertvollste der Hüte, er bewahrt uns davor, Fehler zu machen und Dummheiten zu begehen.

Bei dem schwarzen Hut geht es um Wahrheit und Realität. Der schwarze Hut ist also der Hut des kritischen Denkens: »Ist das richtig?«

Unter dem schwarzen Hut tauchen verschiedene Fragen auf:

1. Ist es wahr?
2. Paßt es zusammen?

3. Funktioniert es?
4. Welche Gefahren und Probleme gibt es?

Ist es wahr?
Der schwarze Hut beurteilt den Wahrheitsgehalt einer Erklärung oder Behauptung. Ist sie wahr oder falsch? Paßt sie zu den Fakten?

Der schwarze Hut beurteilt auch die Gültigkeit einer Begründung. Ist Ihre Schlußfolgerung logisch? Haben Sie einen Fehler gemacht? Ist Ihre Behauptung gerechtfertigt?

Der schwarze Hut sucht nach dem Wahren und Richtigen, indem er auf Irrtümer hinweist.

Paßt es zusammen?
Passen diese Vorschläge mit unserer Erfahrung zusammen?

Paßt dieser Vorschlag in das System, in dem wir arbeiten? Das System beinhaltet die Vorgehensweisen des Unternehmens, das Gesetz, die Regeln, die sozialen Gewohnheiten usw.

Paßt dieser Vorschlag zu unseren Zielen, unseren Plänen oder unserer Politik?

Paßt dieser Vorschlag zu unseren Werten, unserer Ethik und dem, was wir als gerecht und richtig ansehen?

Der schwarze Hut ist immer ein logischer Hut, deshalb müssen Sie immer eine Begründung haben, warum etwas paßt oder nicht paßt.

Funktioniert es?
Funktioniert die Idee?
Funktioniert die Erfindung oder die Maschine?
Funktioniert der Plan?

Wenn Sie, während Sie den schwarzen Hut tragen, sagen, daß etwas nicht funktionieren wird, müssen Sie begründen können, warum Sie das sagen. Wenn Sie nur ein *Gefühl* haben, daß etwas nicht funktioniert, dann brauchen Sie den roten Hut.

Welche Mängel hat die Idee?

Welche Gefahren und Probleme gibt es?

Welche Gefahren gibt es, wenn wir nach diesem Vorschlag verfahren?

Welche Probleme könnten entstehen, wenn wir nach diesem Vorschlag verfahren?

Welche ungünstigen Effekte könnten erzielt werden, wenn wir nach diesem Vorschlag verfahren?

Dies sind die Fragen, die der Schwarze-Hut-Denker sich stellt, wenn er über einen Vorschlag nachdenkt.

Zu häufiger Gebrauch

Der schwarze Hut kann durchaus zu häufig eingesetzt werden. Manche Menschen wollen besonders vorsichtig sein. Sie sind immer bereit, darzustellen, warum etwas nicht funktioniert oder nicht gemacht werden kann.

Das bedeutet nicht, daß der schwarze Hut ein *schlechter Hut* ist. Ein bißchen Salz im Essen ist gut, zuviel Salz ist schlecht. Essen an sich ist gut und lebenswichtig – wenn wir jedoch zuviel essen, ist es ungesund und macht uns dick. Zuviel Salz und Essen macht Salz und Essen nicht grundsätzlich schlecht. Und ein zu häufiger Einsatz des schwarzen Hutes bedeutet nicht, daß der Hut schlecht ist.

Der schwarze Hut ist äußerst wichtig und kraftvoll. Es ist schwierig, etwas ohne die Hilfe des schwarzen Hutes zu erreichen.

Gelber Hut

Denken Sie an Sonnenschein und Optimismus. Der gelbe Hut ist voller Hoffnung – da er aber ein logischer Hut ist, müssen hinter der Hoffnung auch Begründungen stehen.

Im allgemeinen ist der gelbe Hut auf die Zukunft ausgerichtet: »Wenn wir das tun, entsteht dieser Nutzen daraus.«

Der gelbe Hut kann auch für einen Rückblick auf die Vergangenheit genutzt werden: »Das ist geschehen. Es gab gravierende Auswirkungen, aber auch ein paar gute Effekte – wir wollen den gelben Hut aufsetzen, um die guten Effekte herauszufinden.«

Der Gelbe-Hut-Denker stellt sich die folgenden Fragen:
1. Was ist der Nutzen?
2. Warum sollte es funktionieren?

Was ist der Nutzen?
Der Gelbe-Hut-Denker versucht, den Nutzen herauszufinden und aufzuzeigen. Was ist der Nutzen? Wem dient er? Wie entsteht der Nutzen?

Was sind die Vorteile? Warum lohnt es sich, das zu tun? Welche Art von Verbesserung gibt es?

Vielleicht kann man Kosten sparen oder die Funktionsweise verbessern. Vielleicht eröffnen sich neue Möglichkeiten.

Welcher Wert liegt hierin? Wer ist der Nutznießer des Wertes?

Sie müssen immer daran denken, daß der Gelbe-Hut-Denker nur nach dem Nutzen oder den positiven Effekten sucht. Wir brauchen einen Teil unseres Denkens, der bewußte positive Anstrengungen unternimmt. Der Gelbe-Hut-Denker überprüft nicht alle, sondern nur die nutzbringenden Werte.

Wichtig ist, daß eine Sache nicht mehr überlegenswert ist, wenn der Gelbe-Hut-Denker keinen ausreichenden Nutzen herausfinden kann. Kann jedoch Nutzen aufgezeigt werden, muß das Projekt noch mit dem schwarzen Hut geprüft werden.

Warum sollte es funktionieren?
Der Gelbe-Hut-Denker muß deutlich aufzeigen, warum eine Idee funktionieren wird. Die Gründe müssen dargelegt werden. Es ist nicht Aufgabe der anderen, zu zeigen, warum die Idee nicht funktionieren wird. Zuerst muß mit dem gelben Hut die Grundlage für die Behauptung, daß die Idee funktionieren wird, geprüft werden.

Das Gelbe-Hut-Denken versucht, die Durchführbarkeit der Idee aufzuzeigen und warum sie funktionieren kann.

Zu häufiger Gebrauch

Manche Menschen lassen sich von einer Idee fortreißen und denken immer weiter mit dem gelben Hut, ohne die Realität oder Praktikabilität zu bedenken. Hierbei handelt es sich weniger um zu häufigen Gebrauch des gelben Hutes, als vielmehr um zu geringen Gebrauch des schwarzen Hutes.

Der schwarze Hut sorgt nicht nur für die Überprüfung einer Idee, sondern kann auch ihre Schwachstellen aufzeigen, gegen die man dann angehen kann.

Zusammenfassung

Der schwarze Hut wird für Beurteilung und Überprüfung gebraucht.
Der schwarze Hut wird für kritische Betrachtung eingesetzt.
Der schwarze Hut verhindert Fehler und Irrtümer und kann dadurch auch zur Verbesserung von Ideen führen.
Der gelbe Hut konzentriert sich auf den Nutzen. Kann dieses Projekt durchgeführt werden? Ist es die Durchführung wert?
Beide Hüte sind äußerst logisch. Gründe müssen aufgezeigt werden.

Übungen zum Schwarzen-Hut- und Gelben-Hut-Denken

1. Jemand schlägt vor, Autos speziell für Frauen zu entwerfen. Setze den schwarzen Hut auf, um die Schwachstellen an dieser Idee herauszufinden.

2. An der Schule wird viel gestohlen. Belohnungen werden für denjenigen ausgesetzt, der einen Dieb fängt. Ist das eine gute Idee? Setze zuerst den gelben und dann den schwarzen Hut auf, um über die Idee nachzudenken.

3. Manche Länder leben im Nahrungsüberfluß, während in anderen Ländern die Menschen verhungern. Sollte von dem Überfluß etwas an die armen Länder abgegeben werden? Schreibe ein imaginäres Gespräch zwischen einer Person mit

einem gelben und einer Person mit einem schwarzen Hut auf. Pro Person sollten zwei Punkte aufgeführt werden.

4. Welche der folgenden Bemerkungen sind Schwarze-Hut-Bemerkungen?

»Es ist eine Polizeistaat-Idee, Leute mit Strafen zu belegen, weil sie Abfall auf die Straße werfen.«

»Die Tatsache, daß dicke Leute fröhlich wirken, bedeutet nicht, daß sie dick sind, weil sie fröhlich sind.«

»Eine Werbekampagne in der Zeitung wird nicht funktionieren, weil viele Leute nicht lesen können.«

»Wer lügt, wird meistens ertappt.«

»Meiner Erfahrung nach sind Leute, die höhere Steuern zahlen, nicht glücklicher.«

»Wenn du nicht fleißig lernst, wirst du keine gute Note in der Arbeit schreiben.«

5. Setze den gelben Hut auf, um aufzuzeigen, welchen Nutzen der Vorschlag hat, daß jeder irgendein Haustier haben soll.

6. Wenn du nie Zeitung lesen und nie die Nachrichten im Fernsehen sehen würdest, was würde dann passieren? Denke zuerst mit dem gelben und dann mit dem schwarzen Hut darüber nach.

7. Denke mit dem gelben Hut über den schwarzen Hut nach.

Grünes-Hut-Denken und
Blaues-Hut-Denken

Der grüne Hut und der blaue Hut sind gegensätzlich: Der grüne Hut ist voller Energie und bedeutet umfassende Freiheit des Denkens, während es bei dem blauen Hut um Kontrolle und die Richtung des Denkprozesses geht.

Grüner Hut

Denken Sie an Gras, Bäume, Vegetation und Wachstum. Denken Sie an die Energie des Wachstums und der Fruchtbarkeit. Denken Sie an Knospen und Zweige.

Der grüne Hut ist der »aktive« Hut.

Der grüne Hut ist der Hut für kreatives Denken. Er deckt beide Bedeutungen des Wortes »kreativ« ab:

1. Kreatives Denken kann bedeuten, daß man etwas vorwärtsbringt oder geschehen läßt. Das entspricht dem konstruktiven Denken. Der grüne Hut befaßt sich mit Vorschlägen und Anregungen.

2. Kreatives Denken kann neue Ideen, neue Alternativen, neue Lösungen, neue Erfindungen bedeuten. Hier liegt die Betonung auf der *Neuheit*.

Der weiße Hut legt die Information dar. Der rote Hut läßt Gefühle zu. Der schwarze und der gelbe Hut kümmern sich um die logische Überprüfung. Der grüne Hut ist der Aktionshut, unter dem die Ideen vorwärtsgebracht werden.

Wenn man Sie auffordert, den grünen Hut aufzusetzen, fordert man Sie damit auf, Vorschläge und Ideen zu

entwickeln. Hier ist aktives, nicht reaktives Denken gefragt.

Die fünf Hauptverwendungszwecke des grünen Hutes sind:

1. Erforschung
2. Vorschläge und Anregungen
3. Alternativen
4. Neue Ideen
5. Provokationen

Anders als die Gelben-Hut- und Schwarzen-Hut-Denker,
braucht der Grüne-Hut-Denker keine logischen Gründe für
seine Vorschläge oder Ideen anzugeben. Bei ihm reicht es aus,
eine Idee zur weiteren Überprüfung zu entwickeln.

Erforschung
Der weiße Hut erforscht die Situation im Hinblick auf verfügbare Informationen. Der grüne Hut jedoch erforscht die Situation im Hinblick auf Ideen, Konzepte, Vorschläge und Möglichkeiten.

Vorschläge und Anregungen
Unter dem grünen Hut werden Vorschläge und Anregungen
jeder Art hervorgebracht. Das brauchen keine neuen Ideen zu
sein, sondern können Vorschläge zur Aktion, Anregungen zur
Lösung eines Problems oder mögliche Entscheidungen sein.
Unter dem grünen Hut findet jede Art von aktivem Denken
statt. Wenn niemand eine Idee über das weitere Vorgehen hat,
ist es Zeit für das Grüne-Hut-Denken.

Alternativen
Eine Erklärung ist gegeben worden, oder der Verlauf der Handlung ist diskutiert worden. Jetzt ist der grüne Hut gefragt, um
weitere Optionen oder Alternativen zu entwickeln. Was kann
sonst noch getan werden? Welche anderen möglichen Erklärungen könnte es geben? Der grüne Hut versucht, den Bereich

109

der Optionen zu erweitern, bevor jede einzelne Option im Detail überprüft wird. Die Überprüfung der Alternativen ist Aufgabe des gelben und des schwarzen Hutes.

Neue Ideen

Manchmal braucht man wirklich neue Ideen. Die alten Ideen funktionieren nicht mehr, oder es gibt keine Idee zur Lösung eines Problems. Jetzt ist wirkliches kreatives oder laterales Denken erforderlich. Diese Denkart fällt vor allem dem grünen Hut zu. Wenn Sie jemanden zu Grünem-Hut-Denken über ein Thema auffordern, fordern Sie ihn damit auf, neue Ideen zu entwickeln, die über die bestehenden hinausgehen. Sie können neue Ideen nicht erzwingen, aber Sie können verlangen, daß sich jemand darum bemüht. Die lateralen Denktechniken, die später im Buch noch beschrieben werden, können bewußt für den Versuch, neue Ideen zu entwickeln, eingesetzt werden.

Provokationen

Unter dem grünen Hut können wir Ideen frei entwickeln. Wir haben keine Vorstellung davon, ob sie funktionieren werden. Wir können unter dem grünen Hut auch bewußt provozieren. Eine Provokation muß nicht unbedingt eine praktikable Idee sein. Eine Provokation soll unseren Verstand aus seinen gewohnten Bahnen werfen, damit wir die Dinge von einer anderen Seite aus betrachten können. Die Technik der Provokation wird später in diesem Buch noch beschrieben.

Aktion und Energie

Das Grüne-Hut-Denken ist durch Aktion und Energie charakterisiert. Wenn ein Künstler vor einer leeren Leinwand steht, ist es wichtig, daß er erst einmal anfängt. Das kann bedeuten, daß er vorbereitende Skizzen macht oder etwas auf die Leinwand malt. Leere Leinwände brauchen Ideen. Leere Situationen brauchen Grünes-Hut-Denken. Auch alte oder stagnierende Situationen brauchen Grünes-Hut-Denken.

Blauer Hut

Denken Sie an den blauen Himmel, der alles überspannt. Wenn Sie oben am Himmel wären, könnten Sie auf die ganze Erde heruntersehen. Mit dem blauen Hut stehen Sie über allem Denken: Sie sehen auf das Denken herunter. Mit dem blauen Hut denken Sie über das Denken nach.

Der blaue Hut ist der Überblick und die Verfahrenskontrolle. Der blaue Hut ist der Dirigent des Orchesters. Mit allen anderen Hüten denken wir über das Thema nach, mit dem blauen Hut denken wir über das Denken nach.

Der blaue Hut deckt die folgenden Punkte ab:

1. Wo stehen wir jetzt?
2. Was ist der nächste Schritt?
3. Denkprogramm
4. Zusammenfassung
5. Beobachtung und Kommentar

Jemand, der den blauen Hut aufsetzt, löst sich aus dem Denken, das gerade stattfindet, um dieses Denken zu beobachten.

Wo stehen wir jetzt?
Wo befinden wir uns in unserem Denken?
Was ist der Fokus?
Was versuchen wir in diesem Moment zu tun?

Dies ist ein Versuch, in diesem Moment festzustellen, worüber wir nachdenken. Lassen wir die Gedanken nur schweifen, oder versuchen wir, etwas zu tun?

Was ist der nächste Schritt?
Was sollten wir als nächstes tun (in unserem Denken)?

Der Blaue-Hut-Denker schlägt vielleicht einen anderen Hut, eine Zusammenfassung oder eine Definition des Fokus usw. vor. Vielleicht weiß keiner, was als nächstes getan werden soll, deshalb ist ein Vorschlag nötig. Vielleicht möchte jeder als nächstes etwas anderes tun, deshalb ist eine Definition erforderlich. Wenn es eine klare Vorstellung des nächsten Schrittes gibt, kann er erfolgen.

Denkprogramm

Statt einfach den nächsten Schritt zu wählen, kann der blaue Hut dazu verwendet werden, ein ganzes Denkprogramm über das Thema zusammenzustellen. Damit ist ein Plan oder eine Sequenz gemeint, in der die verschiedenen Denkschritte aufgeführt sind. Für gewöhnlich sollte dies zu Beginn der Konferenz stattfinden, kann aber auch zu jedem anderen Zeitpunkt erfolgen. Das Programm kann die ganze Sitzung abdecken, sich aber auch nur auf ein Thema oder einen Teil eines Themas beschränken. In manchen Fällen kann das Programm aus einer Sequenz der Denkhüte bestehen.

Der blaue Hut behandelt das Denken formal. So wie ein Programmierer ein Computerprogramm einrichtet, so richtet der blaue Hut das Denkprogramm ein.

Zusammenfassung

Zu jedem Zeitpunkt des Denkens kann jeder den blauen Hut aufsetzen und um eine Zusammenfassung bitten: »Wo sind wir? Wie weit sind wir gekommen? Was können wir zusammenfassen?«

Solch eine Zusammenfassung kann das Gefühl von Leistung vermitteln, kann aber auch aufzeigen, wie wenig erst erreicht worden ist. Die Zusammenfassung kann auch zur Klärung verschiedener Standpunkte dienen.

Beobachtung und Kommentar

Der Blaue-Hut-Denker steht über dem Denken und sieht auf das herunter, was geschieht. Der Blaue-Hut-Denker beobachtet und kommentiert:

»Es sieht so aus, als hätten wir über das Ziel dieser Sitzung nur gestritten.«

112

»Wir wollten uns mehrere Alternativen überlegen, aber haben bis jetzt nur über eine geredet.«

»Heute morgen wird viel mit dem roten Hut gedacht.«

Diese Funktion des blauen Hutes macht den Denkern ihr Denkverhalten bewußt und stellt die Frage nach der Effektivität.

Zu häufiger Gebrauch

In der Praxis benutzen viele Leute den blauen Hut, ohne es explizit zu sagen. Es ist jedoch besser, es offen zu erklären. Zu häufiger Gebrauch ist kein wirkliches Problem, sollte aber vermieden werden. Es ist äußerst irritierend, wenn jemand alle paar Sekunden die Sitzung unterbricht, um einen Blauen-Hut-Kommentar abzugeben. Gelegentliche Verwendung ist viel effektiver.

Zusammenfassung

Der grüne Hut steht für Aktion und Kreativität: für Ideen, Vorschläge und Anregungen. Diese brauchen nicht detailliert dargelegt zu werden.

Der blaue Hut steht für Kontrolle des Denkprozesses. Was ist geschehen? Was geschieht jetzt? Was sollte als nächstes geschehen?

Übungen zu Grünem-Hut- und Blauem-Hut-Denken

1. Du verkaufst Zeitungen, findest aber niemanden, der sie austrägt. Setze deinen grünen Hut auf, und mache ein paar Vorschläge.

2. Dein Hund und der Hund deines Nachbarn streiten sich die ganze Zeit. Welche Grünen-Hut-Vorschläge hast du?

3. Dir gehört eine Pizzeria. Ein Mitbewerber eröffnet ganz in der Nähe eine andere Pizzeria. Dein Geschäft geht schlechter. Setze deinen blauen Hut auf, und beschließe die ersten drei

Schritte in deinem Denken. Wie sollte dein Denkprozeß vor sich gehen?

4. Du hast nicht genug Platz für deine Bücher und Unterlagen in deinem Zimmer. Du setzt deinen grünen Hut auf und denkst dir die folgenden Alternativen aus:

- etwas wegzuwerfen
- einen Freund, der mehr Platz hat als du, zu bitten, sie für dich aufzubewahren.

Welche anderen Alternativen fallen dir noch ein?

5. Ein Filmproduzent schreibt einen Ideenwettbewerb für einen Monsterfilm aus. Es soll eine neue Art Monster geschaffen werden. Setze zunächst deinen blauen Hut auf, um festzustellen, wie du über ein neues Monster nachdenken würdest. Dann setze den grünen Hut auf und mache Vorschläge für das Monster.

6. Die Straße ist eng, und die Autos fahren immer zu schnell hindurch. Häufiger werden dort Fußgänger verletzt und manchmal sogar getötet. Auf welche Ideen bringt dich ein bißchen Grünes-Hut-Denken zu diesem Problem?

7. Es soll eine neue Form für Müslipackungen entwickelt werden. Jemand setzt den grünen Hut auf und äußert provozierend, Müslipackungen sollten rund wie ein Ball sein. Siehst du an dieser Provokation etwas Nützliches?

8. Zwischen Vater und Tochter gibt es einen Streit darüber, wann sie abends zu Hause sein soll. Was für ein Programm würdest du mit deinem blauen Hut dafür entwickeln?

Sechs Denkhüte in Folge

Die sechs Denkhüte können auf zwei verschiedene Arten angewendet werden:

1. Gelegentlich
2. Systematisch (in Folge)

Gelegentliche Verwendung: Das ist die gebräuchlichste Form
der Anwendung. Es wird immer nur ein Hut verwendet (oder
zwei, wenn Sie um einen Wechsel bitten). Bei einer Sitzung
oder in einem Gespräch schlägt jemand vor, einen der Hüte
anzuwenden. Dann geht die Sitzung oder das Gespräch weiter.
Der vorgeschlagene Hut wird nur für zwei oder drei Minuten
eingesetzt. Diese gelegentliche Verwendung der Hüte ermöglicht es, zu einem bestimmten Denktyp aufzufordern oder
einen Denkumschwung vorzuschlagen.
Systematische Verwendung: Hier wird von vornherein eine Folge von Hüten angesetzt, und der Denker arbeitet sie hintereinander durch. Manchmal wird dies gemacht, wenn ein
Thema schnell und effektiv abgehandelt werden muß. In gewisser Weise geht die Hütesequenz von dem blauen Hut
aus, der ein Denkprogramm für das Thema entwirft. Diese
Methode ist auch sinnvoll, wenn es zu einem Streit über
ein Thema kommt und kein sinnvolles Denken möglich
ist.

Gebrauch der Sequenz

In welcher Reihenfolge sollten die sechs Hüte verwendet werden?

Es gibt nicht nur eine richtige Reihenfolge, weil die Sequenz je nach den Umständen variiert. Sie können Ihre eigene Sequenz entwickeln, ich möchte jedoch hier ein paar Regeln oder Richtlinien darlegen:

1. Jeder Hut kann in der Sequenz ein paarmal eingesetzt werden.

2. Im allgemeinen ist es besser, den gelben Hut vor dem schwarzen Hut einzusetzen, da es schwierig ist, positiv zu denken, wenn man vorher Kritik geübt hat.

3. Der schwarze Hut wird auf zwei Arten angewendet. Die erste Art ist, mit ihm die Schwachstellen an einer Idee aufzuzeigen. Darauf sollte dann der grüne Hut aufgesetzt werden, mit dem man versucht, die Schwäche zu überwinden. Die zweite Art, den schwarzen Hut zu gebrauchen, ist Überprüfung.

4. Der schwarze Hut wird immer aufgesetzt, um eine Idee abschließend zu überprüfen. Der rote Hut folgt dann auf die Schlußüberprüfung, damit wir feststellen können, was wir bei der Idee empfinden, nachdem wir sie überprüft haben.

5. Wenn Sie glauben, daß bei einem Thema heftige Gefühle im Spiel sind, sollten Sie immer mit dem Roten-Hut-Denken beginnen, um diese Gefühle ans Licht zu bringen.

6. Gibt es keine starken Gefühle, sollten Sie mit dem weißen Hut beginnen, um Information zu sammeln. Nach dem weißen Hut setzen Sie dann den grünen Hut auf, um Alternativen zu entwickeln. Danach sollten Sie jede Alternative zuerst mit dem gelben und dann mit dem schwarzen Hut überprüfen. Schließlich sollten Sie eine Alternative auswählen und Ihre Wahl anschließend mit dem schwarzen und dem roten Hut überprüfen.

Der Hauptunterschied bei der Sequenz liegt zwischen den beiden Situationen: Eine Idee suchen – auf eine Idee reagieren.

Eine Idee suchen
Die Sequenz der Hutfarben kann sein:

WEISS: Sammeln der verfügbaren Information
GRÜN: Weitere Erforschung und Entwicklung von Alternativen
GELB: Überprüfung des Nutzens und der Eignung der einzelnen Alternativen
SCHWARZ: Überprüfung der Schwächen und Gefahren jeder Alternative
GRÜN: Weiterentwicklung der vielversprechenden Alternativen und Auswahl
BLAU: Zusammenfassung und Überprüfung des bis dahin Erreichten
SCHWARZ: Schlußbeurteilung der gewählten Alternative
ROT: Herausfinden der Gefühle hinsichtlich des Ergebnisses

Auf eine Idee reagieren
Hier sieht die Sequenz anders aus, weil die Idee bekannt ist, und für gewöhnlich auch die Hintergrundinformationen gegeben sind:

ROT: Die Gefühle hinsichtlich der Idee ausloten
GELB: Den Nutzen der Idee herausfinden
SCHWARZ: Schwachstellen, Probleme und Gefahren der Idee herausstellen
GRÜN: Prüfen, ob die Idee geändert werden kann, um den Gelben-Hut-Nutzen zu verstärken und die Schwarzen-Hut-Probleme zu überwinden
WEISS: Prüfen, ob die verfügbare Information bei der Modifizierung der Idee helfen kann (falls die Rote-Hut-Gefühle gegen die Idee sind)

GRÜN: Entwicklung des endgültigen Vorschlags
SCHWARZ: Beurteilung des endgültigen Vorschlags
ROT: Die Gefühle hinsichtlich des Ergebnisses herausfinden

Kurze Sequenzen
Kurze Sequenzen der Hüte werden häufig zu unterschiedlichen Zwecken genutzt:

GELB/SCHWARZ/ROT: Schnelle Überprüfung einer Idee
WEISS/GRÜN Um Ideen zu entwickeln
SCHWARZ/GRÜN: Um eine bestehende Idee zu verbessern
BLAU/GRÜN: Um Alternativen zusammenzufassen und auszusprechen
BLAU/GELB: Um festzustellen, ob das Denken einen Nutzen hat

Zusammenfassung

Die sechs Hüte werden für gewöhnlich einzeln aufgesetzt. Das ist der gelegentliche Gebrauch.

Beim systematischen Gebrauch kann eine Hütesequenz als Leitprogramm zum Denken eingesetzt werden. Es gibt Richtlinien über die sinnvollsten Sequenzen.

Übungen zum Sequenzgebrauch der sechs Hüte
1. Wenn du nur eine Sequenz von drei Hüten anwenden könntest, um ein Geburtstagsgeschenk für deinen besten Freund zu finden, wie würde die Sequenz aussehen?
2. Auf einer Sitzung wird über jugendliche Kriminelle diskutiert. Welcher Hut sollte als erster aufgesetzt werden?
3. Deine Familie plant einen Umzug in einen anderen Landesteil. Du wirst nach deiner Meinung zu dem Umzug gefragt.

Welche Sequenz von Hüten würdest du anwenden (die ersten vier)?

4. Eine Gruppe von Jugendlichen feiert ständig Partys, und die laute Musik stört die Nachbarschaft. Die Nachbarn setzen sich zusammen, um über das Problem zu diskutieren. Ihre Hütewahl ist: ROT/SCHWARZ/GRÜN/SCHWARZ/ROT. Stimmst du mit dieser Sequenz überein? Welche Sequenz würdest du vorschlagen?

5. Du mußt kurzfristig etwas Geld verdienen, um dir etwas kaufen zu können, was du dir sehr wünschst. Welche Hütesequenz würdest du anwenden, um dein Denken zu ordnen?

6. Manche Menschen können anscheinend das Leben nicht genießen. Wie sollten solche Menschen denken? Schlage eine kurze Sequenz von vier Hüten vor.

7. Welcher Hut sollte zuallererst für jede der folgenden Situationen aufgesetzt werden?

– Man beschuldigt dich, ein Lügner zu sein
– Du hast dir bei einem Unfall den rechten Arm gebrochen
– Deine Mutter ist sehr krank und muß ins Krankenhaus
– Du findest einen Umschlag mit sehr viel Geld
– Du entdeckst, daß dein Freund stiehlt
– Du bekommst einen tollen Ferienjob angeboten

8. Ein Mann kauft von einem Freund ein Auto, nachdem er es überprüft hat. Nach einer Woche jedoch geht das Auto kaputt und muß für viel Geld repariert werden. Sie treffen sich, um zu klären, wer für die Reparaturkosten aufkommen muß. Stelle eine Sequenz von Hüten für die Diskussion auf.

Ergebnis und Schlußfolgerung

»Du hast zwanzig Minuten lang nachgedacht – was ist das Ergebnis?«

»Die fünf Minuten Denkzeit sind um – was ist das Ergebnis?«

»Diese Sitzung hat drei Stunden gedauert. Es wurde viel diskutiert – was ist das Ergebnis?«

Im allgemeinen gibt es zwei mögliche Antworten auf diese Fragen:

»Hier ist die Lösung des Problems. Hier ist die Antwort. Hier ist die Entscheidung. Hier ist die Schlußfolgerung.«

»Offensichtlich sind wir zu gar keinem Ergebnis gekommen.«

Was ist das Ergebnis, wenn das Denken beendet ist? Geht es nur darum, entweder eine spezifische Antwort oder gar keine zu finden? Wenn es keine spezifische Antwort gibt, haben wir dann unsere Zeit vergeudet?

Wenn Sie das Gefühl haben, zu keinem Ergebnis zu kommen, ist Denken nicht sehr erfreulich. Deshalb ist es wichtig, beim Denken immer auf das Ergebnis zu achten. Das Ergebnis hat nicht nur etwas mit richtiger oder gar keiner Antwort zu tun.

Es gibt viele mögliche Denkergebnisse, wir können sie jedoch auf drei Ergebnistypen vereinfachen:

1. Ein besserer Plan (Erforschung)
2. Stichhaltige Bedürfnisse
3. Spezifische Antwort

Ein besserer Plan

Am Ende Ihres Denkens sollten Sie sich das, worüber Sie nachgedacht haben, besser vorstellen können. Wenn Sie sonst nichts erreicht haben, dann sind Sie wenigstens das Thema durchgegangen. Sie haben es erforscht.

Sie haben eine bessere Vorstellung von Informationen, Konzepten und Gefühlen zu dem Thema.

Sie sollten in der Lage sein, eine Liste der verfügbaren Alternativen aufzustellen. Das können alternative Standpunkte, alternative Handlungsabläufe, alternative Vorgehensweisen oder alternative Werte sein. Vielleicht kommen Sie nicht zu einer Entscheidung oder einer Schlußfolgerung, aber Sie sind sich jetzt zumindest dieser Alternativen bewußt. Das allein ist schon etwas wert. Manchmal ist der spezifische Zweck des Denkens die Erforschung eines Themas. Deshalb hat Erforschung einen bestimmten Wert.

Die Schlüsselfrage, die Sie sich gewohnheitsmäßig stellen sollten, lautet: »Was habe ich herausgefunden? Was weiß ich jetzt, was ich zu Beginn noch nicht gewußt habe?«

Stichhaltige Bedürfnisse

Wenn Sie über ein Thema nachgedacht haben, sollten Sie eine klarere Vorstellung darüber haben, warum Sie nicht weiterkommen können, warum Sie nicht zu einer Schlußfolgerung gelangen können.

Vielleicht benötigen Sie eine wichtige Information, ohne die Sie nicht weitermachen können: »Ohne diese Information können wir nicht weitermachen.«

Vielleicht haben Sie das Problem auf eine spezifische Schwierigkeit eingeengt – Sie haben den Punkt herausgearbeitet: »Der Punkt ist, daß wir nicht sagen können, welche von diesen neuen Chemikalien in der jetzigen Situation funktionieren werden.«

Ein Bedürfnis oder einen Punkt genau zu definieren, ist eine beachtliche Leistung. Sie haben zwar die endgültige Antwort noch nicht, sind ihr aber schon einen Schritt näher gekommen. Sie wissen besser, was Sie als nächstes tun müssen. Sie müssen die benötigte Information erhalten, damit Sie aus der festgefahrenen Situation herauskommen. Jetzt können Sie Ihr Denken viel stärker fokussieren.

Die Schlüsselfrage, die Sie sich gewohnheitsmäßig stellen sollten, lautet: »Warum habe ich mich festgefahren? Was hält uns auf?«

Spezifische Antwort

Das bedeutet, daß Sie zu einer Schlußfolgerung gekommen sind, eine Entscheidung getroffen haben, zu einem Entwurf gelangt sind, einen spezifischen Plan oder eine Strategie entwickelt haben, eine Lösung für das Problem gefunden haben, eine Antwort auf die Frage wissen.

Bei der Antwort zu einem mathematischen Problem in der Schule können Sie häufig überprüfen, ob es die richtige Antwort ist. Im Leben ist das meistens nicht so. Wenn Sie eine Antwort gefunden haben, kommt es Ihnen vielleicht wahrscheinlich vor, daß die Antwort richtig ist. Möglicherweise ist es auch weniger wahrscheinlich, daß sie richtig ist, oder Sie sehen nur eine Chance, daß sie richtig ist. Vielleicht ist es einfach die beste Antwort, die Sie finden können, und dabei wissen Sie eigentlich gar nicht, ob sie richtig ist.

Es ist sinnvoll, zu einer definitiven Schlußfolgerung zu kommen, auch wenn das nicht die endgültige Lösung bringt.

Die Schlüsselfragen, die Sie sich gewohnheitsmäßig stellen sollten, sind:
»Wie lautet meine Antwort (oder Schlußfolgerung)?«
»Warum glaube ich, daß sie richtig ist?«

Zusammenfassung

Am Ende jeder Denksitzung sollten Sie das Ergebnis Ihres Denkens definieren.

Wenn Sie keine spezifische Antwort gefunden haben, fragen Sie:

»Was habe ich herausgefunden?«

»Wo stecke ich fest?«

Wenn Sie eine spezifische Antwort haben, fragen Sie:

»Wie lautet meine Antwort?«

»Warum glaube ich, daß meine Antwort richtig ist?«

Diese Fragen sollten Teil Ihrer allgemeinen Denkgewohnheiten werden. Das bedeutet, daß diese Fragen routinemäßig am Ende jedes Denkvorgangs gestellt werden sollten.

Das Fünf-Minuten-Denkschema

Dieses Schema kann angewendet werden, wenn man, um Denkfähigkeiten zu entwickeln, Denken üben will. Es kann angewendet werden, wenn man sich zwischendurch im Denken üben will. Und dieses Schema kann auch angewendet werden, wenn man ernsthaft über ein Thema nachdenken will.

Es ist sehr wichtig, genau die vorgeschriebene Zeit einzuhalten, da es einen zwingt, sich auf den Denkvorgang zu konzentrieren. Die Zeit sollte mit einer Uhr streng kontrolliert werden, und die verschiedenen Phasen sollten angezeigt werden. Das Schema verliert an Wert, wenn Sie sich vornehmen, eben mal so *ungefähr fünf Minuten* nachzudenken. Wenn das Schema auf die Inhalte dieses Buches angewendet wird, empfehle ich, die Zeit genau einzuhalten.

Eine Minute

Verdeutlichen Sie sich den Zweck des Denkens.
Machen Sie sich den Fokus klar.
Verdeutlichen Sie sich das Ergebnis, das möglichst herauskommen sollte.
Machen Sie sich die Situation klar.

Wenn Sie nicht über genügend Informationen verfügen, vergeuden Sie keine Zeit durch Fragen stellen. Schaffen Sie sich Ihr eigenes Umfeld, und legen Sie es Ihrer Antwort zugrunde. Wenn es bei dem Problem zum Beispiel um einen Jungen geht, der stiehlt, wollen Sie vielleicht wissen, wie alt der Junge ist und wie oft er schon gestohlen hat. Statt dessen sagen Sie: »Ich nehme an, dieser Junge ist vierzehn, und er hat zum ersten Mal gestohlen.«

Die nächsten beiden Minuten

Zunächst erforschen Sie das Thema hinsichtlich der Informationen und Ihrer eigenen Erfahrung. Dann entwickeln Sie einige Ideen.

Schließlich versuchen Sie, Ihre Ideen zu ein paar Alternativen zusammenzufassen. Diese Alternativen können Handlungsverläufe oder Problemlösungen sein.

Sie werden an anderer Stelle in diesem Buch noch einige Werkzeuge finden, die Ihnen in dieser Denkphase helfen können. Für den Moment reicht der Gebrauch Ihrer bestehenden Denkfähigkeiten aus.

Wenn die zwei Minuten vorüber sind, sollten Sie einige Alternativen gefunden haben.

Diese Art von Fragen könnte Ihnen helfen:

»Gibt es eine offensichtliche Antwort?«

»Wie lauten hier die üblichen Antworten?«

»Was würde ich, ganz allgemein gesprochen, gerne tun?«

»Wie kann ich diesen Wunsch in eine praktische Handlung umwandeln?«

»Welche anderen Wege gibt es?«

Die nächste Minute

Das ist die Wahl- oder Entscheidungsphase. Am Ende der vorangegangenen Phase sollten bereits einige Alternativen vorliegen. Nun müssen Sie sich zwischen ihnen entscheiden. Die Fragen, die Ihnen dabei helfen könnten, lauten:

»Welche Alternative wird mit der größten Wahrscheinlichkeit funktionieren?«

»Welche Alternative wäre in der Praxis am akzeptabelsten?«
»Welche Alternative paßt am besten zu meinen Bedürfnissen und Prioritäten?«
»Welche Alternative paßt am besten zum Umfeld dieser Denkübung?«

Das besondere Umfeld der Denkübung ist wichtig. Man erwartet vielleicht von Ihnen, daß Sie die vernünftigste Antwort vorschlagen – auch wenn diese bereits vorher bekannt ist. Zu anderen Zeiten wird von Ihnen vielleicht eine originelle Idee erwartet – auch wenn diese nicht funktionieren kann.

Die letzte Minute

Wenn Sie zu einer Schlußfolgerung, Antwort oder Entscheidung gekommen sind, testen Sie diese, indem Sie die Gründe, aus denen sie Ihrer Meinung nach richtig ist, überprüfen. Vielleicht haben Sie Zeit, um sie mit anderen möglichen Lösungen zu vergleichen, um zu zeigen, warum Sie ausgerechnet diese gewählt haben.

Wenn Sie nicht zu einer endgültigen Schlußfolgerung gekommen sind, sollten Sie diese Minute dazu nutzen, das Ergebnis Ihres Denkens auf eine andere Art zu definieren:

»Was haben Sie gelernt, indem Sie über das Thema nachgedacht haben?«
»Welche Alternativen sind Ihnen eingefallen (auch wenn Sie sich nicht zwischen ihnen entscheiden konnten)?«
»Welche alternativen Vorgehensweisen könnte es noch geben – auch wenn sie keine Lösungen darstellen?«
»Welche weiteren Informationen brauchen Sie wirklich noch?«
»Wo stecken Sie fest?«
»Welches sind die Schlüsselprobleme?«

Meinung

Wenn die fünf Minuten vorüber sind, müssen Sie Ihre Meinung äußern können. Sie müssen das direkt tun können, ohne erst darauf zu warten, daß Ihnen Fragen gestellt werden.

Übungen zum Fünf-Minuten-Denkschema

1. Wende das Fünf-Minuten-Denkschema auf die folgende Situation an: Die Gäste deines Nachbarn parken ihre Autos immer vor deiner Garage, so daß du sie nicht benutzen kannst. Was kannst du dagegen tun?

2. Wende das Fünf-Minuten-Denkschema auf die folgende Situation an: Eine Untersuchung zeigt, daß die meisten Menschen viel zu dick und übergewichtig sind. Was kann dagegen unternommen werden?

3. Wende das Fünf-Minuten-Denkschema auf folgende Situation an: Ein Mädchen findet, daß der Lehrer sie ungerecht behandelt – was kann sie machen?

4. Eine Fabrik produziert üblen Geruch. Die Gesellschaft, der die Fabrik gehört, bekommt zahlreiche Klagen von den Anwohnern. Als die Fabrik gebaut wurde, gab es in der Umgebung noch keine Wohnhäuser, doch inzwischen stehen viele da. Was sollten die Besitzer der Fabrik tun? Versuche es mit dem Fünf-Minuten-Denkschema, und sage deine Meinung.

5. Wenn der Mensch die Evolution hätte beeinflussen können und die Wahl gehabt hätte, an Land oder wie die Delphine im Wasser zu leben – was wäre geschehen? Versuche es mit dem Fünf-Minuten-Denkschema, und sage deine Meinung.

6. Wende das Fünf-Minuten-Denkschema darauf an, wie du jugendliche Kriminelle (vierzehn bis siebzehn Jahre) behandeln würdest.

7. Eine Freundin von dir möchte zu Hause eine Party feiern, aber ihre Mutter hat es verboten. Versuche dieses Problem mit dem Fünf-Minuten-Denkschema zu lösen.

Vorwärts oder parallel

Es gibt zwei Hauptrichtungen des Denkens: Vorwärts oder parallel: Sie können den Weg entlanggehen, aber Sie können auch stehenbleiben und sich im Garten umschauen.

Abbildung 6 illustriert den Unterschied zwischen vorwärts und parallel. Wenn wir bei A sind, bewegen wir uns im Vorwärtsdenken nach B und dann nach C. Erst wenn wir A und B hinter uns haben, bewegen wir uns nach C. Mit anderen Worten, wo wir hingehen, hängt davon ab, wo wir jetzt stehen.

Beim parallelen Denken stehen A, B und C parallel zueinander. Sie hängen nicht voneinander ab. Wenn wir uns umsehen, können wir sie finden.

Auf dem Tisch steht Essen, und wir sind hungrig. Also setzen wir uns hin, um zu essen. Das ist Vorwärtsdenken.

Beim parallelen Denken würden wir sagen: Auf dem Tisch steht Brot, auf dem Tisch steht Butter, auf dem Tisch steht Suppe usw. All diese Dinge existieren parallel zueinander.

Fremde, die sich in einer Menschenmenge befinden, existieren parallel zueinander. Eine Frau hingegen, die auf jemanden zugeht, den sie als Freund erkennt, bewegt sich *vorwärts*.

Die Schlüsselfrage für paralleles Denken lautet: »Was gibt es hier sonst noch?«

Das bedeutet, welche anderen Dinge, welche anderen Alternativen, welche anderen Gesichtspunkte, welche anderen Wahrnehmungen usw.

Die Schlüsselfrage für Vorwärtsdenken lautet: »Was kommt danach?«

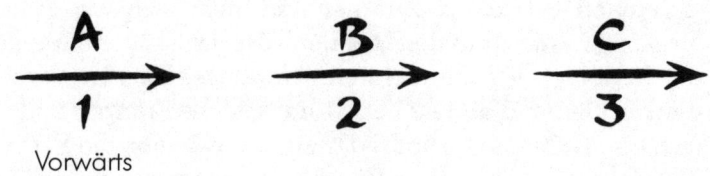

Vorwärts

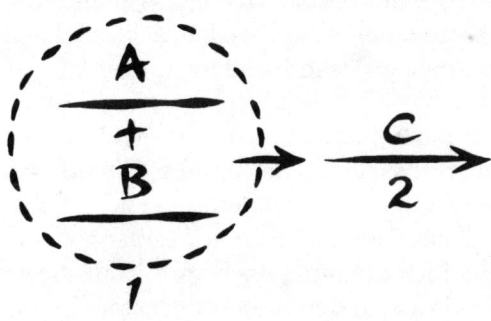

Vorwärts

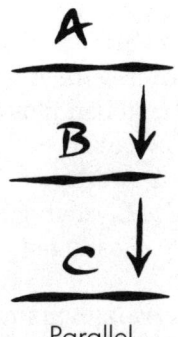

Parallel

Abbildung 6

Wenn wir *das* erreicht haben, was kommt danach? Wohin gehen wir von hier aus? Was können wir daraus ableiten?

Jemand betritt ein Zimmer und sieht sich um. Er sieht juristische Bücher in den Regalen, also schließt er daraus, daß der Benutzer des Zimmers ein Anwalt ist. Das ist Vorwärtsdenken. Jemand anders betritt das gleiche Zimmer und sieht sich um. Er bemerkt die Bilder an den Wänden, die Farbe des Teppichs, die juristischen Bücher, den eleganten Schreibtisch, das Familienfoto und die Katze in der Ecke. Das ist paralleles Denken. Wenn diese Person die Beschäftigung desjenigen, der das Zimmer benutzt, hätte ableiten wollen, hätte sie auch auf einen Anwalt getippt. Aber sie wandte nicht diese Art des Denkens an.

Vorwärtsdenken und paralleles Denken sind beide gleich wichtig. Das eine ist nicht besser als das andere. Wichtig ist, beide Arten anzuerkennen und anzuwenden.

Manchmal wird paralleles Denken auch als *divergentes* Denken bezeichnet, aber meiner Meinung nach vermittelt dieser Begriff den falschen Eindruck, daß man sich von etwas fortbewegt. In ähnlicher Weise wird Vorwärtsdenken manchmal als *konvergentes* Denken bezeichnet. Vorwärts und parallel scheinen mir die einfacheren Begriffe zu sein: Wir bewegen uns vorwärts oder wir schauen uns um.

Natürlich ergibt fünf plus drei acht. Das ist Vorwärtsdenken. Acht könnte das Ergebnis von fünf plus drei sein. Aber es könnte auch das Ergebnis von vier plus vier, sieben plus eins oder sechs plus zwei sein. Das ist paralleles Denken.

Paralleles Denken wenden wir an, um zu erforschen, was vorhanden ist und welche Möglichkeiten es außerdem gibt.

Vorwärtsdenken wenden wir an, um zu Lösungen oder Schlußfolgerungen zu gelangen.

Die beiden Schlüsselfragen, die Sie sich gewohnheitsmäßig stellen sollten, sind:

»Was gibt es hier sonst noch?«

»Was kommt danach?«

Logik und Wahrnehmung

Traditionell wurde beim Denken immer die Logik betont. Das ist nicht überraschend, denn Denken in der Ausbildung ist immer reaktiv. Wie reagierst du auf etwas, das vor dir steht? Die Information ist also vorgegeben. Die einzelnen Puzzleteile sind vorhanden. Man wendet Logik an, um zur Antwort zu gelangen.

Kritisches Denken, Auseinandersetzung und das gegnerische System basieren weitestgehend (nicht vollständig) auf Logik.

Mit Logik müssen Wissenschaftler oder andere Menschen ihre Ideen vertreten. Selbst wenn ein wissenschaftlicher Durchbruch durch Zufall zustande käme, müßte er so dargestellt werden, als sei er das Ergebnis von Logik. Sonst können Ideen nicht akzeptiert werden.

Wir müssen nachvollziehen können, wie Schlußfolgerungen erreicht wurden, also müssen wir die Gründe oder die Logik hinter ihnen erkennen können.

Aus all diesen Gründen legen wir soviel Wert auf Logik.

Sie wachen in der Nacht in einem fremden Hotelzimmer auf. Sie wollen ins Badezimmer gehen, können aber den Lichtschalter nicht finden. Sie vermuten, daß Sie, wenn Sie sich an der Wand entlangtasten, eine Tür finden werden, die ins Badezimmer führt – oder daß es, wenn Sie auf eine andere Tür stoßen, dort wahrscheinlich einen Lichtschalter gibt. Das ist normales logisches Denken.

Wenn Sie jedoch den Lichtschalter am Bett gefunden hätten, hätten Sie ohne Extralogik das Badezimmer finden können. Es entspricht der Wahrnehmung, den Weg ins Badezimmer finden zu können.

Manchmal brauchen wir Logik, um mit unseren Wahrnehmungen weiterzukommen. Eine bessere Wahrnehmung kann den Bedarf an Logik verringern.

Wahrnehmung ist, wie wir die Welt um uns herum sehen. Logik ist, wie wir den bestmöglichen Gebrauch von unseren Wahrnehmungen machen.

Wahrnehmungen werden oft in Sprache oder Symbole umgewandelt. Dann wenden wir die Regeln der Logik in Sprache oder Mathematik an, um uns auf eine Schlußfolgerung zuzubewegen.

Ich habe einmal eine Zikade ganz aus der Nähe beobachtet. Die Zikade machte ein lautes Geräusch, aber ich konnte nicht feststellen, wie sie das Geräusch machte. Ganz gleich, wie dicht ich an die Zikade herankam, ich konnte nicht sehen, ob sie ihre Flügel oder Beine so bewegte, daß sie dadurch das Geräusch erzeugte. Erst später fand ich heraus, daß eine andere Zikade, die ein Stück weiter auf der anderen Seite des Astes saß, die eigentliche Urheberin des Geräuschs war.

Dieses Beispiel ist typisch für einen der weitestverbreiteten Irrtümer im Denken. Wenn wir nur einen Teil der Situation betrachten, gibt unsere Logik uns eine falsche Antwort. Aber wie können wir wissen, ob da mehr ist, als das, was wir betrachten? Hier kommt die Wahrnehmung ins Spiel.

Klugheit basiert direkt auf Wahrnehmung. Klugheit ist die Fähigkeit, sich mit vielen Dingen zu befassen. Dinge, die es jetzt gibt, und Dinge, die sich in Zukunft ereignen werden. Klugheit erlaubt uns, die Dinge auf unterschiedliche Arten zu betrachten.

Die beiden Hauptaspekte von Wahrnehmung sind Breite und Wandel. Deshalb lauten die Schlüsselfragen, die Sie stellen müssen:

»Wie umfassend ist meine Sicht?«

»Auf welche anderen möglichen Arten kann ich die Dinge noch betrachten?«

Wandel ist die Fähigkeit, genau die gleiche Sache auf eine andere Art zu betrachten.

Ein Schuhverkäufer schrieb einmal: »Das ist ein schrecklicher Markt – niemand trägt Schuhe.« Der andere Schuhverkäufer schrieb: »Das ist ein großartiger Markt – niemand trägt Schuhe.«

CAF: Berücksichtige alle Faktoren
(Consider All Factors)

Dies ist eines der Denkwerkzeuge aus dem CoRT-Denkprogramm, das ich entwickelt habe. Dieses Programm wird heute weltweit an Schulen eingesetzt. Das CoRT-Programm ist ein verständliches Programm, das aus sechs Kapiteln mit insgesamt sechzig Denkübungen besteht. Es gibt ausführliche Lehrbücher für Lehrer.

Ein kleiner Teil der CoRT-Werkzeuge wird hier im Buch vorgestellt, weil es verwirrend wäre, neue Werkzeuge für den gleichen Zweck zu schaffen. Ich muß jedoch darauf hinweisen, daß das vollständige CoRT-Programm für den Gebrauch an Schulen und Bildungsinstitutionen entworfen wurde. Dieses Buch hier ist für die Eltern zur Anwendung zu Hause bestimmt. Es ist natürlich auch möglich, daß Eltern, die mit diesem Buch arbeiten, dann auch das vollständige CoRT-Programm kennenlernen möchten.

CAF ist ein aufmerksamkeitslenkendes Werkzeug und dient dazu, die Breite der Wahrnehmung zu vergrößern. Welche Faktoren müssen dabei berücksichtigt werden?

CAF wird *caff* ausgesprochen.

»Mach mal ein *caff* dazu.«

»Wenn du ein *caff* gemacht hättest, hättest du diesen wichtigen Punkt nicht übersehen.«

»Sollen wir hier ein *caff* machen?«

Je bewußter Sie dieses Werkzeug einsetzen, desto mehr wird es zum Werkzeug. Wenn Sie sich scheuen, dieses Werkzeug zu erwähnen, wird es als Werkzeug nicht brauchbar,

sondern bleibt eine nur schwach ausgeprägte Verhaltensweise.

Ein Vater sagte zu seiner Tochter, sie könne auf dem Heim-
weg von der Schule früh bei ihm im Büro vorbeikommen, weil
das Geschäft zur Zeit schlecht liefe. Als das Mädchen bei ihm
im Büro ankam (in ihrer Schule wurde CoRT-Denken gelehrt),
schlug sie ihrem Vater vor, ein CAF zu machen, um herauszu-
bekommen, warum die Geschäfte zur Zeit nicht gut liefen.
Dabei kamen einige Ideen heraus, die dem Geschäft neuen
Auftrieb gaben.

Ein Mann sieht sich bei einem Gebrauchtwagenhändler um
und erblickt plötzlich seinen Lieblingssportwagen. Er ist in
gutem Zustand, noch nicht zu viele Kilometer gelaufen, und
der Preis ist erschwinglich. Er ist begeistert. Später kommt
er zurück, um das Auto zu kaufen. Triumphierend fährt er
damit nach Hause. Dort muß er feststellen, daß der Wagen
nicht in seine Garage paßt. Er hatte vergessen, ein CAF zu
machen.

Ein Kleinwüchsiger steigt in einen Aufzug, weil er in den
zwanzigsten Stock fahren will. Er kann aber nur bis zum zehn-
ten Stock fahren, weil er nur an diesen Knopf heranreicht.
Wenn er ein CAF gemacht hätte, hätte er gewartet, bis noch
jemand in den Aufzug gestiegen wäre, der ihm hätte helfen
können.

Die Regierung ließ es zu, daß reiche Ausländer die Immobi-
lienpreise in einer Stadt hochtrieben. Dann stellten sie fest,
daß die Einheimischen nicht mehr in der Stadt arbeiten wollten – sie konnten sich diese Preise nicht leisten. Irgend jemand
hatte kein CAF gemacht.

Bei CAF geht es darum, eine Liste von Faktoren aufzu-
stellen:
Was ist übersehen worden?
Können Sie der bestehenden Liste einen weiteren Faktor hin-
zufügen?
Was muß sonst noch berücksichtigt werden?
Natürlich gibt es einen Unterschied zwischen wichtigen

und weniger wichtigen Faktoren. In der Hauptsache geht es jedoch darum, die Faktoren selbst herauszufinden. Viel zu oft denken wir weit voraus, ohne ein richtiges CAF gemacht zu haben.

Obwohl CAF ein sehr einfaches Werkzeug ist, kann es, richtig eingesetzt, äußerst kraftvoll sein.

Übungen zu CAF

1. Ein Dompteur in einem Zirkus hat einen seiner Löwen bei einem Unfall verloren. Er muß ihn ersetzen. Mache ein CAF für ihn. Welche Faktoren muß er berücksichtigen?

2. Du sollst eine Werbung entwerfen, damit junge Leute mehr Cola trinken. Welche Faktoren mußt du berücksichtigen? Mache ein CAF.

3. Eine Herde wilder Pferde läuft auf einer Weide frei herum. Als dort einige tote Pferde gefunden werden, beschuldigt man die Bauern, sie erschossen zu haben. Die Bauern behaupten, es seien viel zu viele Pferde da, und sie fräßen den Kühen das Gras weg. Mache ein CAF zu dieser Situation.

4. Du gehst zu einem Bewerbungsgespräch. Was mußt du alles bedenken? Mache ein CAF.

5. Deine Eltern überlegen, wohin ihr in Urlaub fahren sollt. Sie haben ein CAF gemacht und listen die folgenden Faktoren auf. Haben Sie irgend etwas vergessen?
- Kosten
- Klima
- Gute Restaurants
- Strandnähe
- Sport- und Freizeitangebot

6. Ein Freund bittet dich, ihm Geld zu leihen. Du machst ein CAF und schreibst die folgenden Faktoren auf. Sind sie ausreichend?
- Die Höhe des Geldbetrags
- Wie lange möchte er das Geld haben?
- Wie gut ist die Freundschaft?

7. Wenn du Kopf und Gesicht des Menschen neu entwerfen

solltest, welche Faktoren würdest du dann berücksichtigen?
Mache ein CAF dazu.
8. Du hast ein großes Geschäft und möchtest neues Personal
einstellen. Welche Faktoren würdest du bei den Bewerbungs-
gesprächen berücksichtigen?

APC: Alternativen, Möglichkeiten, Auswahl (Alternatives, Possibilities, Choices)

Hier handelt es sich um ein weiteres aufmerksamkeitslenkendes Werkzeug. Statt uns im Denken »vorwärts« zu bewegen, halten wir Ausschau nach »parallelen« Möglichkeiten.

Humor basiert oft auf Alternativen. Das einfache Wortspiel basiert auf alternativen Bedeutungen des gleichen Wortes. Ein reicher Mann beklagte sich, er habe einen schrecklichen Geburtstag gehabt, weil er nur einen Golfclub geschenkt bekommen habe – und der habe noch nicht einmal einen Swimmingpool. (Unübersetzbares Wortspiel: Golf-club bedeutet zum einen Golfclub und zum anderen Golfschläger. Anm. d. Übers.)

Ein Werbeslogan lautet: Nichts wirkt schneller als Aspirin. Das soll bedeuten, daß kein Medikament schneller wirkt (gegen Kopfschmerzen) als Aspirin. Es könnte aber auch bedeuten, daß *Nichts* (nämlich nichts einzunehmen) bei Kopfschmerzen schneller wirkt als Aspirin.

Es gibt viele Arten von Alternativen:

Wahrnehmung: Man kann die gleiche Sache auf viele verschiedene Arten sehen.
Handlung: Alternative Handlungsverläufe in ein und derselben Situation.
Lösungen: Alternative Lösungen für ein Problem. Vorgehensweise: Man kann auf unterschiedliche Arten an ein Problem herangehen, um es zu lösen.
Erklärungen: Alternative Erklärungen dazu, wie etwas geschehen ist. Alternative Hypothesen in der Wissenschaft.

Entwurf: Alternative Entwürfe, von denen jeder den Zweck des Entwurfs erfüllt (Maschinen, Gebäude, Pläne usw.).

Manchmal sind wir gezwungen, nach Alternativen zu suchen, weil die traditionelle Methode nicht funktioniert. Manchmal möchten wir nach Alternativen suchen, weil wir vielleicht glauben, eine bessere zu finden, als die, die wir im Augenblick anwenden.

Selbst wenn Ihnen jemand sagt, es gäbe nur zwei mögliche Lösungen für ein Problem, sollten Sie vielleicht eine Weile über weitere Alternativen nachdenken. Vielleicht finden Sie weitere Alternativen, vielleicht auch nicht, das Nachdenken lohnt sich aber auf jeden Fall.

Am schwierigsten ist es vielleicht, mit der Suche nach Alternativen aufzuhören, wenn gar keine Veranlassung dazu besteht. Die Firma Gillette hat den Sicherheitsrasierapparat erfunden, als sie aufhörten, nach einer Alternative für die Rasur zu suchen. Oft nehmen wir an, daß Dinge auf die bestmögliche Art getan werden, obwohl es gar nicht so ist. Oft wird etwas aus historischen Gründen auf eine bestimmte Art gemacht, oder auch einfach, weil niemand versucht hat, einen besseren Weg zu finden.

Wenn Sie sich auf die Suche nach Alternativen begeben, müssen Sie sich über den Zweck der Alternativen bewußt sein:

»Ich suche nach alternativen Möglichkeiten, dieses Loch zu stopfen.«

»Ich suche nach Alternativen, Wasser zu diesem Punkt zu leiten.«

»Ich brauche alternative Vermutungen darüber, wie dieses System versagen könnte.«

»Ich möchte alternative Farben für den Teppich« heißt etwas ganz anderes als: »Ich möchte alternative Arten des Bodenbelags.« Wenn Sie nur sagen: »Ich möchte Alternativen zu einem Teppich«, wird nicht deutlich, ob Sie einen ganz anderen Bodenbelag haben möchten oder Alternativen suchen, die genauso warm sind wie ein Teppich.

Bei APC wird jeder Buchstabe einzeln ausgesprochen: *A, P, C* oder A-P-C. Wie bei CAF gilt auch hier: Je eindeutiger und bewußter das Werkzeug eingesetzt wird, desto wertvoller wird es als Werkzeug.

Übungen zu APC

1. Wenn eine geheimnisvolle Krankheit plötzlich die meisten Menschen taub machen würde, wie würden sie dann miteinander kommunizieren? Mache ein APC, und lege mehr als drei Alternativen vor.

2. In manchen Ländern müssen die Autofahrer Gebühren für die Straßenbenutzung bezahlen. Welche anderen Möglichkeiten gibt es, um Autofahrer für die Straßenbenutzung zahlen zu lassen? Mache ein APC.

3. Du erhältst einen mysteriösen Telefonanruf, in dem du aufgefordert wirst, jemanden, den du nicht kennst, um eine bestimmte Zeit in einem Café zu treffen. Welche möglichen Erklärungen gibt es dafür? Welche Handlungsmöglichkeiten hast du? Mache ein doppeltes APC.

4. In einer Fernsehquizsendung wird ein Objekt als rund, flach und eßbar beschrieben. Es könnte ein Hamburger sein, aber was sonst noch? Mache ein APC, und schreibe so viele Möglichkeiten auf, wie dir einfallen.

5. Man sieht einen Mann mit einer braunen Papiertüte über dem Kopf die Hauptstraße entlanggehen. Warum tut er das? Mache ein APC, und liste zumindest fünf mögliche Erklärungen auf.

6. Du tust dich mit deinen Freunden zusammen, um Geld für wohltätige Zwecke zu sammeln. Ihr habt nur einen Tag Zeit, an dem ihr soviel Geld wie möglich sammeln wollt. Mache ein APC, und schreibe so viele alternative Vorgehensweisen wie möglich auf.

7. Manche Gegenden sind sehr schmutzig, weil die Leute ihren Müll und ihren Abfall überall hinwerfen. Wie würde dein Vorschlag zur Lösung dieses Problems lauten? Mache ein APC, und liste drei Vorgehensweisen auf.

8. Du betreibst eine Versicherungsgesellschaft, und deine Verkäufer haben hart gearbeitet. Du möchtest sie belohnen. Du könntest Ihnen als Bonus mehr Geld geben, aber du möchtest lieber andere Arten der Belohnung finden. Mache ein APC, und schlage alternative Belohnungen vor.

9. Kannst du dir eine alternative Form für einen Fernsehbildschirm vorstellen? Wenn du es kannst, verwende das Gelbe-Hut-Denken, um den Nutzen deiner neuen Form zu zeigen.

Werte

In der Mathematik und bei logischen Rätseln reicht es aus, die richtige Antwort zu finden. Im wirklichen Leben ist das anders, weil Werte eine Rolle spielen. Werte sind Teil des Denkens. Werte haben für gewöhnlich etwas mit anderen Menschen zu tun. Die logisch korrekte Lösung eines Problems kann inakzeptabel sein, weil sie gegen die Werte anderer Menschen (die durchaus unlogisch sein können) verstößt.

Wenn wir in der wirklichen Welt denken, müssen wir uns der Werte in unserem Denken bewußt sein.

Eine breite neue Straße, die in die Stadt führt, wird gebaut. Wir wollen uns die Menschen und Werte, die betroffen sind, ansehen:

- Die Bauern, deren Land der neuen Straße zum Opfer fällt, sind nicht glücklich.
- Nachbarn, die von der neuen Straße getrennt werden, sind nicht glücklich.
- Diejenigen, die auf einmal an der Straße wohnen, sind aufgebracht wegen des Lärms, der Umweltverschmutzung und der Gefahr für ihre Kinder.
- Diejenigen, die außerhalb der Stadt wohnen, freuen sich darüber, daß sie schneller in die Stadt fahren können.
- Manche Menschen, die jetzt in der Stadt wohnen, freuen sich darüber, daß sie schneller aufs Land fahren können, wo die Häuser billiger sind und die Lebensqualität höher ist.
- Die Leute aus der Stadt können öfter aufs Land fahren.

- In der Stadt wird der Verkehr dichter, weil jetzt mehr Leute mit dem Auto in die Stadt fahren.
- Es gibt mehr Umweltverschmutzung durch Autoabgase.
- Es wird mehr Energie verbraucht, und es muß mehr Öl importiert werden.
- Autohändler können größere und schnellere Autos verkaufen.
- Manche Leute auf dem Land können jetzt ihre Häuser zu einem höheren Preis als vorher verkaufen.
- Dorfschulen bleiben erhalten, weil es mehr Schüler gibt.

Nicht alle Situationen sind so komplex wie diese, aber alle Situationen involvieren unterschiedliche Werte für unterschiedliche Menschen. Unsere Welt ist ziemlich bevölkert. Was für den einen gut ist, kann für den anderen schlecht sein. Ein neuer Flughafen ist gut für die, die fliegen müssen, aber schlecht für die, die in der Nähe wohnen und den Lärm ertragen müssen. Medikamente und Kosmetika werden an Tieren getestet, um die Verträglichkeit für den Menschen zu erproben. Das ist gut für die Menschen, aber schlecht für die Tiere.

Wenn man von Hunger betroffene Länder mit Lebensmitteln unterstützt, ist das gut für die Menschen, aber schlecht für die einheimischen Bauern, die ihre Produkte dann nicht gut verkaufen können. Auf lange Sicht ist der Niedergang der Landwirtschaft schlecht für alle Menschen.

Beim Denken gibt es zwei Schlüsselfragen, die zur festen Gewohnheit werden sollten. Diese Fragen sollten immer, wenn wir über etwas nachdenken, routinemäßig gestellt werden:

1. Welche Werte sind involviert?
2. Wer ist von den Werten betroffen?

Sowohl Gelbes-Hut- als auch Schwarzes-Hut-Denken befassen sich mit Werten. Beim Gelben-Hut-Denken suchen wir nach dem Nutzen. Beim Schwarzen-Hut-Denken befassen wir uns mit den Gefahren und Problemen.

Wenn wir Werte betrachten, müssen wir uns auch mit den Menschen befassen, die betroffen sind. Die spezifischen OPV-Werkzeuge werden auf den nächsten Seiten erklärt.

Wenn wir Werte betrachten, müssen wir auf die Konsequenzen jeder Handlung achten. Das spezifische C&S-Werkzeug wird auf den nächsten Seiten erklärt.

Wenn wir Werte betrachten, brauchen wir eine schnelle Methode, um Plus, Minus und interessante Aspekte zu bestimmen. Das spezifische PMI-Werkzeug wird auf den nächsten Seiten erklärt.

Übungen zu Werten

1. Du siehst gerne fern. Deine Eltern sind der Ansicht, daß du zu häufig fernsiehst. Welche Werte sind involviert?

2. Eine Anwältin weiß, daß ihr Klient den Einbruch begangen hat. Soll sie ihn vor Gericht verteidigen? Welche Werte sind involviert?

3. In Comics sowie im wirklichen Leben mögen Hunde keine Katzen, und Mäuse mögen Katzen auch nicht. Manche Menschen aber mögen Katzen. Welche Werte sind hier involviert?

4. In manchen Ländern nähen Frauen für sehr niedrige Löhne Kleidung in Heimarbeit. Was hältst du von den folgenden Werten?

- Zumindest haben die Frauen ein Einkommen.
- Die Kinder haben etwas zu essen.
- Die Löhne sind zu niedrig, die Frauen werden ausgebeutet.
- Der Unternehmer will durch den Verkauf der Kleidung Profit machen.
- Die Geschäfte in unserem Land wollen die Kleidung verkaufen.
- Du magst billige Kleidung und möchtest sie kaufen.

5. Die Straßenkriminalität (Überfälle usw.) ist angestiegen. Welche Menschen sind darin verwickelt oder davon betroffen? Was sind die Werte?

6. Die Menschen mögen Klatsch, auch wenn die Geschichten nicht immer wahr sind. Wer hat mit Klatsch zu tun, und was sind die Werte?

7. Jemand, den du kennst, langweilt sich in der Schule und arbeitet statt dessen in einem Café, um Geld zu verdienen. Welche Menschen sind involviert, und was sind die Werte?

8. In Japan gibt es weniger als 2000 Morde pro Jahr. Die USA haben doppelt soviel Einwohner wie Japan, und dort gibt es pro Jahr etwa 28 000 Morde. Welche Werte sind involviert?

9. Dein Vater mag deinen neuen Freund nicht. Du streitest dich mit deinem Vater. Welche Werte sind involviert?

OPV: Der Standpunkt anderer Menschen
(Other People's Views)

Dies ist ein weiteres aufmerksamkeitslenkendes Werkzeug, das die Wahrnehmung erweitern soll. Es wird *O, P, V* oder O-P-V ausgesprochen.

»Davon sind eine Menge Menschen betroffen, wir wollen ein OPV machen.«

»Du wärst nicht in dieser Lage, wenn du ein OPV gemacht hättest.«

Stellen Sie sich einen Boxkampf für die Weltmeisterschaft im Schwergewicht vor. Einer der Boxer landet einen Aufwärtshaken. Sein Gegner geht k. o. Es gibt einen neuen Weltmeister.

Beim Denken, auf das eine Handlung folgt, gibt es für gewöhnlich einen, der etwas tut, und einen anderen (oder viele andere), der von der Handlung betroffen ist – wie bei einem Boxkampf. Bei diesem Boxkampf jedoch waren viele andere Menschen betroffen, nicht nur die Kämpfer. Es gab Zuschauer, die Medien (Fernsehen und Zeitungen), diejenigen, die Wetten abgeschlossen hatten, den nächsten Herausforderer, die Manager und Sponsoren usw. Genauso kann auch eine Handlung, abgesehen von den Menschen, die sie direkt angeht, viele andere Menschen betreffen. Wenn man über die Handlung nachdenkt, muß man diese Menschen also auch berücksichtigen. Das OPV ist deshalb ein wichtiges Denkwerkzeug.

Die Welt ist voller Menschen. Menschen denken. Denken betrifft Menschen.

Die beiden Schlüsselfragen lauten:

1. Wer ist von diesem Denken (dieser Handlung) betroffen?
2. Wie sind die Standpunkte (das Denken) der Betroffenen?

OPV und Werte sind eng miteinander verbunden, weil die Standpunkte der Betroffenen von den involvierten Werten bestimmt werden. Wenn wir also ein OPV machen, müssen wir uns die involvierten Werte sehr genau ansehen.

Können Menschen ihre eigenen Werte berücksichtigen? Vielleicht wissen sie gar nichts davon. Die Langzeitkonsequenzen eines Staudammbaus an einem bestimmten Ort sind vielleicht äußerst komplex. Aus Unwissenheit können Menschen über- oder unterreagieren. Auch zukünftige Generationen sollten beim OPV berücksichtigt werden. Sie sind nicht anwesend, um selbst zu denken, also sollte ein Teil des OPVs ihnen gewidmet sein.

Es gibt ein Langzeit- und ein Kurzzeitdenken. Auf kurze Sicht ist eine Anhebung der Lebensmittelpreise vielleicht eine unpopuläre Maßnahme, auf lange Sicht jedoch kann sie dazu gut sein, daß die Bauern motiviert werden, mehr zu produzieren, ein Nutzen für alle also.

Denken Sie daran, daß OPV sich immer mit dem befaßt, was andere Menschen genau in diesem Augenblick tatsächlich denken – nicht mit dem, was sie denken sollten. Bei einem OPV geht es auch um die spezifischen Standpunkte anderer Menschen. Um fühlen und denken zu können wie sie, müssen Sie sich in diese anderen Menschen hineinversetzen. Bei OPV geht es nicht nur um alternative Standpunkte zu einem Thema. Es geht um Standpunkte, die spezifische Menschen einnehmen.

Der erste Schritt bei einem OPV ist immer, die betroffenen Personen aufzulisten. Der zweite Schritt ist, sich die Standpunkte und das Denken jeder dieser Personen (oder Gruppen) vorzustellen. In manchen Fällen könnte die Liste der Personen ins Unendliche ausgedehnt werden. Wie immer müssen Sie vernünftig an die Sache herangehen – es besteht kein Anlaß, auch die Personen aufzuführen, die nur geringfügig betroffen sind.

Zwei Seiten in einem Streit

Ein Nutzen des OPV besteht darin, das Denken von beiden Parteien bei einem Streit oder Konflikt betrachten zu können. Wenn Sie sich auf einer Seite des Konflikts befinden, bemühen Sie sich, die Dinge von der anderen Seite aus zu sehen.

Der Versuch, den anderen Standpunkt oder die andere Wahrnehmung der Situation zu sehen, muß objektiv sein. Wie sehen die anderen die Dinge?

Übungen zu OPV

1. Ein wunderschöner Baum im Nachbargarten wird immer größer und nimmt dir schließlich in deinem Wohnzimmer die Sonne. Mache ein OPV über die betroffenen Personen. Eines Tages gibt es einen schweren Sturm und der Baum stürzt um, wobei er dein Haus beschädigt.

2. Ein Mädchen gibt seiner Freundin Geld, um Lotterielose zu kaufen. Die Freundin kauft zwei Lose. Auf eins der Lose fällt ein großer Gewinn. Welchem Mädchen gehört das Gewinnlos? Mache ein OPV darüber.

3. Ein Junge arbeitet gerne bei lauter Musik. Er will keine Kopfhörer benutzen. Seine Eltern und seine Schwester dagegen arbeiten gerne in einer ruhigen Umgebung. Mache ein OPV.

4. Es wird ein ständiges Fahrverbot für alle Autos und Lastwagen in der Stadtmitte vorgeschlagen. Schreibe alle Personen auf, die von diesem Fahrverbot betroffen sind (erster Teil eines OPV).

5. Während du krank im Bett liegst, spannt dir dein bester Freund die Freundin aus. Mache ein OPV.

6. Deine fünfundsiebzigjährige Großmutter möchte bei euch wohnen. Mache ein OPV für deinen Vater, deine Mutter und andere Mitglieder deiner Familie (die Großmutter ist die Mutter deiner Mutter).

7. Ein Mädchen, das seinen Willen durchsetzen will, tritt in Hungerstreik und lehnt jede Nahrung ab. Mache ein OPV.

148

8. Die Steuern werden erhöht, um das Bildungssystem zu verbessern. Liste alle betroffenen Personen auf, und mache ein OPV über ihre Standpunkte.

9. Die Arbeiter in einer Fabrik wollen höhere Löhne, weil die Lebenshaltungskosten gestiegen sind. Die Geschäftsleitung sagt jedoch, daß sie die Löhne nicht anheben kann, weil die ausländischen Wettbewerber die Preise für die gleichen Produkte senken. Mache ein OPV über diese entgegengesetzten Standpunkte.

C&S: Konsequenz und Wirkung
(Consequence and Sequel)

Machen Sie sich keine Gedanken über den Teil *Wirkung,* behandeln Sie dieses Wahrnehmungswerkzeug als *Konsequenzen.* Das Werkzeug wird *C und S* ausgesprochen.

Sie könnten recht haben, wenn Sie dieses Werkzeug als wichtigstes aller Werkzeuge im wirklichen Leben bezeichnen. Wenn Ihr Denken in irgendeine Handlung mündet (Entscheidungen, Wahl, Pläne, Initiativen usw.), dann findet diese Handlung in der Zukunft statt. Deshalb müssen Sie die Konsequenzen dieser Handlung bedenken:

- Wird sie funktionieren?
- Was für einen Nutzen hat sie?
- Welche Probleme und Gefahren (Risiken) gibt es?
- Was kostet sie?
- C&S ist sowohl Forschung (in die Zukunft) als auch Bewertung. Es ist so, als wenn man eine Straßenkarte liest. Wenn Sie sehen, daß die Straße, die vor Ihnen liegt, schlecht ist, nehmen Sie eine andere.

Selbst wenn man C&S nur um seiner selbst willen anwenden würde, dies aber effektiv täte, hätte dies eine starke Wirkung auf die Denkfähigkeiten.

Junge Menschen haben häufig Probleme mit C&S, weil sie für gewöhnlich nicht über die Zukunft nachdenken. Die Zukunft ist unbestimmt und so weit weg. »Nächste Woche« ist die Maximalvorstellung von der Zukunft. Außerdem kümmert sich jemand um sie und erledigt das Nachdenken über die Zukunft für sie.

Es gibt eine Beziehung zwischen C&S, CAF und OVP. Was in der Zukunft geschieht, kann als Faktor angesehen werden. Was in der Zukunft geschieht, betrifft andere Menschen. Und bei dem, was in der Zukunft geschieht, geht es auch um Werte. Der schwarze und der gelbe Hut können ebenfalls eingesetzt werden, um über zukünftige Konsequenzen nachzudenken.

Wenn Sie ein C&S machen, sollten Sie auch an *Position* denken. Was Sie tun, kann Sie in eine bessere *Position* versetzen, um etwas anderes zu tun. Sie arbeiten zum Beispiel für ein schlechtes Gehalt bei einem Fernsehsender. Aber Sie arbeiten in der Branche und sind dadurch in einer besseren Position, um später einmal Fernsehjournalist zu werden.

Zeitskala

Sofort: Die sofortige Konsequenz der Handlung
Kurzfristig: Was geschieht nach der sofortigen Konsequenz?
Mittelfristig: Was geschieht, wenn sich die Dinge eingespielt haben?
Langfristig: Was geschieht sehr viel später?

Die aktuelle Zeitplanung ist je nach Situation verschieden. Bei einem neuen Elektrizitätswerk zum Beispiel bedeutet sofort fünf Jahre, kurzfristig zehn Jahre, mittelfristig zwanzig Jahre und langfristig bis zu fünfzig Jahre. Bei einem Streit mit Ihrem Freund bedeutet sofort jetzt, kurzfristig ein Tag, mittelfristig eine Woche und langfristig ein Monat.

Bestimmen Sie für jede Situation die spezifische Zeitskala, bevor Sie mit dem C&S beginnen.

Risiko

Wird es so funktionieren, wie ich es hoffe?
Was könnte schiefgehen?
Was sind die aktuellen Gefahren?

Eine andere Methode, über das Risiko nachzudenken, ist, sich zu fragen: Was ist das Schlimmste, das schiefgehen kann? Wenn Sie sich das Schlimmste vorstellen können und sich ihm trotzdem stellen, können Sie mit Ihrer Handlung fortfahren.

Sie könnten auch fragen: Was ist das ideale (beste) Ergebnis? Oder Sie könnten fragen: Was ist das wahrscheinlichste Ergebnis?

Gewißheit

Sie können über die Zukunft keine Gewißheit haben. Sie können nie vollständige Informationen über die Zukunft haben. Das ist einer der Gründe, warum es so wichtig ist, darüber nachzudenken. Wenn wir uns die Zukunft mit C&S ansehen, gibt es verschiedene Grade von Gewißheit oder Ungewißheit:

- Ich bin sicher, daß alles so ausgehen wird.
- Das ist das wahrscheinlichste Ergebnis.
- Es könnte so sein oder so.
- Das ist eine Möglichkeit – aber ich kann mir dessen nicht sicher sein.
- Ich habe keine Vorstellung davon, was passieren wird.
- Wir müssen oft auf einem niedrigen Gewißheitsniveau handeln. Wir können nicht immer so lange warten, bis wir die volle Gewißheit haben (die sich vielleicht nie einstellen wird). Wichtig ist nur, sich über den Grad an Gewißheit im klaren zu sein. Wenn Sie wirklich einmal raten müssen – dann sollten Sie wissen, daß Sie raten.

Übungen zu C&S

1. Was würde geschehen, wenn es eine Methode gäbe, Hunden das Sprechen beizubringen? Mache ein C&S dazu: Denke über sofortige und langfristige Konsequenzen nach.
2. Infolge der zunehmenden Automatisierung brauchen die

Menschen in Zukunft vielleicht nur noch drei Stunden am Tag zu arbeiten. Was würde deiner Meinung nach dann geschehen? Mache ein langfristiges C&S dazu.

3. Angenommen, Untersuchungen würden nachweisen, daß stundenlanges Fernsehen schlecht fürs Gehirn ist. Mache ein C&S (sofort und kurzfristig) dazu.

4. Ein neues Gesetz wird erlassen, nach dem Kinder über zehn Jahre zehn Stunden in der Woche arbeiten müssen. Mache ein vollständiges C&S dazu.

5. Dein bester Freund, mit dem du alles gemeinsam unternimmst, wird in einen schweren Autounfall verwickelt und muß ein halbes Jahr im Krankenhaus liegen. Mache ein vollständiges C&S darüber, wie dein Leben davon betroffen ist.

6. Neueste Untersuchungsergebnisse zeigen, daß sich der Treibhauseffekt (die Erwärmung der Erdatmosphäre) sehr viel früher als erwartet ernstlich auswirkt. Welche Wirkungen hat deiner Meinung nach diese Nachricht auf das Denken der Politiker? Mache ein C&S hinsichtlich der Politiker.

7. Ein neues Medikament wird entdeckt, das den Menschen erlaubt, hundert Jahre alt zu werden. Dieses Medikament ist extrem teuer. Mache ein vollständiges C&S.

8. Es gibt wieder eine Ölkrise, und der Benzinpreis wird verdreifacht. Mache ein sofortiges und kurzfristiges C&S dazu.

9. Eine geheimnisvolle und sehr schlimme Krankheit wird durch Küssen verursacht. In der Stadt, in der du lebst, gibt es auf einmal zahlreiche Krankheitsfälle. Mache ein sofortiges und kurzfristiges C&S.

PMI: Plus, Minus und Interessant
(Plus, Minus and Interesting)

Viele hochintelligente Menschen nutzen ihr Denken, um ihre sofortige Beurteilung einer Sache zu verteidigen. PMI ist ein (aufmerksamkeitslenkendes) Werkzeug zur Wahrnehmungserweiterung, das den Denker zwingt, die Situation zu erforschen, bevor er zu einer Beurteilung kommt.

Ein Forscher kehrt mit einer sehr unvollständigen Beschreibung einer neuen Insel von einer Expedition zurück. Ihm wird gesagt, er solle zurückfahren und beschreiben, was man im Norden, Süden, Osten, Westen und in der Mitte der Insel findet. Der Forscher folgt diesem einfachen aufmerksamkeitslenkenden Grundgerüst.

PMI ist ein ähnlich aufmerksamkeitslenkendes Gerüst. Sehen Sie sich die Pluspunkte an. Sehen Sie sich die Minuspunkte an. Sehen Sie sich die interessanten Punkte an. Erst wenn Sie alles durchgeprüft haben, kommen Sie zu einer Beurteilung oder Entscheidung.

In der Praxis ist PMI sehr beliebt bei jungen Leuten, weil es so einfach und effektiv ist. Selbst wenn man PMI nur alleine und ohne irgendwelche anderen Werkzeuge anwendet, wird das Denken in alltäglichen Situationen sehr viel effektiver. Junge Leute können ihre Eltern bitten, zu Angelegenheiten, die Entscheidungen oder schnelle Reaktionen erfordern, ein PMI zu machen:

»Ich weiß, daß du das nicht magst, aber laß uns ein PMI machen.«

»Das scheint die richtige Wahl zu sein, aber laß uns noch ein PMI machen.«

»Wir haben zwei Möglichkeiten. Laß uns zu jeder ein PMI machen.«

PMI wird *P, M, I* oder P-M-I ausgesprochen.

PMI ist ein erforschendes und auch ein bewertendes Werkzeug.

Wir wollen feststellen, was wir sehen können, wenn wir in alle Richtungen schauen.

Auf den ersten Blick scheint PMI eine Miniversion der sechs Denkhüte zu sein. Es ähnelt dem gelben Hut, dem schwarzen Hut und dem grünen Hut (Interessant). Es geht um gute (plus), um schlechte (minus) und um interessante Punkte. Der schwarze Hut befaßt sich nicht direkt mit Minuspunkten, sondern mit der Beurteilung dessen, wie etwas mit Fakten oder der Erfahrung zusammenpaßt. Auch müssen der schwarze und der gelbe Hut logisch sein, während PMI das nicht ist – es kann sogar Emotionen beinhalten.

PMI ist eine sehr einfache, umfassende und erforschende Prüfung.

Interessant

»Interessant zu sehen, was passieren würde.«
»Interessant zu sehen, wohin es führen würde.«
»Was würde passieren, wenn . . .«

Sie können Sätze wie diese verwenden, um die interessanten Punkte zu sammeln. Interessante Punkte sind weder gut noch schlecht, sondern einfach nur von Interesse. Interessante Punkte können Beobachtungen und Kommentare sein, und auch neutrale Punkte (weder gut noch schlecht) fallen darunter.

Durchprüfen

PMI ist ein Prüfwerkzeug. Hier geht es nicht darum, über die Punkte nachzudenken und dann jeden Punkt in eine Kategorie

unter P, M oder I einzuordnen. Es geht darum, zuerst besonders in die Plus-Richtung zu blicken und zu notieren, was man
sieht (ignorieren Sie alle anderen Punkte); dann konzentriert
man sich ausschließlich auf die Minus-Richtung und notiert,
was man dort sieht; und schließlich blickt man speziell in die
interessante Richtung.

Halten Sie immer diese Reihenfolge ein (zuerst die Pluspunkte, dann die Minuspunkte und schließlich die interessanten Punkte).

Übungen zu PMI

1. In vielen Ländern gibt es eine wachsende Zahl von alten
Menschen. Es wird vorgeschlagen, daß eine politische Partei
gegründet werden soll, die nur die über Sechzigjährigen vertritt. Mache ein PMI zu diesem Vorschlag.

2. Einige Unternehmen haben ein System eingeführt, bei dem
jeder Angestellte morgens einen Knopf drücken kann,
der seinen Namen auf dem Türschild mit einem grünen oder
roten Licht unterlegt. Das rote Licht bedeutet, daß er beschäf-
tigt ist und nicht gestört werden möchte, das grüne Licht
signalisiert, daß er voller Energie und zu allem bereit ist.
Mache ein PMI zu dieser Idee. Mache ein weiteres PMI, indem
du diese Idee auf die Familie anwendest – jedes Familienmit-
glied kann sich jeden Tag zwischen den beiden Lichtern entscheiden.

3. Einige Städte haben versucht, kostenlose weiße Fahrräder
für jedermann einzuführen. Man nimmt sich ein Fahrrad, fährt
damit und läßt es, wenn man es nicht mehr braucht, für
jemand anderen stehen. Mache ein PMI zu dieser Idee.

4. Angenommen, Telepathie würde funktionieren und du
könntest genau sagen, was andere Leute über dich denken. Ist
das eine gute Idee? Mache ein PMI dazu.

5. Sollten Schüler jedes Jahr ihre Lehrer wählen und sie beno-
ten können? Mache ein PMI zu dieser Idee.

6. Manche Fabriken testen eine Viertagewoche, in der die
Leute vier Tage lang zehn Stunden am Tag arbeiten und dann

156

drei Tage frei haben. Mache ein PMI dazu. Entscheide, ob du das für eine gute Idee hältst.

7. Eine Mutter ist der Ansicht, daß ihre Kinder zuviel fernsehen. Sie installiert einen Münzeinwurf am Fernseher, in den jeder, der fernsehen möchte, stündlich Geld einwerfen muß. Mache ein PMI zu dieser Idee.

8. Was hältst du von der Idee, daß die Kinder einmal im Jahr eine ganze Woche lang den gesamten Haushalt führen – einschließlich einkaufen, kochen, saubermachen usw.? Mache ein PMI.

Fokus und Zweck

Meistens wandern unsere Gedanken beim Denken von Punkt zu Punkt. Der Denker überläßt es jedem Punkt, den nächsten vorzuschlagen. In einem Gespräch bedingt das, was einer sagt, die Gedanken und Äußerungen der anderen. Es gibt einen vagen und allgemeinen Begriff von Thema und Zweck des Denkens – er steht jedoch sehr im Hintergrund. Dies ist einer der Hauptgründe für die Unwirtschaftlichkeit und Unwirksamkeit des Denkens.

Nachdem wir uns ein paar Denkwerkzeuge und Denkgewohnheiten angesehen haben, ist es nun an der Zeit, daß wir uns mit *Fokus und Zweck* befassen. Hier handelt es sich um eine weitere Denkgewohnheit, bei der es darum geht, daß wir versuchen sollten, uns in all unserem Denken routinemäßig über Fokus und Zweck im klaren zu sein. Eine Gewohnheit ist etwas, das Teil unseres gesamten Denkens sein sollte. Ein Werkzeug hingegen ist etwas, dessen Verwendung wir zu bestimmten Gelegenheiten wählen. Im Zusammenhang sind Werkzeuge wie AGO und FIP zu nennen, die ich später noch genauer erläutern werde.

In einem Möbelgeschäft befasse ich mich damit, einen neuen Eßtisch zu kaufen. Ich konzentriere mich auf den Tisch. Aber gerade jetzt sehe ich mir die Tischbeine an – sind sie kräftig genug? Dann untersuche ich die Oberfläche des Tisches – ist sie anfällig gegen Flecken oder Hitze? Ein Kratzer auf der Platte erregt meine Aufmerksamkeit. Mein umfassendes Ziel ist es, zu überlegen, ob ich mir einen Tisch kaufe. Aber mein Denken kann sich zu jeder Zeit auf einen kleineren

Punkt in diesem umfassenden Ziel konzentrieren. Und mein Denken konzentriert sich nicht nur auf einen kleineren Punkt, sondern das Nachdenken über diesen kleineren Punkt hat seinen eigenen definierten Zweck (ist dieser Kratzer von Bedeutung?).

Es reicht nicht aus, das Ziel des Denkens allgemein zu erfassen. Wir müssen zu jeder Zeit den Fokus kennen und wissen, was wir tun möchten. Das erfordert ein gewisses Maß an Disziplin und ein gewisses Maß an Blauem-Hut-Denken. Wir brauchen Distanz von unserem Denken, um erkennen zu können, was vor sich geht.

Alle Denkgewohnheiten bedingen ein paar Schlüsselfragen, die wir uns selbst immer stellen sollten. Für Fokus und Zweck lauten sie:

»Wonach suche ich (worüber denke ich nach) gerade jetzt?«

»Was versuche ich zu tun?«

Sie können sich solche Fragen von Zeit zu Zeit in Ihrem Denken stellen und können sie auch bei einer Sitzung aufbringen, die an einem toten Punkt angekommen ist.

Den Fokus bestimmen

So wie wir uns über Fokus und Zweck im klaren sein sollten, sollten wir auch in der Lage sein, Fokus und Zweck zu bestimmen. Auf was möchten Sie sich konzentrieren?

Sie sollten jederzeit und damit auch beim Erstellen einer Denkagenda (blauer Hut) in der Lage sein, unterschiedliche Fokusbereiche herauszugreifen und zu definieren – und das, was Sie mit jedem Fokusbereich tun möchten.

Art des Denkens

Wir können fünf breit angelegte Arten des Denkens betrachten:

Erforschen: Wir sehen uns um, sammeln Wissen und sind uns des Themas bewußt. Wir möchten es besser ordnen.

Suchen: Hier haben wir ein klares Bedürfnis. Wir möchten etwas. Wir möchten ein spezifisches Ergebnis erzielen. Vielleicht brauchen wir eine Lösung für ein Problem. Vielleicht brauchen wir einen Entwurf oder eine neue kreative Idee. Vielleicht müssen wir einen Konflikt lösen. Das ist etwas ganz anderes als Erforschung. In diesem Kontext bedeutet das Wort *suchen* auch *konstruieren.* Die Lösung liegt nicht im verborgenen, und wir müssen sie nur finden. Wir müssen die Lösung konstruieren, so wie wir einen Entwurf machen müssen. Deshalb sprechen wir hier davon, daß wir *suchen, um das gewünschte Ergebnis zu erzielen.*

Wählen: Es gibt zahlreiche Alternativen, aus der wir eine Wahl oder eine Entscheidung treffen müssen. Möglicherweise gibt es nur einen Handlungsverlauf, und unsere Wahl besteht darin, zu entscheiden, ob wir ihm folgen oder nicht. Meistens wird Denken in einem gewissen Ausmaß von Auswahl berührt. Beim Entwurf oder bei der Problemlösung erreichen wir zum Beispiel einen Punkt, an dem es mehrere mögliche Alternativen gibt, zwischen denen wir dann wählen müssen.

Organisieren: Hier sind wie bei einem Puzzle alle Teile vorhanden. Wir müssen sie lediglich auf die effektivste Art zusammensetzen. Wir bewegen die Dinge hin und her. Wir probieren unterschiedliche Methoden und verschiedene Denkwerkzeuge aus (APC, OPV, C&S usw.). Ein Haus zu entwerfen ist Teil des kreativen, des *suchenden* Denkens. Um das Haus zu bauen, braucht man organisierendes Denken. Einen Plan zu entwerfen und auszuführen, kann beides zum organisierenden Denken gehören.

Überprüfen: Ist das korrekt? Ist das richtig? Paßt es ins Bild? Ist es sicher? Ist es akzeptabel? Das ist Schwarzes-Hut-Denken oder kritisches Denken. Wir reagieren auf das, was vor uns liegt. Wir beurteilen es. Wir überprüfen es. Natürlich hat ein bestimmtes Maß an Überprüfung mit allem Denken zu tun

(Versuche zur Problemlösung, Entwürfe, Wahlen, Organisation usw.), aber diese Art von Denken existiert auch für sich allein.

Für Fokus und Zweck kann es nützlich sein, sich die Art des Denkens, derer man sich bedient, bewußt zu machen.

Übungen zu Fokus und Zweck

1. Ein Designer entwirft eine neue Tasse. Auf welche fünf Aspekte einer Tasse mag er sich konzentrieren? Er kann sich zum Beispiel auf den Henkel konzentrieren.

2. In einer Diskussion über den Weinbau in Kalifornien konzentriert sich das Denken anscheinend auf den Abstand zwischen den einzelnen Weinreben. Was ist deiner Meinung nach der Zweck dieses Fokus?

3. Du willst ein Essen für drei deiner Freunde kochen. Liste fünf Dinge auf, auf die du dich konzentrieren solltest. Du kannst dich zum Beispiel darauf konzentrieren, wo das Essen stattfinden soll.

4. Du hast in einem Geschäft einen Kassettenrecorder gekauft. Die Qualität ist nicht so gut wie erwartet. Du möchtest den Recorder zurückgeben. Wie sollte dein Fokus aussehen?

5. Du gibst zu Hause eine Party für zwanzig deiner Freunde. Es erscheinen jedoch weitere zwanzig nicht eingeladene Gäste. Du kennst diese Leute, es sind aber keine Freunde von dir. Auf was solltest du dich konzentrieren, und was ist der Zweck deines Nachdenkens über jeden Fokus?

6. Ein Geschäftsmann richtet eine Eisdiele in deiner Gegend ein. Er konzentriert sich auf die folgenden Punkte:

Qualität des Produkts

Bekannter Markenname

Werbung und Öffentlichkeitsarbeit

Gutes Personal zu bekommen

Auf was sollte er sich noch konzentrieren?

7. Eine Freundin von dir hat ihren Hund, den sie sehr liebt, verloren. Du gehst zu ihr, um ihr zu helfen. Auf welche drei wichtigsten Dinge solltet ihr euch konzentrieren?

8. Nach einem schlimmen Autounfall, an dem auch ein Bus beteiligt ist, müssen viele ernsthaft verletzte Leute in ein nahegelegenes Krankenhaus gebracht werden. Auf was sollte sich der Krankenhausdirektor konzentrieren?

AGO: Richtung, Absicht und Ziel
(Aims, Goals and Objectives)

Sprechen Sie dieses Werkzeug *A, G, O* oder A-G-O aus. Dies ist ein weiteres der CoRT-wahrnehmungserweiternden, aufmerksamkeitslenkenden Werkzeuge.

AGO steht im Zusammenhang mit der Denkgewohnheit, zu jeder Zeit Fokus und Zweck des Denkens wissen zu wollen. AGO befaßt sich jedoch mehr mit dem umfassenden Zweck oder Ziel des Denkens als mit dem Fokus von Augenblick zu Augenblick:

»Sie haben diese Sitzung einberufen. Ich möchte das genaue Ziel unseres Denkens hier wissen. Ich bitte Sie, ein AGO zu machen.«

»Wir reden schon seit über einer Stunde, aber ich weiß immer noch nicht, was wir erreichen wollen. Können wir bitte ein AGO machen?«

»Es ist ganz klar, daß sich Ihr AGO deutlich von meinem unterscheidet. Vielleicht sollten wir das klären, bevor wir weitergehen.«

»Als er das Geld genommen hat, hat er meiner Meinung nach rein impulsiv gehandelt. Ich bin sicher, er hätte es nicht genommen, wenn er ein AGO gemacht hätte.«

Versuchen Sie nicht, zwischen Richtung, Absicht und Ziel zu unterscheiden. Man kann zwar eine solche Unterscheidung machen, aber sie ist nicht besonders hilfreich und trägt eher zur Verwirrung bei.

Was ist das Ziel unseres Denkens? Was wollen wir erreichen?

Wenn Sie eine klare Vorstellung vom idealen Ergebnis Ihrer Denkanstrengung haben, haben Sie ein klares AGO:

»Ich möchte eine Lösung für das Problem finden, daß junge Menschen Drogen nehmen.«

»Ich möchte einen Weg finden, um Drogendealer von der Schule fernzuhalten.«

»Ich möchte einen Weg finden, junge Leute davon zu überzeugen, daß Drogen gefährlich sind.«

Das sind alles klar definierte Ziele. Sie liegen alle im gleichen Bereich. Ein großes Problem kann in verschiedene getrennte Probleme, von denen jedes als Einzelproblem behandelt wird, aufgeteilt werden.

Alternative Definitionen des Ziels

Ein AGO ist oft Thema von Diskussionen. Jemand macht ein AGO, doch die anderen sind vielleicht mit der vorgeschlagenen Definition des Ziels nicht zufrieden.

Es lohnt sich immer zu versuchen, alternative Definitionen zu finden. Es gibt nicht nur einen richtigen Weg, ein Problem zu definieren (das ist erst möglich, wenn Sie es gelöst haben), aber manche Wege sind hilfreicher als andere.

Subziele

Auf dem Weg zu einer fernen Stadt können andere Städte liegen, durch die wir fahren. Und so können wir auch Subziele auf dem Weg zur Gesamtlösung des Problems einrichten. Dazu gehört sowohl, das große Problem in kleine aufzulösen, als auch, einzelne Fokusbereiche herauszufinden. Dabei ist es nicht wichtig, zwischen diesen Definitionen zu unterscheiden. Wichtig ist allein, das Ziel des Denkens zu kennen:

– Was ist das Ziel unseres Denkens?
– Was ist in diesem Augenblick der Fokus?

Übungen zu AGO

1. An einer belebten Kreuzung sind drei Autos zusammengestoßen. Niemand ist ernsthaft verletzt. Was wäre dein AGO, wenn du der Polizist wärst, der den Unfall aufnimmt?

2. Es sind zu viele Flugzeuge in der Luft. Flughäfen und Flugkontrolle sind überlastet. Es gibt zahlreiche Verspätungen und die Gefahr von Kollisionen. Du gehörst zu einem Team, das über diese Probleme nachdenken soll. Wie sollte das AGO dieses Teams aussehen? Versuche, das Gesamtproblem in drei kleinere Probleme aufzulösen.

3. Du findest, daß die Kleidung, die deine Freundin trägt, ihr überhaupt nicht steht. Mache ein AGO dazu.

4. Einer aus deiner Klasse verbreitet Lügen über dich. Du weißt, wer es ist. Wie sieht dein echtes AGO hier aus?

5. Warum gehen junge Menschen zur Schule? Mache ein AGO für Eltern, eins für Lehrer und eins für die Gesellschaft im allgemeinen. Mache ein AGO für junge Leute. Was ist dein persönliches AGO zum In-die-Schule-Gehen?

6. Es wird behauptet, daß bestimmte Konserven eines bestimmten Lebensmittelherstellers giftige Substanzen enthalten. Beweise gibt es dafür nicht. Wenn du diese Konserven produzieren würdest, wie sähe dein AGO aus?

7. Auf dem Rücksitz eines Taxis findest du eine teure Kamera. Du bist dir nicht sicher, ob der Taxifahrer gemerkt hat, daß du sie gefunden hast. Wie sollte dein AGO sein?

8. Jede Regierung ist um die Sicherheit ihres Landes besorgt. Es gibt unterschiedliche Meinungen, wie diese am besten erreicht werden kann. Wenn du gefragt würdest, wie das AGO des Verteidigungsministeriums aussieht, was würdest du vorschlagen?

9. Mache ein AGO über den Zweck von Klassenarbeiten.

FIP: Die allerwichtigsten Prioritäten
(First Important Priorities)

Dieses aufmerksamkeitslenkende Werkzeug wird *fipp* ausgesprochen.

Viele der aufmerksamkeitslenkenden Werkzeuge dienen der Erweiterung der Wahrnehmung (CAF, C&S, OPV, PMI, APC). Dies ist Teil des *parallelen* Denkens: was sonst? Wir versuchen, der Liste noch etwas hinzuzufügen, genauso wie wir versuchen, mit CAF über noch mehr Faktoren nachzudenken. Mit FIP versuchen wir, genauso wie mit AGO, die Dinge einzuengen.

FIP befaßt sich direkt mit Prioritäten. Vergessen Sie das Wort *allerwichtigste* (first important), es dient nur dazu, FIP aussprechbar zu machen. Mit FIP richten wir unsere Aufmerksamkeit auf Prioritäten.

Wie sehen die Prioritäten hier aus? Nicht alles ist gleich wichtig. Manche Dinge sind wichtiger als andere. Manche Werte sind sehr viel wichtiger als andere: »Es gibt viele Dinge, die wichtig sind, aber welche sind hier die wichtigsten? Wir müssen ein FIP machen.«

»Bevor du eine Entscheidung treffen kannst, mußt du deine Prioritäten kennen. Mache ein FIP.«

»Ich nehme an, daß meine Prioritäten anders sind als deine. Wir wollen beide ein FIP machen, und dann unsere Ergebnisse vergleichen.«

FIP hängt mit dem AGO-Werkzeug und auch mit Fokus und Zweck zusammen, weil wir, genauso wie wir zu Beginn unser Ziel kennen, auch unsere Prioritäten wissen müssen.

Das Ziel ist das, was wir versuchen zu erreichen. Die Prioritäten sind Richtlinien, die uns sagen, wie wir dorthin kommen. Den Prioritäten muß unbedingt Rechnung getragen werden. Für gewöhnlich handelt es sich um besonders wichtige Werte und Faktoren.

Einschließen und vermeiden

Manche Prioritäten müssen immer berücksichtigt werden. Sicherheit ist eine Priorität, die in jedes Denken über Flugzeuge und Luftverkehr eingeschlossen werden muß. Menschenrechte und Gerechtigkeit sind Prioritäten, die in Recht und Gesetz berücksichtigt werden müssen. Produzierbarkeit ist für gewöhnlich eine Priorität, die von Designern eingeschlossen werden muß. Kosten müssen genau wie Profite bei jeder Geschäftsangelegenheit bedacht werden.

Manche Prioritäten hingegen müssen vermieden werden. Wir sollten versuchen, Umweltverschmutzung zu vermeiden. Wir sollten versuchen, scharfe Kanten und lose Teile bei Kinderspielzeug zu vermeiden. Wir sollten versuchen, Angst bei medizinischer Behandlung zu vermeiden. Wir sollten versuchen, den Betrug von Systemen zu erschweren, (beispielsweise durch Steuerhinterziehung). Wir versuchen, Risiken zu reduzieren.

Durch die Sprache können wir manchmal einen Typ von Priorität in einen anderen verwandeln: Wir sollten bei der Lebensmittelproduktion auf Hygiene achten; wir sollten Lebensmittelvergiftungen vermeiden. Wir sollen nach Effizienz im Energieverbrauch streben; wir sollten Energieverschwendung vermeiden.

Wie viele Prioritäten?

Wenn Sie sich eine Liste von Faktoren (zum Beispiel bei der Wahl des Ferienorts) ansehen, sieht es vielleicht so aus, als ob alle Faktoren Prioritäten seien. Für gewöhnlich können die meisten Dinge als bedeutend und wertvoll hingestellt werden, wenn wir es nur ernsthaft versuchen. Aber bei FIP ist es wichtig, daß wir uns zwingen, eine Auswahl zu treffen: was sind die wirklich wichtigen Aspekte (nicht, was wir gerne hätten)?

Wenn wir also eine FIP-Übung machen, ist es nützlich, den Prioritäten eine künstliche Grenze zu setzen. Diese Grenze könnte bei drei, vier oder fünf Prioritäten liegen und darf dann nicht überschritten werden. Sie können allerdings manche Faktoren oder Werte zu einer Priorität zusammenfassen.

Bei ernsthaften Angelegenheiten brauchen Sie sich nicht unbedingt an die künstliche Grenze zu halten, aber grundsätzlich ist eine solche Grenze gut für die Disziplin.

Übungen zu FIP

1. Wenn du Leute aussuchen müßtest, die sich gut als Polizisten eignen sollen, wie würden deine drei Top-Prioritäten aussehen? Mache ein FIP.

2. Wenn Eltern die Charakteristika ihrer Kinder auswählen könnten, wie glaubst du, sähen die vier Top-Prioritäten der meisten Eltern aus? Mache ein FIP.

3. Wenn ein Kind etwas falsch gemacht hat, wie würden die drei Prioritäten der Eltern aussehen? Mache ein FIP.

4. Wie würden deine vier Top-Prioritäten bei der Wahl einer beruflichen Karriere aussehen? Mache ein FIP.

5. Wenn du jemanden als Anführer deiner Clique wählen müßtest, wonach würdest du Ausschau halten? Mache ein FIP dazu (vier Prioritäten).

6. Ein Unternehmer sucht einen Vertreter, der eine neue Art von Kinderspielzeug verkaufen soll. Er macht ein FIP und beschließt, daß seine vier Prioritäten wie folgt aussehen: Energie und Durchhaltevermögen, Aufrichtigkeit, Verständnis für den Spielzeugmarkt, saubere Erscheinung. Hat er irgend etwas vergessen? Wenn du ein FIP machen müßtest (nur vier Prioritäten sind erlaubt), wie würde es aussehen?

7. Es gibt einen Streit zwischen Eltern und Kindern darüber,

wann die Kinder abends zu Hause sein müssen (das Alter der Kinder kannst du selbst aussuchen). Mache ein FIP (drei Prioritäten) für die Eltern und dann ein FIP (drei Prioritäten) für die Kinder.

8. Mache ein FIP zur Suche nach einem Freund.

9. Mache ein FIP zum Kauf von Musikkassetten oder CDs.

Resümee

An diesem Punkt sind vielleicht einige Leser des Buches verwirrt, deshalb ist es an der Zeit, noch einmal auf das zurückzublicken, was wir bisher gelernt haben.

Das Wichtigste ist, immer daran zu denken, daß jedes Werkzeug und jede Gewohnheit, die wir bisher gelernt haben, auch für sich allein benutzt werden kann. Es gibt keine umfassende Struktur, in der alles seinen Platz hat. Später werden wir uns noch ein paar Strukturen ansehen, aber bis jetzt kann alles als unabhängig und für sich allein stehend angesehen werden:

Der schwarze Hut zum Beispiel kann allein benutzt werden.

Das OPV-Werkzeug zum Beispiel kann für sich allein benutzt werden.

Das C&S-Werkzeug zum Beispiel kann für sich allein benutzt werden.

Die *Werte-Gewohnheit* zum Beispiel kann für sich allein benutzt werden.

Der rote Hut zum Beispiel kann für sich allein benutzt werden.

Die *Fokus-und-Zweck-Gewohnheit* zum Beispiel kann für sich allein benutzt werden.

Ich betone dies, weil es sich von anderen Herangehensweisen an das Denken unterscheidet. Viele solcher Herangehensweisen haben komplizierte Strukturen, die zwar beeindruckend aussehen, aber im wirklichen Leben völlig unpraktisch sind.

Das berühmte Schweizer Messer hat viele Klingen, von denen jede eine andere Funktion hat. Man benutzt die Klingen einzeln, so wie man sie braucht: Eine Klinge ist zum Schneiden; eine andere dient als Schraubenzieher; wieder eine andere dient als Flaschenöffner usw. Denken Sie an das Schreinerbeispiel, das ich Ihnen als Grundlage für mein Vorgehen beim Denkunterricht beschrieben habe. Der Schreiner benutzt den Hammer, wenn er ihn benutzen will. Es gibt keine vorgegebene Struktur.

Ich weiß aus langjähriger Erfahrung, daß Kinder sich manchmal nur an ein oder zwei Dinge erinnern: vielleicht PMI und CAF. Andere erinnern sich vielleicht an ein paar der Hüte (nicht an alle). Jemand anders erinnert sich vielleicht an die *Werte-Gewohnheit* und vielleicht an OPV. Selbst wenn sich jemand nur an C&S erinnert, kann ihm das allein schon sehr nützen.

Diejenigen, die in dieser Phase verwirrt sind, sind die, die sich zu sehr bemühen, alles zusammen in eine Struktur zu bringen. Versuchen Sie das bitte nicht, sonst verwirren Sie nur sich selbst und schließlich auch noch denjenigen, dem sie es beibringen wollen.

Werkzeuge und Gewohnheiten

Ich habe zahlreiche Werkzeuge und Gewohnheiten beschrieben. Was ist der Unterschied zwischen einem Werkzeug und einer Gewohnheit?

Gewohnheit: Eine Gewohnheit ist eine Routine, die Ihnen zu jeder Zeit präsent sein sollte, ganz gleich, worüber Sie nachdenken. Wenn Sie fotografieren, sollten Sie sich immer über Fokus, Linse, Entfernung, Schärfe usw. im klaren sein. Diese Dinge muß jeder professionelle Fotograf im Kopf haben. Mit einer Gewohnheit ist es genauso. Jeder erfahrene Denker ist sich über die Gewohnheiten im klaren.

Jede Gewohnheit ist als Frage (oder zwei Fragen) formuliert, die der Denker sich häufig und in regelmäßigen Abständen stellen sollte. Nur wenige Menschen behalten alle Gewohnhei-

171

ten. Manche erinnern sich nur an eine oder zwei. Trotzdem sind alle Gewohnheiten wichtig und gehören in jeder Phase zum Denken. Wenn Sie einen guten Denker beobachten, können Sie feststellen, daß diese Gewohnheiten im Hintergrund immer vorhanden sind.

Werkzeuge: Ein Werkzeug wird bewußter und formaler als eine Gewohnheit eingesetzt. Sie nehmen ein spezifisches Werkzeug und benutzen es. Dann legen Sie es wieder weg. Anders als Gewohnheiten werden Werkzeuge nicht ständig benutzt. Durch Werkzeuge können Gewohnheiten entstehen. Das OPV-Werkzeug zum Beispiel kann Denker dazu ermuntern, immer an die anderen Menschen, die vom Denken betroffen sind, zu denken. Trotzdem ist OPV ein spezifisches Werkzeug.

Wir müssen spezifisch, formal und sogar künstlich mit den Werkzeugen umgehen. Wir müssen sagen: »Laß uns ein PMI machen« oder: »Ich möchte dazu ein C&S machen.« Je formaler und bewußter wir im Umgang mit diesen Werkzeugen sind, desto wertvoller werden sie als Werkzeuge. Als Werkzeuge sind sie Anweisungen, die wir uns selbst geben.

Bei den Gewohnheiten können wir nur hoffen, daß häufige Wiederholung bedeutet, daß sie wirklich als solche benutzt werden. Bei den Werkzeugen haben wir die formale Praxis und wir können den Gebrauch eines Werkzeugs verlangen.

Wenn wir ein Werkzeug benutzen, hängen oft Gewohnheiten damit zusammen. Das OPV-Werkzeug beinhaltet zum Beispiel automatisch die Werte-Gewohnheit. Alle Werkzeuge involvieren sowohl Fokus- als auch Ergebnis-Gewohnheit. Das APC-Werkzeug kann Veränderungen in der Wahrnehmung hervorrufen usw.

Die Denkgewohnheiten

Ich führe im folgenden noch einmal die Denkgewohnheiten auf, die bisher behandelt wurden. Sie werden hier nicht in der gleichen Reihenfolge dargestellt, in der wir sie gelernt haben, sondern in einer logischeren Reihenfolge.

Fokus und Zweck

Wonach suche ich gerade jetzt (worüber denke ich nach)?

Was versuche ich zu tun?

Das ist eine fundamentale Gewohnheit in der Denkdisziplin. Ohne diese Gewohnheit herrscht nur Verwirrung und Ineffizienz. Es reicht nicht aus, nur einen allgemeinen Begriff vom Thema des Denkens zu haben.

Vorwärts und Parallel

Was könnte sonst noch da sein?

Was folgt also daraus?

Diese Denkgewohnheit bestimmt den nächsten Schritt im Denken. Bewegen wir uns von dort, wo wir stehen, vorwärts, oder bewegen wir uns seitwärts (parallel), um andere Möglichkeiten zu betrachten? Diese Wahl kann ganz leicht zur Routine werden, vor allem, wenn wir uns angewöhnen, jetzt innezuhalten und wieder zu fragen: »Was könnte sonst noch da sein?«

Wahrnehmung und Logik

Wie breit ist meine Sicht der Dinge?

Wie kann ich sonst noch die Dinge betrachten?

Die beiden wichtigen Aspekte von Wahrnehmung sind Breite und Wandel. Als Teil unseres Denkens müssen wir uns immer der Bedeutung von Wahrnehmung bewußt sein. Ich habe bisher noch keine Frage für Logik festgelegt, weil ich mich später noch mit Logik befassen werde. Eine einfache Frage könnte lauten: »Was folgt daraus?« Dies ist der »Vorwärts«-Frage sehr ähnlich.

Werte

Welche Werte sind involviert?

Wer ist von diesen Werten betroffen?

Im alltäglichen Denken ist die Werte-Gewohnheit wesentlich. Die Werte-Gewohnheit bestimmt ganz einfach den gesamten Wert des Denkens (im wirklichen Leben). Ohne Werte ist das Denken wertlos. Es ist ganz natürlich, daß die Werte-Gewohnheit ein Routinebestandteil allen Denkens sein muß. Tragisch ist, daß im Schuldenken abstrakte Rätsel und mathematische Probleme vorherrschen, bei denen dieser Werteaspekt überhaupt keine Rolle spielt. Im wirklichen Leben bestimmen Werte Wahl, Entscheidungen, Erfolg und Versagen.

Ergebnis und Schlußfolgerungen

Wenn es Ihnen nicht gelungen ist, zu einer Schlußfolgerung zu kommen:

- Was habe ich herausgefunden?
- Wo hänge ich fest?
- Wenn Sie zu einer Schlußfolgerung gekommen sind:
- Wie lautet meine Antwort?
- Warum wird meine Antwort meiner Meinung nach funktionieren?

Logischerweise kommt die *Ergebnis und Schlußfolgerungs*-Gewohnheit am Ende des Denkprozesses. Es ist aus zwei Gründen eine wichtige Gewohnheit. Der erste Grund ist, daß wir nach einer Denkanstrengung das Maximum aus dieser Mühe *ernten* wollen – sonst haben wir unsere Zeit vergeudet. Der zweite Grund ist, daß das Gefühl, beim Denken etwas erreicht zu haben, wichtig für die Motivation ist. Ohne Leistung gibt es keine Motivation.

Zusammenfassung

Später werde ich Ihnen noch weitere Denkgewohnheiten vorstellen. Die bisher dargestellten Gewohnheiten sind ihrer Natur nach fundamental und sollten Teil jeder Denkfähigkeit sein.

Die sechs Denkhüte

Die sechs Denkhüte liegen irgendwo zwischen einem Werkzeug und einer Denkstruktur. Ich habe sie als aufmerksamkeitslenkendes Werkzeug behandelt, weil sie die Aufmerksamkeit auf einen *Denktyp* oder eine Art des Denkens lenken.

Die Hüte können individuell und einzeln (gelegentlicher Gebrauch) oder in einer Sequenz (systematischer Gebrauch) benutzt werden.

Weißer Hut: Information, Daten, Fakten und Darstellungen. Über welche Informationen verfügen wir? Wie können wir die benötigte Information bekommen? Es gibt eine Beziehung zu CAF, OPV und möglicherweise zu FIP.

Roter Hut: Intuition, Vorahnungen, Gefühle und Emotionen. Eine legitime Methode, um Intuition und Gefühle auszudrükken und sie auch als solche zu bezeichnen. Beziehung zu Werten und OPV.

Schwarzer Hut: Der Hut der Überprüfung. Paßt das Vorgeschlagene zu unserer Erfahrung und Information, zu den Systemen, Werten usw.? Der schwarze Hut muß immer logisch sein, und es müssen immer Gründe genannt werden. Beziehungen zu PMI und C&S.

Gelber Hut: Die Nutzen und Vorteile des Vorgeschlagenen. Gibt Gründe an, warum etwas funktioniert. Beziehungen zu C&S und PMI. Muß wie der schwarze Hut immer logisch sein.

Grüner Hut: Kreativität, Aktion, Vorschläge, Anregungen. Dies ist der generative Hut. Konstruktive und neue Ideen. Direkte Beziehung zu APC.

Blauer Hut: Überblick und Kontrolle des Denkprozesses selbst. Was tun wir? Was sollten wir als nächstes tun? Direkte Beziehung zu AGO, Fokus und Zweck, Ergebnis und Schlußfolgerung.

Die Hüte wirken auf einer viel allgemeineren Ebene als die wahrnehmenden Denkwerkzeuge. Wir können keinen besonderen Vorteil daraus ziehen, wenn wir die Hüte in die anderen Werkzeuge integrieren.

Die Denkwerkzeuge

Die sieben aufmerksamkeitslenkenden Werkzeuge, die ich bis jetzt beschrieben habe, stammen alle aus dem vollständigen CoRT-Denkprogramm, das zum Gebrauch in Bildungsinstitutionen entworfen wurde und an vielen Schulen eingesetzt wird. Dieses Programm besteht aus zehn Teilen mit insgesamt sechzig Denklektionen. Es werden noch zahlreiche weitere Werkzeuge dort behandelt. Alle Werkzeuge werden mit einer Abkürzung bezeichnet, und die Aussprache jeder Abkürzung wird angegeben. Diese Abkürzung ist wichtig und nicht nur irgendein Ausdruck – sie ist notwendig, damit aus einer Verhaltensweise ein brauchbares Werkzeug wird. Die Werkzeuge sollten explizit, formal und bewußt eingesetzt werden. Dies kann als Aufforderung oder als Absicht geschehen:
»Ich möchte ein OPV machen.«
»Zuerst werde ich ein AGO erstellen.«
   Die Werkzeuge werden hier noch einmal in chronologischer Reihenfolge aufgeführt – nicht in der gleichen Reihenfolge, wie sie im Buch bisher dargestellt wurden.

AGO: Richtung, Absicht und Ziel

Was ist das Ziel des Denkens? Was wollen wir erreichen? Was soll herauskommen? AGO lenkt die Aufmerksamkeit auf den spezifischen Zweck des Denkens. Wenn wir genau wissen, wohin wir gehen möchten, ist es wahrscheinlicher, daß wir dort ankommen.

CAF: Berücksichtige alle Faktoren

Sehen Sie sich um. Forschen Sie. Welche Faktoren sollten Sie bei Ihrem Denken berücksichtigen? Haben wir etwas vergessen? Was sollten wir sonst noch berücksichtigen? Bevor wir mit dem *Vorwärts*-Denken weitermachen, sollten wir sicher sein, daß wir alles berücksichtigt haben, dem unser Denken Rechnung tragen sollte. Wir müssen die Faktoren selbst finden – sie werden uns nicht wie in Schulbüchern präsentiert. Denken im wirklichen Leben kann anstrengend sein. Wenn Sie wichtige Faktoren vergessen, führt Ihr Denken zu nichts.

OPV: Der Standpunkt anderer Menschen

Menschen denken und andere Menschen sind von diesem Denken betroffen. Wir wollen OPV benutzen, um unsere Aufmerksamkeit auf all diese anderen Menschen zu richten. Wer sind sie? Wie sind ihre Standpunkte? Welche Werte sind beteiligt? Es gibt Menschen, die direkt an der Handlung, die aus dem Denken resultiert, beteiligt oder von ihr betroffen sind. Außerdem gibt es noch die Menschen, die indirekt betroffen sind. Sollte der Denker diese Menschen berücksichtigen oder sich nur um seine eigenen Werte kümmern? Gutes Denken beinhaltet den häufigen Gebrauch des OPV-Werkzeuges.

APC: Alternativen, Möglichkeiten, Auswahl

Wie sehen die alternativen Handlungsverläufe aus? Was kann getan werden? Wie sehen die möglichen Lösungen aus? Mit APC können wir mögliche Handlungsstränge entwickeln. APC kann man auch auf Erklärungen und Wahrnehmungen anwenden. Mit APC durchforsten wir unseren Vorrat an möglichen Alternativen. Welche Wahlmöglichkeiten haben wir? Wenn wir keine Alternativen haben, halten wir inne und versuchen, eine Alternative zu konstruieren.

FIP: Die allerwichtigsten Prioritäten

Mit dem FIP-Werkzeug versuchen wir zu erkennen, was wirklich zählt. Nicht alles ist gleich wichtig. Wenn wir die Prioritäten klar sehen, können wir zwischen den verschiedenen Alternativen wählen. Welche Alternativen passen am besten zu den Prioritäten? Obwohl die Prioritäten in dieser Phase der

Wahl zwischen den Alternativen eingesetzt werden, sind sie wahrscheinlich schon zu Beginn des Denkens nach dem AGO gesetzt worden. Je strenger Sie hinsichtlich der Prioritäten sind, desto leichter werden Sie Entscheidungen treffen können.

C&S: Konsequenz und Wirkung

Wenn wir eine Alternative als mögliches Ergebnis des Denkens gewählt haben, wollen wir uns ansehen, was geschieht, wenn wir mit dieser Alternative weitermachen. Was würde darauf folgen? Wie sähen die Ergebnisse aus? C&S kann auch in der Entscheidungsphase angewendet werden. Wenn man C&S bei jeder Alternative anwendet, kann man die beste herausfinden. C&S, FIP und PMI sind Werkzeuge, die uns dabei helfen, bei Entscheidungen zwischen Alternativen zu wählen, und so das Problem lösen zu können (auch beim Entwurf). C&S kann auch bei jeder vorgeschlagenen Handlung oder Initiative direkt angewendet werden.

PMI: Plus, Minus und Interessant

Ein einfaches, aufmerksamkeitslenkendes Werkzeug. Statt für unser erstes Urteil einzutreten, erforschen wir das Thema, bevor wir zu einer Entscheidung kommen. Wir können PMI auch zur Überprüfung jeder Schlußfolgerung, Entscheidung oder Problemlösung verwenden. Außerdem können wir PMI zur Wahl zwischen verschiedenen Alternativen verwenden, indem wir es auf jede verfügbare Alternative anwenden. Der *interessante* Teil des PMI-Werkzeuges eröffnet Möglichkeiten und Spekulationen und führt zu kreativem Denken.

Anwendung der Werkzeuge

Die hier vorgestellte Reihenfolge der Werkzeuge könnte eine Reihenfolge zum systematischen Gebrauch der Werkzeuge beim Denken über jedes Thema sein. Trotzdem können die

178

Werkzeuge in der Hauptsache unabhängig voneinander eingesetzt werden. Sie können einzeln oder in kleinen Gruppen von zwei oder drei eingesetzt werden. So wie ein Schreiner sich das für die Gelegenheit am besten geeignete Werkzeug heraussuchen muß, so muß auch der Denker seine Wahl treffen. Wenn Menschen beteiligt sind, ist ein OPV am wichtigsten. Wenn auf einen Vorschlag reagiert werden muß, sind ein C&S oder ein PMI wichtig. Wenn eine Entscheidung erforderlich ist, brauchen wir einen CAF und einen FIP. Wenn ein Handlungsplan nötig ist, ist ein AGO am nützlichsten. Weil die Werkzeuge für den praktischen Gebrauch bestimmt sind, überlappen sie sich oft. Manchmal wird man mit einem PMI und einem C&S das gleiche erreichen können. Manchmal kann ein CAF all die Menschen einschließen, die man mit einem OPV gefunden hätte. Ein Schreiner kann Hammer und Nägel oder Schrauben und einen Schraubenzieher benutzen, um zwei Holzteile zusammenzufügen.

Ein Denker entscheidet, welches Werkzeug er benutzen will, und dann benutzt er es.

Gewohnheiten und Werkzeuge

Wie ich bereits erwähnt habe, können die Werkzeuge zu Denkgewohnheiten führen. APC führt zum Beispiel zu der Gewohnheit des parallelen Denkens. OPV führt zu der Gewohnheit, die Werte herauszufinden.

Andererseits sind aber auch die Gewohnheiten nützlich, wenn man die Werkzeuge benutzt. Fokus und Zweck zum Beispiel helfen uns, uns auf das benutzte Werkzeug zu konzentrieren. Nachdem wir das Werkzeug benutzt haben, müssen wir das *Ergebnis*, das wir erreicht haben, überprüfen. Bei vielen Werkzeugen (CAF, OPV, C&S, PMI, FIP) müssen wir uns ständig der Werte bewußt sein.

Zusammenfassung

Zahlreiche Denkgewohnheiten und Denkwerkzeuge sind vorgestellt worden. Sie können unabhängig voneinander oder in Gruppen benutzt werden. Sie müssen als Teil der Denkfähigkeit angewendet werden.

Zusammenfassende Übungen

1. Welches einzelne Werkzeug ist am besten für die folgenden Situationen geeignet?

... du kannst ein wichtiges Dokument, das du brauchst, nicht finden ... In der Küche bricht Feuer aus ... es gibt einen Familienstreit wegen der Hausarbeit ... das Auto bleibt unterwegs liegen.

2. Der Manager eines Motels hat einige Probleme:

... Stromausfall ... das Auto eines Gastes ist gestohlen worden ... für einen großgewachsenen Gast gibt es kein Bett, das lang genug ist ... durch ein Versehen ist das Motel überbucht.

Welches der drei folgenden Werkzeuge würde bei jedem Problem am häufigsten gebraucht: OPV, APC, FIP, CAF oder AGO?

3. Aus einer verschlossenen Garage kommt ein schrecklicher Geruch. Der Besitzer ist nicht da. Welche Denkvorgehensweise würdest du wählen?

4. Deine Tante stirbt und hinterläßt dir ein altes Haus, in dem es spuken soll. Was wirst du tun? Schlage eine Vorgehensweise vor.

5. Für eine Wohltätigkeitsveranstaltung sollst du die Regeln für einen *Faulheitswettbewerb* aufstellen. Welche Werkzeuge können dir dabei wahrscheinlich helfen?

6. Einer deiner Freunde ist sehr dick, kann aber nicht aufhören zu essen. Du wirst um Hilfe gebeten. Welche Denksequenz würdest du in den Gesprächen mit deinem Freund verwenden?

7. Jemand möchte in der Nachbarschaft ein Heim für Obdachlose eröffnen. Jeder wehrt sich dagegen. Eine Sitzung wird

180

einberufen. Wie sollte das Denken auf dieser Sitzung organisiert sein?

8. Ein Komödiant stellt fest, daß die Leute nicht mehr über seine Witze lachen. Welches Denken sollte dieser Komödiant verwenden?

9. Du stellst fest, daß du irrtümlich etwas aus einem Laden mitgenommen hast, ohne es zu bezahlen. Verwende ein Denkwerkzeug.

Teil III

Grundgedanke und detaillierte Vorstellung

»Welcher Grundgedanke steht dahinter?«

»Um handeln zu können, brauchen wir eine detaillierte Vorstellung davon.«

Sind Sie jemals eine Straße *entlanggereist*? Viele Male. Es gibt eigentlich immer eine *bestimmte* Art, wie Sie sich auf einer Straße fortbewegen können: mit dem Auto, dem Bus, dem Motorrad, dem Fahrrad, zu Fuß, mit dem Pferd usw. »Reisen« ist der Grundgedanke oder die generelle Methode, und darüber hinaus gibt es noch eine detaillierte Vorstellung davon, wie die Methode in die Praxis umgesetzt werden soll.

Sich vom Grundgedanken zur detaillierten Vorstellung und wieder zurück zu bewegen, ist sowohl eine wichtige Denkgewohnheit als auch ein wichtiger Denkvorgang.

»Gib mir etwas zu trinken.«

»Gib mir etwas Anti-Alkoholisches zu trinken.«

»Gib mir eine Limonade.«

Wir bewegen uns vom Allgemeinen zum Bestimmten. In dem genannten Fall gibt es drei Ebenen. Die Detailebene ist immer die, die wir ausführen können. Wenn es *jedes* alkoholfreie Getränk sein könnte, wäre dies die Detailebene.

»Ich werde ihn belohnen.«

»Ich werde ihm zur Belohnung etwas Geld geben.«

»Ich werde ihm zur Belohnung fünfzig Dollar geben.«

Wieder bewegen wir uns von der allgemeinen Absicht zum aktuellen Detail dessen, was getan werden muß.

Es kann sein, daß wir einen Grundgedanken haben, zu dem wir dann keine detaillierte Lösung finden. Manchmal allerdings ist es äußerst nützlich, auf einer »breiteren« Ebene arbeiten zu können.

Im Boden ist ein mit Wasser gefülltes Loch. Sie möchten das Wasser herausholen:

- »Ich könnte das Wasser herauspumpen.«
- »Ich könnte das Wasser herausschöpfen.«
- »Ich könnte das Wasser verdrängen.«

Jede der drei Aussagen entspricht einem Grundgedanken, einer generellen Methode oder einem breiten Konzept. Wenn wir erst einmal eine allgemeine Vorstellung haben, können wir uns überlegen, auf welche Art dieser Grundgedanke konkret ausgeführt werden könnte. *Das Wasser herauspumpen* setzt eine Pumpe oder einen Syphon voraus. *Das Wasser herausschöpfen* erfordert einen kleinen Eimer, einen Löffel, einen Aufnehmer oder einen Wischmop. *Das Wasser verdrängen* läßt beispielsweise an Steine denken, die man in das Loch füllt.

Anstatt sofort eine konkrete Lösung zu suchen, ist es oft praktischer, ein paar Grundgedanken zu definieren. Anschließend können Sie sich nach Methoden umsehen, um sie auf eine detaillierte Art auszuführen.

Es ist äußerst nützlich, sich die Denkgewohnheit anzueignen, allgemeine Herangehensweisen an ein Thema oder ein Problem zu finden und dann erst zu versuchen, von da aus zu den spezifischen Details zu gelangen.

Oft muß man so vorgehen, wenn man Ideen unter dem grünen Hut oder für ein APC sucht.

Den Grundgedanken herausfiltern

Manchmal gehen wir anders herum vor. Statt mit dem Grundgedanken zu beginnen und dann zu versuchen, eine detaillierte Methode zur Ausführung dieses Gedankens zu finden, können wir mit dem Detail beginnen und dann versuchen, den Grundgedanken, der sich dahinter verbirgt, herauszufiltern.

185

Ein Farmer hat einen zugespitzten Holzpflock, den er in den Boden stößt, um dann in das entstandene Loch die Saatkörner zu werfen. Was ist hier der Grundgedanke? Er könnte sein: *Löcher graben, um die Saat hineinzubringen.* Oder er könnte sein: *Die Saat unter die Oberfläche zu bringen.*

Wenn wir erst einmal den Grundgedanken haben, können wir uns nach anderen Arten, Dinge zu erledigen, umsehen. Wir könnten zum Beispiel eine Maschine erfinden, die mehrere Löcher zur gleichen Zeit machen und die Saat automatisch hereingeben könnte. Oder wir könnten die Saat auf die Oberfläche ausstreuen und dann eine Schicht Erde darübergeben.

Wenn wir versuchen, etwas zu verbessern oder zu verändern, dann tun wir das, indem wir zunächst den Grundgedanken herausfiltern. Anschließend können wir zwei Dinge tun. Wir können prüfen, ob eine andere Grundidee dem Zweck dient (dem, was wir erreichen wollen). Oder wir können prüfen, ob der Grundgedanke anders oder besser ausgeführt werden kann: Was versuchen wir zu tun?

Was ist hier der Grundgedanke?

Gibt es einen besseren Grundgedanken?

Wie sonst können wir den Grundgedanken ausführen?

Wir verwenden häufig zahlreiche unterschiedliche Wörter, um den *Grundgedanken* zu beschreiben: Grundidee, allgemeine Methode, Prinzip, breites Konzept, Konzept, Arbeitsweise.

In manchen Fällen ist es angebrachter, ein bestimmtes Wort zu benutzen:

- »Wie funktioniert dieser Schalter?«
- »Das Konzept dieses Kurses ist: Unterrichte dich selbst.«
- »Das Prinzip ist, daß die Leute für das bezahlt werden, was sie gerade produzieren, nicht für ihre Zeit.«
- »Die allgemeine Methode, die wir hier verwenden, ist, Verunglückte in drei Gruppen zu unterteilen: die, die warten können, die, die nicht gerettet werden können, und die, die sofort versorgt werden können.«

Sie sollten sich dieser unterschiedlichen Wörter bewußt sein.

Sie haben leicht unterschiedliche Bedeutungen, aber Sie würden nur in Verwirrung geraten, wenn Sie versuchten, immer an die Unterschiede zu denken. Denken Sie immer nur an den Grundgedanken und die detaillierte Vorstellung.

Oft ist es angebracht, auf drei Ebenen zu arbeiten: detaillierte Vorstellung, Grundgedanke, allgemeine Herangehensweise. In Wirklichkeit gibt es detaillierte Vorstellungen (die ausgeführt werden können) und Grundgedanken.

Zusammenfassung

Es ist nützlich, wenn man sowohl auf der Ebene der Grundidee als auch auf der der detaillierten Idee arbeiten kann. Sich zwischen diesen Ebenen hin und her zu bewegen ist ein wichtiger Denkvorgang und eine nützliche Gewohnheit.

Übungen zu Grundgedanken und detaillierten Vorstellungen

1. Wie würdest du den Grundgedanken hinter jedem der folgenden Dinge beschreiben? Ampel, Landkarte, Auto, Lenkrad, Parkplatz.

2. Du hast ein interessantes neues Hobby oder einen neuen Freund, und du möchtest soviel Zeit wie möglich mit diesem neuen Hobby oder dem neuen Freund verbringen. Zeige zwei allgemeine Vorgehensweisen auf, wie du genug Zeit finden kannst.

3. Ein Hund fühlt sich in einem bestimmten Haushalt schlecht behandelt. Welche allgemeinen Handlungsvorstellungen könnte dieser Hund haben?

4. Ein Zulieferer ist dabei, Essen für eine große Party vorzubereiten, als er einen Anruf erhält, in dem ihm gedroht wird, das Essen würde vergiftet, wenn er kein Schutzgeld bezahlen würde. Wie sehen seine allgemeinen Handlungsoptionen aus?

5. In einem Supermarkt gibt es immer lange Schlangen an den Kassen. Du möchtest diese Situation verbessern. Was ist der

Grundgedanke dahinter? Kannst du dir eine bessere Art vorstellen, wie der Grundgedanke ausgeführt werden könnte?

6. Du bist zu einem Kostümfest eingeladen. Zeige drei Grundideen hinsichtlich der möglichen Wahl des Kostüms auf (keine Details).

7. Dein Bruder (oder deine Schwester, dein Freund) nimmt immer deine Sachen, ohne dich zu fragen. Das irritiert dich. Welche allgemeinen Herangehensweisen kannst du zu diesem Problem finden?

8. Ein Politiker weiß, daß er im Fernsehen nicht gut aussieht. Was kann er dagegen unternehmen? (Zwei Grundideen).

9. Was ist der Grundgedanke hinter Sport?

Grundlegende Denkoperationen

In der menschlichen Hand gibt es zahlreiche Muskelstränge. Es gibt Muskeln zum Schließen der Finger und solche zum Ausstrecken. Wenn wir die Hand für etwas gebrauchen, verwenden wir immer Muskelkombinationen. Obwohl die grundlegenden Aktionen der verschiedenen Muskelgruppen identifiziert und beschrieben werden können, dient dies mehr der Beschreibung als der Aktion. Es wäre nicht sehr sinnvoll, mit den verschiedenen Muskelgruppen lediglich zu üben und zu hoffen, daß wir dadurch richtig mit der Hand umgehen lernen. Besser ist es, die Muskeln in Kombination zueinander zu benutzen.

Das gleiche gilt für die grundlegenden Denkvorgänge. Sie existieren und können beschrieben werden. Aber wenn wir im täglichen Leben denken, verwenden wir fast immer Kombinationen dieser grundlegenden Operationen. Es ist besser, diese Kombinationen zu üben als die grundlegenden Operationen. Hier liegt der Unterschied zwischen philosophischer Beschreibung und praktischem Tun.

Aus diesem Grund beschäftige ich mich erst jetzt mit den grundlegenden Operationen. Es war bis jetzt weitaus wichtiger, ein paar praktische Denkgewohnheiten und Werkzeuge, die wirklich eingesetzt werden können, zu erwerben. Nun jedoch ist es an der Zeit, daß wir uns die grundlegenden Operationen ansehen, weil das Wissen darüber uns hilft, die Denkwerkzeuge effektiver anzuwenden.

Das Schreinermodell

Ich habe in einem früheren Kapitel das Beispiel des Schreiners auf den geübten Denker angewendet. Ich habe erwähnt, daß es für den Schreiner drei grundlegende Arbeitsvorgänge gibt: Schneiden, Zusammenfügen und Formgeben. Ich weiß, daß es noch weitere Arbeitsgänge gibt, aber diese drei sind die wesentlichen. Ich werde das Modell der drei grundlegenden Operationen auf die grundlegenden Denkvorgänge anwenden. Obwohl es nicht ganz genau paßt, hat die Einfachheit des Beispiels ihre Vorteile.

Der Schneidevorgang

Sie zersägen ein Stück Holz, Sie schneiden ein Stück Torte ab, Sie schneiden eine Wassermelone in Stücke. *Schneiden* bedeutet, daß Sie nicht das Ganze wollen. Sie möchten einen Teil des Ganzen herausholen.

Wenn wir unsere Aufmerksamkeit auf einen Teil der Welt um uns herum richten, *schneiden* wir ein Teil aus dem Ganzen. Aufmerksamkeitslenkung ist also eine Art von Schneiden:

Fokus. Wir richten unsere Aufmerksamkeit auf einen Teil des Ganzen. Letztendlich beachten wir vielleicht auch das Ganze, wir tun es jedoch Stück für Stück. Vielleicht bewegen wir uns auch von einem nahen zu einem weit entfernten Standpunkt – von der Detailsicht zu einer Sicht des Ganzen.

Eine Besonderheit herausfiltern: Aus der gesamten Situation filtern wir eine Besonderheit heraus. Das ist ein häufiger Vorgang beim Denken, und es ist die Basis anderer Denkvorgänge. In den Operationen der *Bewegung* zum Beispiel (zu denen wir später als Teil des lateralen Denkens kommen) filtern wir ein Merkmal einer Provokation heraus und bewegen uns dann vorwärts, um zu sehen, wohin es uns bringen kann.

190

Wenn wir ein Konzept oder ein Prinzip extrahieren, filtern wir eine Beziehung heraus.

Analyse: Wenn wir eine Besonderheit herausfiltern, können wir das übrige hinter uns lassen. Bei der Analyse jedoch versuchen wir zu verstehen. Es sollte nichts übrigbleiben. Wir versuchen, die Situation in Teile oder Stücke zu trennen. Diese Teile und ihre Beziehung zueinander beschreiben die gesamte Situation.

Ausdehnung: In Abbildung 7 ist ein Quadrat dargestellt. Sie könnten Ihre Aufmerksamkeit auf das gesamte Quadrat richten. Sie könnten jedoch auch Ihre Aufmerksamkeit auf einen Teil des Quadrats richten. Wenn wir nur eine Ecke des Quadrats betrachten, schneiden wir dieses Quadrat aus seiner Umgebung heraus. Ausdehnung bedeutet, einen größeren Schnitt zu machen, der nicht nur das Quadrat, sondern auch seine Umgebung beinhaltet. Obwohl *Ausdehnung* anscheinend das Gegenteil von *Zerschneiden* ist, stimmt dies nicht wirklich. Das Gehirn hat lediglich einen genaueren Eindruck von der Umgebung.

In einem Restaurant bekommen Sie eine gegrillte Forelle und Bratkartoffeln auf einem Teller serviert. Wenn der Teller aufgetragen wird, richten Sie Ihre Aufmerksamkeit auf den gesamten Teller. Während Sie essen, richten Sie Ihre Aufmerksamkeit auf den Fisch oder die einzelne Bratkartoffel. Sie könnten sich jedoch auch zurücklehnen und Ihre Aufmerksamkeit auf den gesamten Tisch richten (auf die Leute, die mit Ihnen essen) oder auf das gesamte Restaurant (die Ausstattung, die andere Tische usw.). Der Aufmerksamkeitsbereich kann größer oder kleiner sein. Der natürliche Aufmerksamkeitsbereich, mit dem wir konfrontiert werden, ist nur eine Schnittgröße.

Ausdehnung und Erforschung sind also eigentlich Teil des *Schneide*-Prozesses beim Denken. Denken Sie an ein Weitwinkelobjektiv bei einer Kamera, durch das man ein größeres Bild erhalten kann.

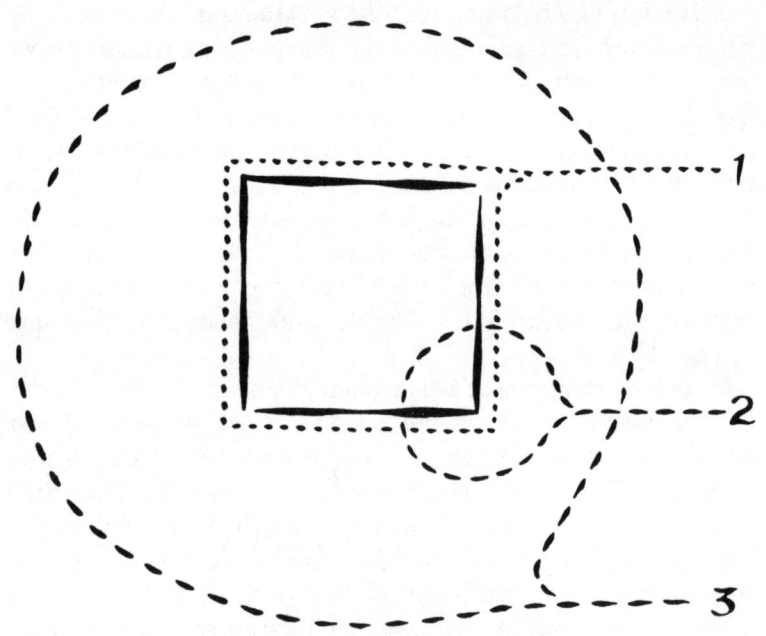

Abbildung 7

192

Der Vorgang des Zusammenfügens

Beim Vorgang des Zusammenfügens werden Dinge zusammengefügt, damit sie nicht auseinanderfallen. Wenn Sie ohne jeden Grund zwei wahllos gegriffene Dinge zusammenlegen und es entwickelt sich keine Beziehung zwischen ihnen, bleiben sie *unverbunden.* Zwei Holzteile zusammenzulegen bedeutet noch lange nicht, sie zusammenzufügen. Damit dies der Fall ist, muß es eine Befestigung oder Leim geben:

Verbindungen: Das Gehirn kann gut Verbindungen herstellen, zum Beispiel durch Assoziation. Dinge sind in Zeit oder Raum zusammen geschehen, also gibt es eine Verbindung. Das Band kann stärker sein, wenn es eine funktionale Verbindung gibt. Wenn wir Dinge zusammen in eine Gruppe oder Kategorie einordnen, gibt es einen verbindenden Faktor (oder mehrere Faktoren), der allen Mitgliedern der Gruppe eigen ist. Wenn wir etwas betrachten, entstehen *Tentakel,* die sich in unserem Gehirn von diesem Ding ausbreiten. Diese Tentakel schaffen Verbindungen. Je mehr Tentakel es gibt, desto größer wird die Chance einer Verbindung. Je größer unsere Erfahrung ist, desto mehr Tentakel (oder potentielle Verbindungsfaktoren) gibt es.

Wiedererkennen: Diese grundlegende Denkoperation entsteht direkt aus der Verbindung. Was wir vor Augen (oder Ohren usw.) haben, verbindet sich mit einem Muster, das wir bereits in unserem Hirn gespeichert haben. Dadurch erkennen wir das Objekt wieder und wissen, was wir damit tun müssen.

Ein leichter Druck auf einen Hebel bewirkt, daß ein Gewehr losfeuert. Genauso kann etwas Kleines ein wichtiges Muster im Gehirn auslösen. *Tod* zum Beispiel ist ein kurzes Wort, das hier auf dieser Seite steht, aber es löst ein mächtiges Bild aus.

Diejenigen, die sich besonders dafür interessieren, wie das Gehirn Muster bildet und verwendet, sollten mein Buch *Der Klügere gibt nicht nach* lesen, in dem ich beschreibe, wie selbstorganisierende Systeme es zulassen, daß sich Muster bilden.

Das Wiedererkennen und das Anwenden von Mustern auf die Zukunft basieren auf einer Kombination von Wiedererkennen und Überprüfen.

Synthese: Hier bringen wir bewußt Dinge zusammen, um eine Wirkung zu erzeugen. Das Schreiben eines Satzes ist beispielsweise eine Synthese, so wie jede Form von Kombination eine Art von Synthese ist (die ursprünglich nur als Kombination von These und Antithese gedacht war).

Konstruktion: Man könnte sie für identisch mit Synthese halten, aber ich sehe *Konstruktion* lieber in einem weitergefaßten Sinn. In der Synthese soll zusammengebracht werden, was jetzt vorliegt. Konstruktion dagegen impliziert, daß Dinge Schritt für Schritt aufgebaut werden.

Entwurf: Ein Entwurf ist eine Art von Konstruktion. Dinge werden auf eine bestimmte Art zusammengebracht, um ein definiertes Ziel zu erreichen. Im Entwurf gibt es kreative und manchmal auch ästhetische Elemente.

Im allgemeinen umfaßt der Vorgang des *Zusammenfügens* zwei Dinge:

1. Das Wiedererkennen von vorhandenen Verbindungen
2. Das Zusammenfügen von Dingen zu einem bestimmten Zweck.

Der formgebende Vorgang

Der Schreiner stellt sich eine Form vor. Er hat diese Form vielleicht sogar auf eine Schablone aufgezeichnet. Während der Schreiner hobelt, vergleicht er die entstehende ständig mit der geplanten Form.

Diese ständige Überprüfung zwischen der gewünschten und der aktuellen Form bildet die Grundlage der formgebenden Denkvorgänge.

Eigentlich könnte der Vorgang *Überprüfen* genannt werden:

Beurteilung: Ist das korrekt? Paßt es zu den Fakten? Diese Aspekte sind Teil der Schwarzen-Hut-Überprüfung. Es ist etwas vorhanden, demgegenüber wir das, was vor uns liegt, überprüfen oder beurteilen. Ist das wirklich ein Gemälde von Rubens? Wir wollen verschiedene Charakteristika überprüfen.

Im täglichen Leben ist *Überprüfen* häufig eine komplexe Form von Erforschung und Beurteilung. Wir erforschen die Effekte einer geplanten Aktion für jetzt und für die Zukunft. Dann beurteilen wir diese Effekte gegenüber den Normen. Wenn wir aufgrund unserer Erforschung vermuten, daß die Verwendung eines bestimmten Düngemittels die Flüsse verschmutzt, dann ist Umweltverschmutzung (verglichen mit vermiedener Umweltverschmutzung) nicht wünschenswert.

Zusammenpassen: Hier gehen wir von spezifischen Bedürfnissen aus und überprüfen dann, ob das, was wir herausfinden, zu diesen Bedürfnissen paßt. Wenn Sie eine Frage stellen, drücken Sie ein Bedürfnis nach Information aus. Wenn Sie eine Antwort bekommen, überprüfen Sie, ob diese Antwort Ihre Bedürfnisse befriedigt. Wenn ein Ingenieur nach einem Material mit bestimmten Merkmalen sucht, überprüft er alle Möglichkeiten, um festzustellen, ob irgendein bekanntes Material diese Merkmale hat. Wenn er neue Materialien entwickelt, überprüft er auch diese.

Hypothese: Für gewöhnlich prüfen wir das, was wir herausfinden, gegen das, was wir schon wissen (Gesetze, Fakten usw.). Mit einer Hypothese stellen wir uns einen möglichen Mechanismus (oder eine Erklärung) vor und sehen dann, wie diese Hypothese der Realität standhält. Bei einer Spekulation (was wäre, wenn?) tun wir das gleiche. Wir bringen versuchsweise auch provozierende Ideen auf und versuchen dann, sie zu überprüfen. Wissenschaftliches Denken umfaßt sowohl die Fähigkeit, solche Hypothesen aufzustellen als auch die Fähigkeit, sie zu überprüfen.

Vergleich: Bei einer Beurteilung oder Überprüfung vergleichen wir oft etwas, das wir vor uns haben, mit etwas, das uns im Gedächtnis ist. So wird Wiedererkennen zum Beispiel immer von Überprüfen gefolgt: Ist dies wirklich das, wofür ich es halte? Ein Arzt meint, eine Krankheit zu erkennen, stellt eine Hypothese auf und überprüft diese dann durch Röntgen und andere Untersuchungen. Bei einem Vergleich haben wir zwei (oder mehr Dinge) vor uns, die wir dann miteinander vergleichen. Im wesentlichen bedeutet dies, daß wir nach Ähnlichkeiten und Unterschieden suchen.

Manchmal werden Wissenschaftler aufgeteilt in *Pauschalisten* und *Unterteiler*. Der Pauschalist stellt fest, daß Dinge, die sehr unterschiedlich scheinen, eigentlich sehr viel gemeinsam haben, also werden sie zusammengefaßt (mit beachtlichen Ergebnissen). Der Unterteiler stellt fest, daß Dinge, die gleich scheinen, eigentlich recht unterschiedlich sind, also macht er Unterscheidungen und trennt sie voneinander (ebenfalls mit beachtlichen Ergebnissen). Im allgemeinen geht es bei unserem Umgang mit der Welt um das Zusammenfassen oder Aufteilen. Auf diese Weise bilden wir vorläufige Konzepte und machen uns dann daran, bessere Konzepte zu schaffen.

Zusammenfassung

Wir können einige grundlegende Denkoperationen identifizieren, die wiederum in drei Arten aufgeteilt werden können: Schneiden, Zusammenfügen und Formen. Für gewöhnlich gehören zum Denken Kombinationen dieser grundlegenden Vorgänge. Zum Beispiel involviert selbst die einfache Handlung, den nicht Angepaßten aus einer Gruppe herauszugreifen, Aufmerksamkeitslenkung, Konzept, Extraktion, Aufstellen einer Hypothese und Überprüfung. Wenn man diese grundlegenden Vorgänge versteht, so ist das für die Entwicklung der Denkfähigkeiten nützlich. Es reicht jedoch für die Entwicklung der Denkfähigkeiten nicht aus, diese grundlegenden Vorgänge zu üben.

Übungen zu den grundlegenden Denkoperationen

1. Zerlege die folgenden Dinge in ihre Einzelteile: Leiter, Küche, Schule, Geld.
2. Ziehe zwei wichtige Merkmale aus jedem der folgenden Dinge: Dach, Bus, Zeitung, Niesen.
3. Finde für jedes Wort in der ersten Kolumne so viele Verbindungen wie möglich zu jedem Wort in der zweiten Kolumne:

Maus	Eimer
Zeichen	Käse
Essen	Kugelschreiber
Kuh	Pferd
Zug	Computer

4. Stelle fest, auf wie viele Arten du die folgenden acht Begriffe in zwei Gruppen zu je vier Begriffen einteilen kannst:
   Soldat, Frosch, Fluß, Wolke, Auto, Hammer, Wein, Virus.
5. Jede der drei folgenden Gruppen von drei Merkmalen beschreibt einen oder mehrere spezifische Begriffe. Stelle fest, wie viele Begriffe du jeder Gruppe von Merkmalen zuordnen kannst:

Gefährlich, scharf, unbenutzbar
Tiere, Kinder, Papier
Zwei Reifen, sehr lang, laut

6. Suche die Ähnlichkeiten und Unterschiede, die du zwischen den Begriffen jedes untenstehenden Paars herausfinden kannst, heraus und schreibe sie auf:

Ferien/Kuchen
Bank/Buch
Laufen/Gehen
Kinder/Erwachsene

7. Stelle eine Hypothese auf, um die folgenden Situationen zu erklären:

- Die Geschäfte auf der einen Seite der Hauptstraße laufen viel besser als die Geschäfte auf der anderen Seite.
- Viele Vögel haben helle Farben.
- In manchen Ländern fährt man auf der rechten Seite, in manchen auf der linken Seite.

Wahrheit, Logik und kritisches Denken

Eine Lüge zu beschreiben und zu definieren ist leicht. Jemand fragt dich, wie alt du bist. Du weißt, daß du vierzehn Jahre alt bist, sagst aber, du bist sechzehn. Das ist eine Lüge. Leider ist es sehr viel schwieriger, Wahrheit zu definieren, es sei denn als Gegenteil von Lüge.

Wenn wir denken oder kommunizieren, ist Wahrheit wichtig, um Fehler zu vermeiden.

In der Praxis gibt es zwei Arten von Wahrheit. Es gibt die *Spiel-Wahrheit*, und es gibt die *Wirklichkeits-Wahrheit*.

Spiel-Wahrheit: Wenn Sie ein Spiel mit Regeln und Definitionen aufstellen, sind die Dinge, die mit diesen Regeln und Definitionen übereinstimmen, wahr, und die Dinge, die nicht damit übereinstimmen, sind falsch. Wenn Sie ein Spiel aufstellen, bei dem 2 plus 2 = 4 ist, ist die Antwort »5« ganz eindeutig falsch. Wenn jemand eine Schachfigur auf eine neue Art bewegen möchte, so geht das nicht. Über die Jahrhunderte hinweg haben Philosophen und andere sich bemüht, Sprache als Spiel-Wahrheit aufzubauen. Da aber Sprache eher mit Wirklichkeit als mit einem abstrakt geschaffenen Spiel zu tun hat, ist das schwierig.

Wirklichkeits-Wahrheit: Wie wahr sind unsere Vorstellungen und Informationen hinsichtlich der wirklichen Welt? Wir hängen von Wahrnehmungen und unvollkommenem Wissen ab. Von Zeit zu Zeit sind sogar Wissenschaftler davon überzeugt, daß sie recht haben – müssen aber dann herausfinden, daß sie sich geirrt haben. Wirklichkeits-Wahrheit ist äußerst wichtig für den größten Teil des praktischen Denkens. Selbst in der Mathematik gibt es eine Phase, in der unsere Wahrnehmungen der wirklichen Welt in Symbole übersetzt werden müssen.

Wir leben in einer praktischen Welt und müssen mit den verschiedensten Situationen umgehen können. Wir müssen Entscheidungen treffen und Handlungen planen, dabei können wir nicht immer auf die absolute Wahrheit warten. Deshalb gibt es unterschiedliche Ebenen praktischer *Wirklichkeits-Wahrheit*, die wir gebrauchen:

1. Überprüfbare Wahrheit. Man kann etwas immer wieder überprüfen und immer wieder zum gleichen Ergebnis kommen. Andere Menschen können es überprüfen und auch zur gleichen Antwort gelangen. Es ist möglich, daß sämtliche Methoden der Überprüfung (oder alle Instrumente) in sich fehlerhaft sind.

2. Persönliche Erfahrung. Wir neigen dazu, das zu glauben, was wir sehen. Aber wir können uns irren. Das Gedächtnis kann uns Streiche spielen. Es gibt Illusionen, Täuschungen, sogar Halluzinationen.

3. Erfahrungen aus zweiter Hand. Das, was andere Menschen uns erzählen. Auch wenn eine andere Person aufrichtig und verläßlich ist, kann sie die Information von jemandem haben, der nicht so verläßlich ist. Auf jeden Fall können Menschen aufrichtig und verläßlich sein und sich dennoch irren.

4. Allgemein akzeptiertes Wissen. Es ist Teil der Kultur oder akzeptiertes Wissen. Die Erde kreist um die Sonne. Mangel an Vitamin C verursacht Skorbut. Wir brauchen nur zurück in die Geschichte zu blicken, um festzustellen, daß sich immer wieder allgemein akzeptierte Vorstellungen als falsch herausgestellt haben.

5. Autorität. Die Autorität von Eltern, Lehrern, Lehrbüchern, Wissenschaftlern oder religiösen Führern garantiert mehr Wahrheit als den meisten Menschen zur Verfügung steht – also neigen wir dazu, diese zu akzeptieren. Auch hier

hat sich in der Geschichte gezeigt, daß auch Autoritäten sich irren können. Früher glaubten die größten medizinischen Autoritäten, daß Bluten (durch Blutegel oder Schröpfköpfe) die beste Art der Behandlung für die meisten Krankheiten sei. Mathematiker bewiesen, daß es unmöglich sei, eine Rakete zum Mond zu schießen oder daß Menschen fliegen könnten. Religiöse Autoritäten sind in einer etwas anderen Position, weil wir uns hier teilweise in die konstruierte *Spiel-Wahrheit* hineinbewegen, wo etwas innerhalb eines Glaubenssystems wahr ist.

Sehen Sie sich einmal die folgenden Äußerungen über Kühe an:

– Kühe können fliegen.
Das steht im Widerspruch zu unserer Erfahrung. Es steht auch im Widerspruch zu unserer Definition von einer Kuh. Wir würden diese Vorstellung als lächerlich zurückweisen, genauso wie ein Biologe zunächst Berichte über das australische Schnabeltier zurückgewiesen hätte.

– Kühe produzieren Methan, das die Atmosphäre verschmutzt.
Viele Menschen sind nicht in der Lage, diese Aussage in Frage zu stellen und würden es als Aussage einer Autorität akzeptieren. Kühe entladen jährlich etwa siebzig Millionen Tonnen Methan in die Atmosphäre. Dies bewirkt einen größeren Treibhauseffekt als Kohlendioxyd (in vergleichbaren Mengen).

– Kühe brauchen Mikroben, die die Nahrung für sie verdauen.
Hier geht es wieder um Wissen oder darum, daß man es als Aussage einer Autorität akzeptiert.

– Alle Kühe haben Hörner.
Wenn Sie selbst nur Kühe mit Hörnern kennen, stimmen sie dieser Aussage wahrscheinlich zu. Wenn Sie aber auch Kühe ohne Hörner kennen, werden Sie nicht zustimmen. Das Problem liegt in dem Wort *alle*.

- Kühe geben jederzeit Milch.

Hier geht es um Erfahrung oder um Kenntnisse in der Biologie (auch der Humanbiologie). Kühe geben Milch, wenn sie gekalbt haben.

- Kühe sind gefährliche Tiere.

Hier geht es um persönliche Erfahrung. Manche Kühe können gefährlich sein, aber es ist allgemein akzeptiert, daß Bullen gefährlich sind, Kühe jedoch nicht.

- Kühe sind farbenblind.

Hier geht es um spezielles Wissen. Sie könnten argumentieren, daß Bullen, da sie auf das rote Tuch des Toreros reagieren, nicht farbenblind sind. Das ist eine Schlußfolgerung.

- Kühe essen liebend gerne Fisch.

Sie haben niemals davon gehört. Es könnte aber sein.

- Kühe sind sehr effizient darin, Gras in Protein zu verwandeln.

Sie müßten dies glauben, bis Sie sich eine effizientere Art der Umwandlung vorstellen könnten (es gibt mehrere effiziente Arten).

- Kühe sind heilige Tiere.

Sie lachen vielleicht über diese Vorstellung, weil sie völlig konträr zu Ihrer eigenen Erfahrung ist. Aber wenn Sie Indien kennen würden, wüßten Sie, daß Kühe in der Hindukultur tatsächlich als heilig angesehen werden. Dies hier ist ein Beispiel dafür, wie etwas unter bestimmten Umständen wahr sein kann und unter anderen Umständen nicht – ein wichtiger Punkt, auf den ich später noch einmal zurückkommen werde.

Denkgewohnheit

Als Teil unserer Denkgewohnheiten sollten wir immer die Frage stellen: Was ist hier der Wahrheitswert?

Dann bestimmen Sie die Ebene des Wahrheitswertes, wie in den Beispielen mit der Kuh. Sie brauchen nicht alles zu akzeptieren, was Ihnen gesagt wird. Sie können versuchen, Dinge (vor allem die Informationen) selbst zu überprüfen.

Das wichtigste Problem beim Denken, vor allem dort, wo auch andere Menschen beteiligt sind, ist der *behauptete* Wahrheitswert: »Das ist so.«

»Das ist absolut wahr.«

»Das ist immer wahr.«

Wenn das für den Wahrheitswert behauptet wird, müssen Sie den Wert sehr genau überprüfen. Wenn die Behauptung jedoch bescheidener ist, könnten Sie sie aber auch akzeptieren:

»Das ist manchmal der Fall.«

»Ich erinnere mich, das gelesen zu haben.«

»Das könnte stimmen.«

»Jemand hat mir das mal erzählt.«

Es gibt immer einen Grat zwischen dem behaupteten Wahrheitswert und dem eigentlichen Wahrheitswert.

Leider neigen die Menschen beim Denken und in Auseinandersetzungen dazu, dogmatisch und bestimmt ihren Standpunkt zu vertreten.

Auch unsere alltäglichen logischen Gewohnheiten lassen uns auf Wörtern wie *alle, immer* oder *niemals* bestehen, weil die Logik ohne diese absoluten Formulierungen nicht funktionieren würde. Wenn wir nur sagten *im großen und ganzen, im allgemeinen* oder *meiner Erfahrung nach*, kämen wir der Wahrheit näher, könnten aber nicht mehr die Einschluß-Ausschluß-Logik anwenden.

Logik

Mit Logik bewegen wir uns von der gegenwärtigen Position zu einer neuen. Wir erhalten keine neue Information von außen. Wir arbeiten uns von dem aus, was wir haben, vorwärts (ableitende Logik).

Unsere erste Überprüfung des Wahrheitswertes besteht darin, zu sehen, ob etwas mit der Realität korrespondiert. Unsere zweite Überprüfung besteht darin, zu sehen, ob etwas aus dem, was wir bereits haben, folgt (entsprechend der Argumentationslinie).

Bestrafung hält Menschen von Verbrechen ab. Wenn wir also die Verbrechenszahlen senken möchten, könnten wir (müßten wir) mit Bestrafung vorgehen.

Zunächst müssen wir uns den Realitätsgehalt der Behauptung, daß Bestrafung Menschen von Verbrechen abhält, ansehen. Es ist vernünftig, dies anzunehmen, aber es stimmt vielleicht nicht (Verbrecher rechnen gar nicht damit, gefaßt zu werden).

Wenn wir diese erste Behauptung akzeptieren, sehen wir uns an, ob die Schlußfolgerung paßt. Es gibt keine Rechtfertigung für *müssen*, aber Bestrafung könnte eine Möglichkeit sein, also könnten wir *könnte* benutzen. Wir müßten auch das Maß der Bestrafung, die Art des Verbrechens, die Kosten, die Nachwirkungen der Bestrafung usw. berücksichtigen.

Die Gewohnheitsfragen, die wir uns stellen sollten, sind: Folgt dies daraus?

Noch wichtiger ist die Frage:

Muß dies (wie behauptet) daraus folgen?

Eine logische Argumentation hängt davon ab, daß etwas daraus folgt. Wenn wir uns mit *es kann daraus folgen* zufriedengeben, dann ist dies eine Annahme und eine Erforschung (und als solche auch nützlich).

Logik, Information und Kreativität

Wir vergessen oft, daß das *muß daraus folgen* einer logischen Argumentation eigentlich nicht auf Logik basiert, sondern auf einem Mangel an Kreativität oder Information.

Ein Mann betritt ein Zimmer, in dem eine wunderschöne Kristallvase steht. Das Zimmer ist verschlossen. Niemand kann herein. Es gibt keine Fenster oder andere Öffnungen. Zehn Minuten später kommt der Mann wieder heraus. Die Vase wird zerbrochen aufgefunden. Er streitet ab, die Vase zerbrochen zu haben. Aber natürlich muß er die Vase zerbrochen haben – es gibt keine andere mögliche Erklärung.

Wir brauchen Kreativität oder Informationen, um die Möglichkeit in Betracht ziehen zu können, daß ein Hochfrequenzton die Vase zertrümmert hat. Wenn wir auf solche Gedanken erst einmal gekommen sind, können wir nicht mehr sagen, daß er es getan haben *muß*. Solche Gedanken sollte sich ein guter Anwalt machen.

- Die Menschen essen zuviel und werden dick und krank.
- Wenn wir die Preise für Lebensmittel anheben würden, würden die Menschen weniger Essen kaufen.
- Wenn die Menschen weniger Lebensmittel kaufen würden, würden sie gesünder leben.

Wir könnten die Logik dieser Argumentation akzeptieren, bis wir durch unsere Kreativität vielleicht auf alternative Möglichkeiten stoßen.

Die Menschen könnten zum Beispiel genausoviel Lebensmittel kaufen, dadurch aber mehr Geld ausgeben, was sie von anderen Konsumbereichen abziehen würden.

Die Menschen könnten den gleichen Geldbetrag für Lebensmittel ausgeben, aber billigere, wertlosere Nahrung kaufen – das wäre noch ungesünder.

In alltäglichen Situationen basieren logische Argumentationen oft (nicht immer) auf der Unfähigkeit, sich Alternativen auszudenken.

Genauso ist die Fähigkeit, sich alternative Erklärungen auszudenken, bei weitem die beste Methode, um die Arroganz einer anscheinend logischen Argumentation zu zerstören.

- Gestern abend haben wir über dem Feld Lichter gesehen.
- Die Luftwaffe sagt, daß es in diesem Bereich gestern abend keinen Flugverkehr gab.
- Also muß es ein UFO gewesen sein.
- Es könnte auch das Flugzeug eines Drogenschmugglers gewesen sein, das bewußt tief geflogen ist, um dem Radar zu entgehen.

Wenn Sie eine Münze auf einen harten Untergrund werfen, ist es ziemlich unwahrscheinlich, daß sie auf der Kante stehenbleibt. Wenn also nicht »Kopf« nach oben weist, dann muß es »Zahl« sein. Logik funktioniert am besten, wenn es nur eine begrenzte Anzahl von Möglichkeiten gibt. Wenn alle anderen Möglichkeiten ausgeschlossen worden sind, muß es die sein, die als letzte übrigbleibt. Leider sind wir nur allzu schnell bereit zu sagen, es gäbe nur begrenzte Möglichkeiten, wenn sie lediglich durch unser Wissen und unsere mangelnde kreative Vorstellungskraft begrenzt sind.

Per definitionem können widersprüchliche Dinge nicht zusammen existieren. Das Problem liegt darin, zu entscheiden, ob zwei Dinge wirklich widersprüchlich sind. Es gibt Liebe-und-Haß-Beziehungen; so ist es in Japan zum Beispiel für jemanden durchaus möglich, gleichzeitig Freund und Nicht-Freund zu sein, weil die Japaner nicht wie die westliche Welt eine solche Angst vor Widersprüchen haben.

Insgesamt entstehen die Probleme mit Logik immer dann, wenn wir versuchen, die Welt so zu beschreiben, wie sie ist. Wenn es dagegen um ein konstruiertes Spiel geht, funktioniert Logik sehr viel besser. Dann lautet die Frage so: Ist Sprache ein konstruiertes Spiel oder eine Beschreibung unserer Wahrnehmungen?

Kritisches Denken

Wenn wir den Begriff *Kritisches Denken* auf jede Art von Denken anwenden, brauchen wir das Wort *kritisch* nicht, und es geht auch die spezifische Bedeutung des Begriffes *kritisch* verloren.

Das Wort *kritisch* ist aus dem griechischen Wort *kritikos*, zur entscheidenden Beurteilung gehörig, entstanden. *Kritisch* wird oft in der Bedeutung von Überprüfung angewendet, ob sie nun gut oder schlecht ausfällt. Diese Bedeutung jedoch schwächt den Hauptwert des kritischen Denkens.

Ursprünglich war es der Zweck des kritischen Denkens, die Wahrheit aufzudecken, indem alles, was falsch war, angegriffen und zurückgewiesen wurde – dadurch kam die Wahrheit zum Vorschein. Es hat beträchtlichen Wert, wenn versucht wird, so den nachlässigen Gebrauch von Sprache, Konzepten und falschen Argumentationen zu verhindern, aber es fehlt ihm an generativer und konstruktiver Kraft. Darauf habe ich schon früher in diesem Buch hingewiesen.

Das Entfernen von Schwächen – wie im Schwarzen-Hut-Denken – stärkt eine Idee, aber für konstruktives Denken reicht es nicht aus.

Kritisches Denken hat den gleichen Wert wie ein Rad an einem Auto. Aber es reicht nicht aus, nur kritisches Denken zu lehren.

Reaktives Denken ist an sich ungenügend.

Wasser löscht Feuer. Wasser ist flüssig. Benzin ist flüssig. Also löscht Benzin Feuer. Im kritischen Denken würde dies als klassischer Begründungsirrtum dargestellt werden.

John ißt gerne Austern. John ist ein Junge. Peter ist auch ein Junge – also muß Peter auch gerne Austern essen. Es ist leicht zu erkennen, daß dies nicht die richtige Schlußfolgerung sein kann.

Die Begründung müßte anders lauten: Alle Flüssigkeiten, die ich bisher kennengelernt habe (Wasser, Schlamm, Milch, Urin) löschen Feuer.

Das mag an ihrer flüssigen Natur liegen, die verhindert, daß Luft an das Feuer kommt.

Benzin ist eine neue Flüssigkeit (die ich bisher noch nicht kennengelernt habe), also ist es vernünftig anzunehmen, daß es ebenfalls Feuer löschen kann.

Diese induktive Begründung erscheint stichhaltig. Nur meine Erfahrung mit Benzin oder mein Wissen darüber sagt mir, daß es anders ist.

Zusammenfassung

Wahrheit ist äußerst wichtig beim Denken. Es gibt Wahrheit in konstruierten Systemen (Spielen) und Wahrheit hinsichtlich der uns umgebenden Welt. Wenn wir unser kritisches Denken gebrauchen, müssen wir fragen: Ist das wahr?

Wir versuchen, die praktische Wahrheitsebene zu bestimmen.

Wir verwenden Logik, um weitere Wahrheiten aus denen, über die wir bereits verfügen, abzuleiten. Wir müssen diese logische Wahrheit mit einer anderen Frage überprüfen: Muß diese Wahrheit aus der folgen, die wir bereits haben?

Übungen zu Wahrheit, Logik und kritischem Denken

1. »Wenn ich dir die Hälfte von dem gebe, was ich habe, ist es nur gerecht, daß auch du mir die Hälfte von dem gibst, was du hast.« Ist das logisch? Ist dies eine richtige Folgerung?

2. Wir wissen, daß Ellen äußerst faul ist – also sollten wir ihr eine zusätzliche Arbeit geben, damit sie mehr arbeitet. Wende dein kritisches Denken darauf an.

3. Der Feind meines Feindes ist mein Freund. Ist das die richtige Schlußfolgerung?

4. Überprüfe den Wahrheitsgrad der folgenden Aussagen:

- Gelbe Autos haben die wenigsten Unfälle.
- Rote Autos sind nachts schlecht zu sehen.

- Männer fahren besser Auto als Frauen.
- Frauen, die allein in einem Auto sind, fahren am allerschnellsten.
- Männer verursachen mehr Unfälle.
- Alkohol beeinträchtigt in jeder Menge die Fahrtüchtigkeit.
- Langsame Fahrer können Unfälle verursachen.
- Auf dem Beifahrersitz ist man am stärksten gefährdet.
- Auf nassen Straßen greifen Reifen besser.
- Motorräder sind nur deshalb gefährlich, weil die meisten Fahrer jung sind.
- Das oberste Licht an der Ampel ist das rote.

5. In einem Büro wird ausgerechnet, daß jeder verschickte Brief zwanzig Dollar kostet (Raum, Arbeit der Sekretärin, Porto usw.). Um die Kosten zu verringern, beschließt man, weniger Briefe zu verschicken. Ist das logisch?

6. Diese Schuhe sind teurer, also müssen sie qualitativ besser sein. Wenn die Qualität nicht besser wäre, würde niemand diese Schuhe kaufen, und der Hersteller würde Bankrott machen. Ist das eine logische Schlußfolgerung?

7. »Wenn du das Essen kochst, kannst du entscheiden, was du essen möchtest.« Wende dein kritisches Denken darauf an.

8. In einem Lebensmittelgeschäft machen Diebstähle drei Prozent vom Umsatz aus. Der Gewinn beträgt nur zwei Prozent vom Umsatz. Folgt daraus, daß das Geschäft Bankrott macht?

Unter welchen Umständen?

»Mit diesem Thermometer ist etwas nicht in Ordnung. Die Temperaturanzeige geht nicht höher als 96 Grad, aber das Wasser kocht anscheinend. Sollte das Thermometer nicht 100 Grad anzeigen?« Jeder weiß, daß Wasser bei 100 Grad kocht. Richtig? Falsch. Wasser kocht nur in Höhe des Meeresspiegels bei 100 Grad Celsius. Wenn der Luftdruck auf einem Berg abnimmt, dann kocht Wasser bei einer niedrigeren Temperatur. Die wissenschaftliche Wahrheit, daß Wasser bei 100 Grad Celsius kocht, besteht also nur unter bestimmten Umständen.

Während eines Vortrags, den ich in Plovdiv, Bulgarien, hielt, schüttelte eine junge Psychologin, die vor mir in der ersten Reihe saß, bei fast allem, was ich sagte, heftig den Kopf. Ich fand dies sehr beunruhigend, und nach dem Vortrag fragte ich sie, warum sie das, was ich zu sagen hatte, so heftig ablehnte. Sie erzählte mir, daß ein nachdrückliches Kopfschütteln in Bulgarien Zustimmung bedeutet.

Jeder weiß, daß Kühe keine heiligen Tiere sind. Aber unter den Umständen der Hindu-Religion und -Kultur in Indien werden Kühe als heilig behandelt: Wenn eine Kuh sich mitten auf einer Hauptverkehrsstraße niederläßt, teilt sich der Verkehr und alle fahren um sie herum.

Milch ist bekanntlich gut für Menschen, daher gaben Hilfsorganisationen während des Vietnamkriegs verhungernden Kindern Milch. Die Kinder bekamen Durchfall. Manchen Menschen (vor allem in Südostasien) fehlt das richtige Enzym – Lactase –, um Milch zu verdauen.

Salz ist gut. Mit Salz schmeckt Essen besser. Der menschliche Körper braucht Salz. Versalzenes Essen jedoch schmeckt schlecht. In all diesen Beispielen erweist sich etwas, das einleuchtend und wahr zu sein scheint, nur unter bestimmten Umständen als wahr.

Chemische Reaktionen sind in hohem Maß abhängig von Umständen oder Bedingungen. Bestandteile interagieren nur unter genau den richtigen Temperatur- oder Druckumständen, oder nur, wenn der richtige Katalysator vorhanden ist.

Sie könnten einwenden, daß wir beim Sprechen oder Denken von der normalen Kultur und normalen Bedingungen ausgehen, und daß Dinge nur unter ganz besonderen Umständen nicht mehr wahr sind. Wir müssen jedoch im Gegenteil immer, wenn wir eine Wahrheit behaupten, die Umstände spezifizieren, unter denen diese Wahrheit zutrifft.

Der häufigste Fehler bei Auseinandersetzungen oder Diskussionen ist vielleicht, daß wir die Umstände nicht genau definieren. Häufig haben beide Parteien recht – aber unter unterschiedlichen Umständen.

Bedeutet dies, daß alle Wahrheit relativ ist? Keineswegs. Es bedeutet, daß manche Wahrheiten relativ sind. Alle Menschen brauchen Sauerstoff. Wir möchten gern glauben, daß alle Menschen ein grundlegendes menschliches Recht haben. Wir müssen nur mit den Wörtern *alle* und *immer*, die unserer üblichen Logik zugrunde liegen, vorsichtig sein. Statt *immer* könnten wir *im großen und ganzen* sagen, wenn wir jedoch *immer* sagen möchten, müssen wir die Umstände definieren.

Es gibt ein paar Ausnahmen für die meisten Verallgemeinerungen. Ich schreibe nicht über diese Ausnahmen, sondern über Wahrheiten, die unter bestimmten Umständen wahr sind, und unter anderen nicht.

Denkgewohnheit

Wir müssen zu der Denkgewohnheit kommen, stets eine wichtige Frage zu stellen: Unter welchen Umständen stimmt dies (trifft dies zu)?

Übungen zu Umständen

1. Unter welchen Umständen wäre jedes der folgenden Dinge nützlich? Kannst du dir Umstände vorstellen, unter denen zwei oder mehr dieser Dinge nützlich wären?

ein Stück Seil
ein Gummiballon
ein Zigarettenanzünder
ein Eimer
ein Eis

2. Sind die folgenden Behauptungen immer wahr oder nur unter bestimmten Umständen?

– Eisberge sind gefährlich.
– Nasse Hände sind gefährlich.
– Sorgloses Fahren ist gefährlich.
– Diäthalten ist gefährlich.
– Messer sind gefährlich.
– Schwimmbäder sind gefährlich.

3. Welche der folgenden Dinge sind in vernünftigen Mengen gut, aber nicht gut, wenn man zuviel davon hat?

Essen
Geld
Training
Wissen
Aufrichtigkeit
Schlaf

4. Der Wachhund eines Nachbarn hat einen Jungen gebissen. Der Nachbar vertritt die Ansicht, der Hund sei normalerweise friedlich, aber der Junge habe den Hund provoziert. Die Eltern des Jungen sagen, der Hund sei gefährlich und müsse eingeschläfert werden. Was denkst du?

5. Bist du im großen und ganzen der Ansicht, daß die Menschen sich gut oder schlecht benehmen? Zeige die Umstände auf, unter denen du glaubst, daß sie sich gut benehmen. Zeige die Umstände auf, unter denen du glaubst, daß sie sich schlecht benehmen.
6. Ist Feuer gefährlich oder nützlich?

Hypothese, Spekulation und Provokation

Hypothese, Spekulation und Provokation sind äußerst wichtige Denkfähigkeiten in bezug auf Fortschritt, Wandel, Wissenschaft und kreatives Denken aller Art. Leider wird dies normalerweise beim Denken nicht zur Kenntnis genommen.

Warum spielen Kätzchen? Wahrscheinlich, um Verhaltensmuster für die Jagd oder zur Verteidigung auszuprobieren. Möglicherweise aber auch, weil sie voller Energie und Lebensfreude sind.

Warum spielen Menschen? Aus Freude und Vergnügen, aber sie versuchen dabei auch, neue Dinge auszuprobieren.

Hypothese, Spekulation und Provokation erlauben uns, im Gehirn zu spielen. Wir probieren neue Dinge aus. Wir führen die *Gedankenexperimente* aus, mit denen Einstein seine Ideen erzeugte.

»Vielleicht könnten wir ganz kleine Kühe züchten – nicht größer als Hunde.«

»Angenommen, wir könnten Kühe durch Wachstumshormone früher geschlechtsreif machen . . .«

»Was wäre, wenn wir wirksamere Mikroben in das Verdauungssystem einer Kuh bringen könnten, damit das Gras gründlicher als Nahrung verarbeitet werden könnte?«

»Wäre es möglich, Hausmüll so zu behandeln, daß er als Viehfutter verwendet werden könnte?«

»PO-Kühe könnten fliegen.« (PO ist ein neues Wort – ein bewußt provokatives Werkzeug im lateralen Denken, das später noch behandelt werden wird.)

All das sind Beispiele für Spekulationen und Provokationen.

Sprung nach vorn

Beim normalen Denken muß es einen Grund geben, etwas zu sagen, bevor man es sagt.

Wenn wir uns mit logischem Denken *vorwärts* bewegen, gehen wir von der jetzigen Position zur nächsten Position: *Das folgt aus dem, was wir jetzt haben.* Das ist die normale logische Argumentation. In Abbildung 8 wird gezeigt, wie wir uns von A nach B und dann nach C bewegen. Wo wir sind, wird davon bestimmt, wo wir waren. Jede neue Position kann logisch unterstützt werden.

Es gibt aber noch eine andere Methode, sich im Denken *vorwärts* zu bewegen. Diese andere Methode ist das *Vorwärtsspringen.* Dieser Vorgang wird in Abbildung 9 gezeigt. Hier springen wir von A nach C. Wenn wir erst einmal bei C sind, können wir den nächsten Schritt von A aus vorwärtsziehen.

Der Unterschied liegt zwischen *Stoßen* und *Ziehen.* Im *Stoßdenken* stoßen wir von dort aus, wo wir sind, vorwärts – so wie sich ein Eisbrecher seinen Weg durch das Eis bricht. Beim *Ziehdenken* springen wir vorwärts, und sehen dann, ob wir einen Weg durch das Eis finden können.

Im Stoßdenken sagen wir: »Das ist so – und als Resultat folgt das.«

Im Ziehdenken sagen wir: »Das könnte so sein, und wenn wir diesen Sprung machen, könnte das daraus folgen.«

Im normalen logischen Denken muß jeder Schritt vorwärts voll gerechtfertigt werden. Wenn wir spekulativ vorwärtsspringen, gibt es keine vollständige Rechtfertigung für den Sprung. Bei der Provokation mag es keinen Grund dafür geben, etwas zu sagen, bevor man es gesagt hat (die Ergebnisse des Gesagten rechtfertigen die Provokation).

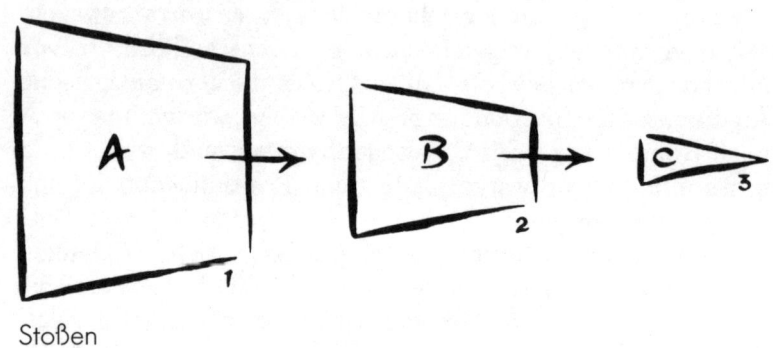

Stoßen

Abbildung 8

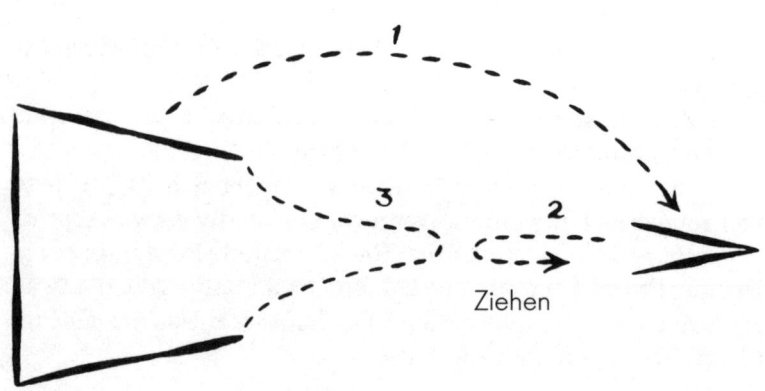

Ziehen

Abbildung 9

216

Spekulationsebenen

Beim spekulativen Denken verwenden wir zahlreiche unterschiedliche Wörter:
- vielleicht
- angenommen
- möglicherweise
- wahrscheinlich
- was wäre, wenn
- PO (wird später beschrieben)

Die Gewißheitsgrade reichen von der vollen Sicherheit guter Logik zur bewußten Provokation des lateralen Denkens.

Gewiß: Das Ergebnis guter logischer Ableitung

Höchstwahrscheinlich sicher: Noch nicht absolut sicher, aber sehr, sehr wahrscheinlich. Braucht nur noch endgültige Bestätigung. Auch etwas, was mit der Zukunft zu tun hat, wo absolute Sicherheit schwierig ist.

Gut geraten: Wir wissen, daß wir nur vermuten, aber es ist gut geraten und sicherlich die bestmögliche Vermutung.

Möglich: Das ist nur eine Möglichkeit. Es gibt zwar keine unterstützende Evidenz, aber es ist eine Möglichkeit. Manchmal ist es auch *nur möglich.*

Versuchsweise: Das ist *Drachenfliegen.* Es bedeutet, eine Idee vorzutragen, die nicht als vernünftig empfunden wird, um zu sehen, was dabei herauskommt.

Provokation: Hier wird kein Anspruch auf Vernunft oder Wahrscheinlichkeit erhoben. Eine Provokation dient dazu, uns aus unserem gewöhnlichen Denken herauszuholen. Die Provokation kann durch das Wort *PO* signalisiert werden, das anzeigt, daß es sich tatsächlich um eine Provokation handelt. *PO-Autos sollten viereckige Räder haben.*

Aktion und Wandel

Ärzte müssen praktisch handeln. Sie haben jedoch selten all die Informationen zur Verfügung, die sie brauchen. Es sind vielleicht noch nicht alle erforderlichen Untersuchungen durchgeführt worden, und außerdem wissen wir relativ wenig über den menschlichen Körper. Deshalb basiert das Handeln des Arztes auf Dingen, die lediglich höchstwahrscheinlich sicher oder auch nur eine Vermutung sind.

In vielen praktischen Fällen kann die Handlung nicht auf Gewißheit basieren, sondern auf vernünftiger Spekulation. Das ist jedoch nicht die Art von Spekulation, über die ich hier berichte.

In diesem Kapitel gehe ich auf Spekulation als mächtiges Werkzeug für Fortschritt, für die Veränderung von Ideen, für das Formen neuer Ideen und für Kreativität im allgemeinen ein.

Kreative Haltung

In der Auseinandersetzung und im Denken allgemein möchten wir bestätigen, was wir bereits wissen. Mit einer kreativen Haltung möchten wir uns vorwärts auf etwas Neues zubewegen.

Spekulation erlaubt uns, neue Möglichkeiten zu eröffnen und diese Möglichkeiten dann weiterzuverfolgen.

Spekulation erlaubt uns, neue Rahmen zu schaffen, damit wir das Offensichtliche auf eine neue Art sehen können.

Spekulation und Provokation erlauben uns, bewußte, kreative Denkwerkzeuge zu entwickeln, die uns aus den traditionellen Denkmustern herausholen.

Ohne Spekulation können wir die stetige Entwicklung und Verbesserung einer Idee erreichen, aber wir werden wahrscheinlich nicht zu einer vollständig neuen Idee gelangen.

Die kreative Haltung beinhaltet Risiko, Spiel und das Ausprobieren von Dingen.

Wissenschaftliches Denken

Das Sammeln und Analysieren von Material ist die traditionelle wissenschaftliche Methode. Aus dieser Analyse entsteht die vernünftigste Hypothese. Dann machen wir uns daran, diese Hypothese zu überprüfen. Theoretisch sollten wir uns bemühen zu beweisen, daß die Hypothese falsch ist. Praktisch jedoch bemühen sich die meisten Wissenschaftler zu beweisen, daß die Hypothese richtig ist.

Das Sammeln und Analysieren von Daten wird in der Wissenschaft sehr betont. Man hat immer vorausgesetzt, daß die Analyse von Daten die vernünftigste Hypothese ergibt. Heute zweifeln viele Leute ernsthaft daran.

Erzeugt die Analyse von Daten neue Ideen, oder erlaubt sie uns lediglich, bestehende Ideen zu bestätigen? Aus dem, was wir über das Verhalten des Hirns als selbstorganisierendem System wissen, folgt, daß das Gehirn nur das wahrnehmen kann, auf das es bereits vorbereitet ist. Wir haben also einen Vorrat an existierenden Hypothesen, durch die wir die Daten überprüfen. Das erzeugt keine wirklich neuen Ideen.

Deshalb nehmen wissenschaftliche Durchbrüche (und das, was Paradigma-Verschiebung genannt wird) soviel Zeit in Anspruch. Diejenigen, die die Daten durch die alte Idee sehen, bewegen sich nur sehr langsam auf neue Ideen zu.

Die Analyse von Daten an sich reicht nicht aus. Wir brauchen auch die kreativen Fähigkeiten, zu spekulieren und provokative Hypothesen zu verwenden. Wenn wir diese Fähigkeiten bei Wissenschaftlern entwickeln können, wird die Wissenschaft schnellere Fortschritte machen.

Die neue Hypothese oder die provokative Idee bilden ein Gerüst, innerhalb dessen wir unsere Informationen organisieren und neue Informationen suchen können.

Diese neuen Hypothesen sind nicht auf das *Vernünftigste* beschränkt. Sie können bewußt spekulativ und provokativ sein.

Busineß-Denken

Neue Initiativen, neue Unternehmungen, neue Unternehmen sind Beispiel für spekulatives Denken. Die Idee entsteht, und dann versuchen wir, sie durch das Sammeln von Informationen und Marktforschung zu überprüfen. Es kann immer noch ein Risikoelement vorhanden sein – auch wenn der Unternehmer davon überzeugt ist, daß er logisch richtig liegt.

Bei der Einführung neuer Produkte oder neuer Strategien gibt es immer noch spekulatives Denken: »Was passiert, wenn wir das tun . . .?« Die Reaktion der Wettbewerber muß erraten werden. Weil es im Geschäftsleben immer um Aktion und um die Zukunft geht, gibt es immer Spekulationen. Sollten wir jedoch nicht eher versuchen, den Grad an Spekulation zu verringern, statt ihn immer mehr zu erhöhen? Wir müssen beides zugleich tun. Wir müssen Spekulation und Risiko verringern, indem wir Informationen sammeln, Entwicklungen überwachen und unterstützende Strategien verwenden. Zugleich müssen wir die Spekulation in bezug auf neue Unternehmungen, neue Richtungen und neue Methoden erhöhen.

Zusammenfassung

Oft machen wir in unserem Denken einen logisch gerechtfertigten Schritt vorwärts von unserer gegenwärtigen Position auf die nächste Position. Mit Hypothese, Spekulation und Provokation machen wir vielleicht einen Sprung vorwärts, der nicht vollständig gerechtfertigt ist. Das Maß an Rechtfertigung kann von einer vernünftigen Vermutung bis hin zu übertriebener Provokation ohne jede Rechtfertigung reichen.

Der Wert von Hypothese, Spekulation und Provokation liegt darin, daß sie uns erlauben zu spielen, neue Ideen auszuprobieren und Dinge auf eine neue Art zu sehen. In jedem selbstorganisierenden System (wie dem Gehirn) gibt es ein logisches Bedürfnis nach diesem Verhalten.

Übungen zu Hypothese, Spekulation und Provokation

1. Warum haben Mäuse deiner Meinung nach Schwänze? Entwickle zwei unterschiedliche Hypothesen.

2. Du bist mit deiner Familie übers Wochenende weggefahren. Als ihr zurückkommt, riecht es in der Küche schlecht. Woran könnte das deiner Meinung nach liegen?

3. In vielen Märchen bekommt eine Person von einem Geist, den sie aus einer Flasche befreit hat, drei Wünsche gewährt. Angenommen, du hättest drei Wünsche frei. Wie würden sie lauten? Was würde geschehen, wenn jeder erfüllt würde?

4. Ein Manager beobachtet, daß ein Assistent, der morgens immer sehr pünktlich war, angefangen hat, später zur Arbeit zu kommen. Was sind mögliche Erklärungen dafür? Gib zwei vernünftige Erklärungen. Gib zwei Erklärungen, die *nur möglich*, aber unwahrscheinlich sind.

5. Jemand, den du kennst, war immer schon unordentlich und faul. Plötzlich beginnt er, sich ordentlich anzuziehen, ist sehr pünktlich und organisiert und fängt an, hart zu arbeiten. Spekuliere darüber, was deiner Meinung nach passiert sein kann.

6. Ein Unternehmer stellt fest, daß sein Hauptkonkurrent anscheinend immer schon vorher weiß, was passieren wird. Der Unternehmer vermutet eine durchlässige Stelle. Die Situation ist die folgende:
– Ein Manager ist vor drei Monaten gegangen.
– Er ist durch jemanden ersetzt worden, den ein Freund empfohlen hat.
– Falsche Informationen, die dem neuen Mitarbeiter gegeben werden, werden vom Konkurrenten nicht genutzt.
– Der Manager, der gegangen ist, arbeitet in einem anderen Landesteil.
Was geht deiner Meinung nach hier vor?

7. Warum mögen die Menschen deiner Meinung nach Auseinandersetzungen? Versuche drei unterschiedliche Hypothesen aufzustellen.

8. Angenommen, Kühe wären sehr klein. Was würde passieren?

Laterales Denken

Ist Kreativität ein geheimnisvolles Talent, das nur wenige Menschen besitzen?

Ist kreatives Denken ein Teil der Denkfähigkeit, und damit eine Fähigkeit, die erlernt und entwickelt werden kann?

Schöpfen: Das Wort *kreativ* kann bedeuten, etwas zu machen oder etwas zu schaffen. Was gemacht wird, ist neu, weil es vorher nicht da war. Dennoch sind möglicherweise keine neuen Ideen daran beteiligt. Ich ziehe es vor, dies *konstruktives* Denken zu nennen.

Kunst: Das Wort *kreativ* ist sehr umfassend und deckt auch den Bereich der Kunst ab, weil in der Kunst neue Dinge hergestellt werden. Kunst beinhaltet Stärke des Ausdrucks, emotionale Resonanz und viele andere Dinge. Einige Künstler (in der Musik, im Design, in der Architektur, dem Schauspiel usw.) haben mir gesagt, daß sie meine Methoden anwenden — aber ich behaupte nicht, daß ich über künstlerische Kreativität spreche.

Genie: Ich kann nicht garantieren, aus jedem ein Genie zu machen. Das Maß an Genialität bei der Kreativität hängt in der Tat von besonderen Eigenschaften ab (wie eine Fähigkeit zum Bildlichen), genauso wie irrsinnige Genies besondere Fähigkeiten zu besitzen scheinen. Trotzdem haben viele Genies Methoden benutzt, die dem lateralen Denken verwandt sind. Einsteins *Gedankenexperimente* zum Beispiel waren klassische Beispiele für Provokation.

Ideen und Wahrnehmungen verändern: Ich befasse mich

besonders mit der Fähigkeit, Ideen und Wahrnehmungen zu verändern. Das ist der Zweck des lateralen Denkens.

Wenn laterales Denken tatsächlich eine Fähigkeit ist, kann sie sich jeder, der ein wenig Mühe investiert, aneignen. Wie bei jeder Fähigkeit werden manche Menschen besser damit umgehen können als andere.

Über die Jahre haben mir viele Leute, die von Natur aus kreativ sind und kreativen Erfolg gehabt haben, gesagt, daß sie die Techniken und Disziplinen des lateralen Denkens äußerst hilfreich finden.

Ursprung

Ich habe den Begriff »laterales Denken« 1967 erfunden. Der Begriff ist heute offizieller Bestandteil der englischen Sprache, er hat eine Eintragung im *Oxford English Dictionary*.

Die Menschen haben laterales Denken immer schon vereinzelt angewendet, und zwar in dem Sinn, daß sie neue Wahrnehmungen und neue Ideen entwickelt haben. Von Zeit zu Zeit haben zufällige Erfahrungen neue Ideen hervorgebracht.

Mein Beitrag war es, dies als gültigen und wertvollen Bestandteil des Denkens zu identifizieren, es zu formalisieren, Techniken zu entwickeln, die bewußt angewendet werden können, und − vor allem − eine Beziehung zwischen lateralem Denken und selbstorganisierendem System herzustellen. Wenn wir uns das Verhalten selbstorganisierender Systeme ansehen, stellen wir fest, daß es dort ein logisches und mathematisches Bedürfnis nach lateralem Denken gibt. Es ist also kein Luxus.

Der Gebrauch des lateralen Denkens

Jeder, der denken muß, braucht gewisse Fähigkeiten in lateralem Denken. Laterales Denken beschränkt sich nicht auf Architekten, Werbeleute, Designer und Erfinder.

Alles Denken ist eine Kombination von Wahrnehmung und Logik. Laterales Denken ist wesentlich beim wahrnehmenden Denken.

Definition

Es gibt verschiedene Definitionsebenen: »Man kann kein Loch woanders graben, indem man das gleiche Loch tiefer gräbt.«

Sich um die gleichen Ideen und die gleiche Vorgehensweise stärker zu bemühen, löst das Problem wahrscheinlich nicht. Sie müssen sich *lateral* bewegen, um neue Ideen und eine neue Vorgehensweise auszuprobieren: »Laterales Denken dient dazu, etablierten Ideen und Wahrnehmungen zu entfliehen, um neue zu finden.«

Unsere bestehenden Ideen sind durch bestimmte Erfahrungssequenzen etabliert worden. Wir neigen dazu, etablierte Ideen zu verteidigen und die Welt durch etablierte Wahrnehmungen zu sehen. Laterales Denken heißt, den bestehenden Ideen und Wahrnehmungen zu entfliehen, um bessere zu finden: »Ein selbstorganisierendes Informationssystem erlaubt eingehenden Informationen, sich selbst in Muster zu organisieren. Diese Muster sind nicht symmetrisch. Wir brauchen ein Mittel, um Muster zu durchschneiden (uns lateral zu bewegen). Laterales Denken liefert dieses Mittel.«

Natürlich ist dies eine technische Definition, und sie bedeutet denjenigen, die nicht wissen, was mit selbstorganisierendem System gemeint ist, nicht besonders viel. Dies ist die technische Definition des lateralen Denkens, die anzeigt, daß es sich um mehr als nur einen beschreibenden Begriff handelt.

Laterales Denken basiert auf Informationsverhalten in selbstorganisierenden Systemen.

Allgemein und spezifisch

Die spezifische Bedeutung von *lateralem Denken* deckt den Gebrauch spezifischer Techniken ab, die angewendet werden, damit wir neue Ideen und Wahrnehmungen entwickeln können. Hier besteht ein direkter Bezug zum kreativen Denken.

Die allgemeine Bedeutung von *lateralem Denken* deckt das Denken ab, mit dem neue Wahrnehmungen erforscht und entwickelt werden, statt sich vornehmlich um die bestehenden Wahrnehmungen zu bemühen. In diesem Sinn ist laterales Denken eng mit wahrnehmendem Denken verbunden. Viele der aufmerksamkeitslenkenden Werkzeuge (CAF, OPV, C&S) sind Teil dieser allgemeinen Erforschung des lateralen Denkens.

In diesem Kapitel gehe ich auf die spezifische kreative Bedeutung des lateralen Denkens ein. Das beinhaltet Denkwerkzeuge wie Provokation und den Gebrauch des neuen Wortes »PO«.

Muster

Als selbstorganisierendes System erlaubt das Gehirn eingehenden Informationen, sich selbst in Muster zu organisieren. Die Leser, die dieses Thema vertiefen wollen, sollten meine Bücher *The Mechanism of Mind* und *Der Klügere gibt nicht nach* lesen.

Die musterbildende Aktivität des Gehirns ist äußerst nützlich. Ohne die vorhandenen Routinemuster wäre das Leben unmöglich. Jemand, der von Geburt an blind ist, kann, wenn er das Augenlicht zurückgewinnt, erst dann sehen, wenn die visuellen Muster, die wir als selbstverständlich hinnehmen, eingerichtet sind. Lesen, Schreiben, Reden, die Straße überqueren, Freunde wiedererkennen oder Nahrungsmittel erkennen sind nur aufgrund dieser großartigen musterbildenden Fähigkeit des Gehirns möglich. Für dieses musterbildende Verhalten unserer Gehirne sollten wir alle äußerst dankbar sein.

Aber Muster sind nicht symmetrisch. In Abbildung 10 ist ein Seitenweg dargestellt. Während wir auf dem Hauptweg entlanggehen, merken wir nicht, daß der Seitenweg überhaupt existiert. Wenn wir aber vom Seitenweg ausgehen, ist der Weg zurück zum ersten Punkt direkt und offensichtlich. Mit anderen Worten, der Weg von A nach B mag ein Umweg sein, der Weg von B nach A jedoch ist direkt. Das meine ich mit *nicht symmetrisch*. Dies ist eine Eigenschaft aller Mustersysteme, und daran ist nichts Geheimnisvolles.

Humor

Humor ist ein hervorragendes Beispiel für laterales Denken. Wenn wir einem Witz zuhören, folgt unser Denken dem Hauptweg. Plötzlich führt uns die Pointe über den Seitenweg. Wenn wir erst einmal dort sind, können wir die *Logik* der Verbindung sehen. Dieser Prozeß wird in Abbildung 11 dargestellt. Dieser plötzliche Wahrnehmungswechsel wird noch stärker, wenn er auf Emotionen, Vorurteile und aktuelle Ereignisse abzielt. Wir akzeptieren die Logik des Humors, so wie wir die unübliche Grammatik in der Dichtung akzeptieren.

Eines fernen Tages in der Zukunft werden Hirnverpflanzungen möglich sein. Ein Manager arrangiert eine Hirnverpflanzung für einen leitenden Angestellten, der bei einem Autounfall verletzt worden ist. Ihm werden verschiedene mögliche Hirne angeboten. Eins von ihnen ist fünfmal so teuer wie die anderen. Er fragt nach dem Grund für den hohen Preis, und ihm wird gesagt: »Dies ist ein besonderes Gehirn – es wurde nie gebraucht.«

Dahinter steht die Logik, daß ein ungebrauchtes Auto sehr viel teurer ist als ein gebrauchtes Auto. Andererseits ist wahr-

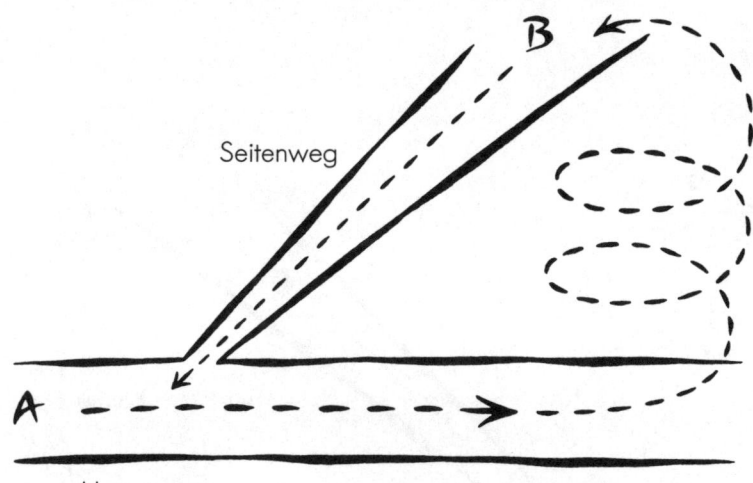

Seitenweg

B

A

Hauptweg

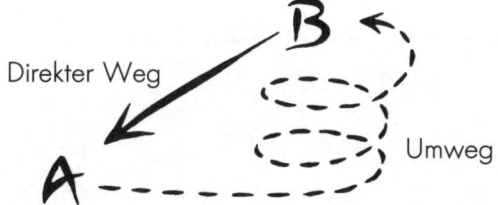

Direkter Weg

B

A

Umweg

Abbildung 10

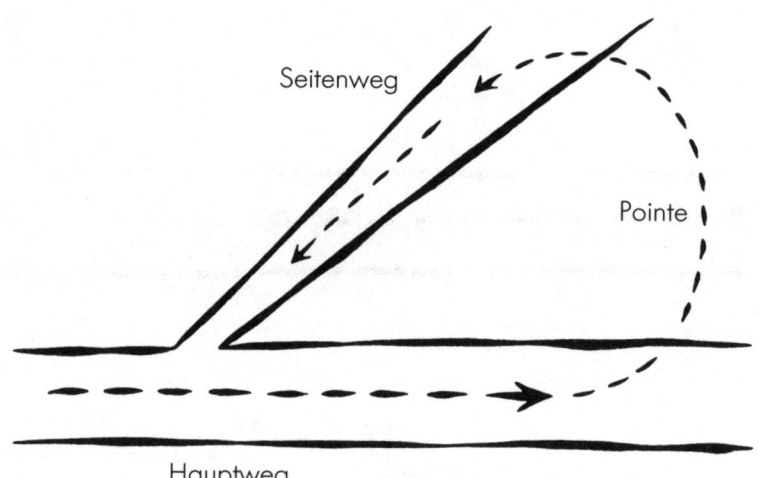

Abbildung 11

228

scheinlich ein ungebrauchtes Hirn von keinem großen Nutzen. Normalerweise wird in diesem Witz noch hinzugefügt, daß das ungebrauchte Hirn einer besonderen Person, einem Politiker oder einem Vertreter einer bestimmten ethnischen Gruppe gehört hat.

Rückblick

Beim lateralen Denken entwickeln wir bewußt Techniken, die uns den Seitenweg überqueren lassen. Diese Techniken werden auf den nächsten Seiten erklärt werden. Wenn wir erst einmal zu dem Seitenweg gekommen sind, dann ist — wie beim Humor — der Weg zurück zum Anfangspunkt offensichtlich. Deshalb sind alle wertvollen kreativen Ideen im Rückblick logisch. Weil solche Ideen im Rückblick logisch sind, glauben viele, daß es kein wirkliches Bedürfnis für kreatives Denken gibt, da wir auch durch bessere Logik in der Lage sein sollten, diese Ideen zu entwickeln. Doch das trifft für musterbildende Systeme ganz einfach nicht zu. Wenn es zuträfe, hätten nur dumme Leute Sinn für Humor.

Provokation und »PO«

Wir kommen nun zu den spezifischen Techniken des lateralen Denkens. Diese Techniken können von einem Denker, der neue Ideen entwickeln muß, bewußt eingesetzt werden:

»PO-Kühe können fliegen.«

»PO-Autos haben viereckige Räder.«

Beide Behauptungen sind völlig unvernünftig. Sie stehen im Widerspruch zu jeder Erfahrung und Wahrheit. Warum sollten wir solche absurden Behauptungen aufstellen?

Provokation geht über Hypothese und Spekulation hinaus. In Hypothese und Spekulation vermuten wir, daß etwas so sein könnte, aber wir können es noch nicht beweisen. Bei der Provokation gibt es nicht den geringsten Anspruch darauf, daß etwas wahr sein könnte.

Weil eine Provokation gar nicht wahr sein will, brauchen wir etwas, womit wir unseren Zuhörern signalisieren können, daß eine Behauptung als Provokation gedacht ist – sonst könnten die Zuhörer glauben, daß wir verrückt geworden sind. Wir brauchen ein spezifisches Signalwort für eine Provokation. In der gewöhnlichen Sprache gibt es ein solches Wort nicht. Das Wort *angenommen* und der Satz »*was wäre, wenn* ...« sind zu schwach, weil damit Vermutungen signalisiert werden, die wahr sein könnten. Deshalb habe ich vor ein paar Jahren das Wort *PO* erfunden. Das Wort *PO* bedeutet: »Was nun folgt, ist eine direkte Provokation.« Die Buchstaben *P* und *O* kann man als Abkürzung für p*rovokative* O*peration* verstehen.

Obwohl eine Provokation anscheinend verrückt ist und der

normalen Logik direkt entgegensteht, ist sie eigentlich eine *logische* Operation in einem musterbildenden System.

Wegen des Mangels an Symmetrie in einem musterbildenden System brauchen wir eine Methode, um vom Hauptstrang des Denkens zum Seitenstrang zu gelangen. Im Humor stellt die Pointe die Verbindung her. Im lateralen Denken verwenden wir die Provokation. Wir verwenden eine Provokation als Sprungbrett, wie in Abbildung 12 dargestellt.

Der erste Schritt ist die Äußerung der Provokation. Dann bewegen wir uns vom Hauptweg zur Provokation. Dadurch gelingt es uns, aus dem Hauptweg herauszukommen. Von der Provokation aus erreichen wir dann den Seitenweg. Wenn wir erst einmal dort sind, stellen wir möglicherweise rückblickend fest, daß wir eine vollkommen vernünftige neue Idee haben. Wir vergessen, wie wir hierhin gelangt sind.

Eine Lösung im lateralen Denken wird nie dadurch gerechtfertigt, wie wir sie erreicht haben (im Gegensatz zur normalen Logik), sondern durch ihren Wert, wenn sie uns erst einmal vorliegt.

Wenn wir die Musterabbildung (siehe Abbildung 13) in der Mitte teilen, erhalten wir zwischen den Punkten X und Y ein Bild, das zwei nebeneinanderliegenden Flußtälern ähnelt. Es ist äußerst schwierig, aus dem Haupttal herauszukommen, weil wir ständig zurückrutschen. Genauso schwierig ist es, aus dem Hauptdenkweg herauszukommen. Wir müssen gegen unser normales Denken und unsere normale Erfahrung vorgehen, gegen die Steigung, um herauszukommen. Deshalb ist Provokation nötig. Wenn wir erst einmal den *Gebirgskamm* erreicht haben, können wir in das neue Tal hinunterrutschen.

Daraus folgt, daß eine Provokation tatsächlich provokativ sein sollte, um die Hauptdenkschiene verlassen zu können.

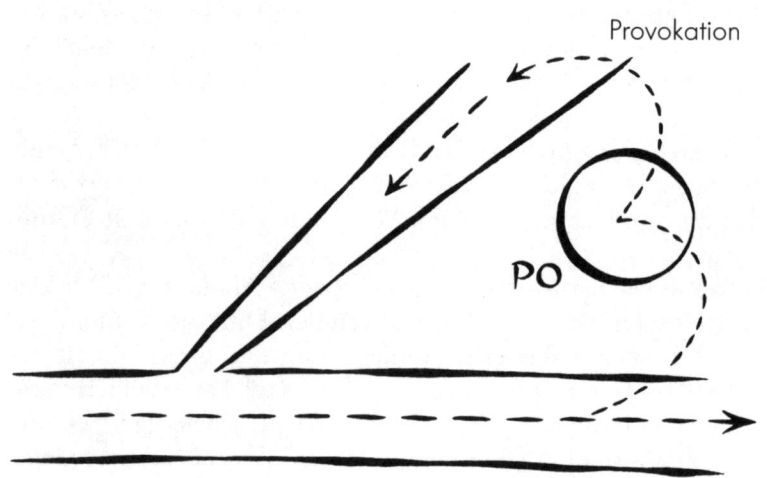

Provokation

PO

Abbildung 12

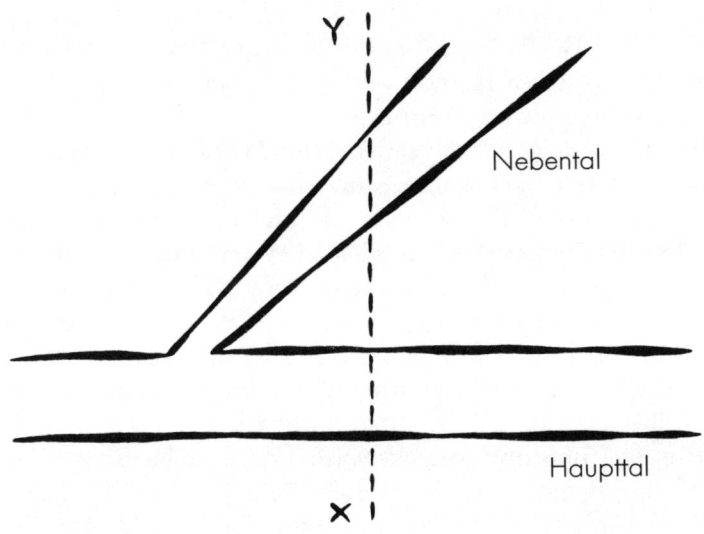

Y

Nebental

Haupttal

X

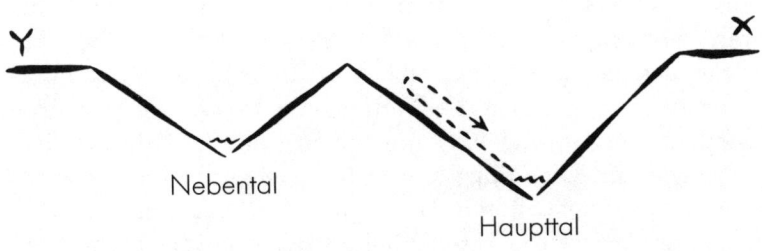

Y

X

Nebental

Haupttal

Abbildung 13

233

Bewegung

Wenn wir erst einmal die Provokation geäußert haben, was können wir dann mit ihr machen? Wir *bewegen* eine neue Idee vorwärts. Der Vorgang der *Bewegung* unterscheidet sich deutlich von der Beurteilung. Ich werde diesen Vorgang der *Bewegung* im nächsten Kapitel erklären. Provokation und Bewegung gehören immer zusammen.

Was können wir mit der Provokation *PO-Kühe können fliegen* anfangen? Wir stellen uns Kühe vor, die umherfliegen. Was würde passieren? Was würden sie tun? Vielleicht würden sie auf den Bäumen grasen? An diesem Punkt entsteht eine neue Idee in uns. Eine Kuh, die auf einem Baum grast, könnte an den Blättern knabbern. Vielleicht könnten wir Kühe mit Blättern füttern. Gras wächst nur zweidimensional, Bäume und Blätter wachsen dreidimensional. Vielleicht könnten wir schnellwachsende Bäume finden mit Blättern, die ein gutes Futter für Kühe sind (vorzugsweise direkt, vielleicht auch erst nach einer Behandlung). Blätter sind voller Proteine. Bei Raummangel könnten wir pro Hektar mehr *Blätterweide* als *Grasweide* zur Verfügung stellen. Vielleicht funktioniert es nicht, aber es ist immerhin eine neue Idee.

Was könnten wir mit der Provokation *PO-Autos haben viereckige Räder* anfangen? Wir stellen uns vor, wie das Auto vorwärts fährt. Ein Rad dreht sich auf eine Ecke. Die Fahrt wäre sehr holperig. Aber das Auf und Ab ist regelmäßig, und wir wissen genau, wie hoch sich das Auto bei jeder Radumdrehung hebt. Wenn also die Aufhängung *kürzer* würde, würde dadurch das Auf und Ab kompensiert, und die Fahrt verliefe reibungsloser. Dies führt zu der Idee, ein Auto für unebenes Gelände zu konstruieren. Ein kleines Rad vornweg zum Beispiel signalisiert die Unebenheiten nach hinten. Dann hebt oder senkt die Aufhängung die Achsen, um die Schlaglöcher auszugleichen. Das Ergebnis ist eine ruhige Fahrt, weil das Auto nun über die Unebenheiten *fließt*, anstatt darüberzuholpern. Dies ist eine Idee, die ich schon 1975 vorgeschlagen habe.

Einige Autohersteller arbeiten heute an einer *intelligenten* Aufhängung, die genau das macht.

Provokationen aufstellen

Woher kommen Provokationen? Wie stellen Sie Ihre eigenen Provokationen auf?

Empfangene Provokationen: Sie hören oder lesen eine dumme Bemerkung. Diese Bemerkung ist nicht als Provokation gedacht. Sie soll entweder ernstgemeint oder blödsinnig (damit man darüber lacht) sein. Sie haben die Wahl. Sie können die Idee vergessen, oder Sie können sie als Provokation behandeln. Radar ist so erfunden worden. Irgendein Verrückter schlug vor, ein Sendemast könnte dazu benutzt werden, Flugzeuge abzuschießen. Aus dieser verrückten Idee (weil in diesem Masten zuwenig Strom ist) entstand die nützliche Idee, den Sendemast zum »Aufspüren« von Flugzeugen zu nutzen.

Auf diese Weise können Sie jede empfangene Idee als Provokation behandeln.

Umkehr: Sie sehen sich an, wie Dinge normalerweise getan werden und begeben sich dann bewußt in die entgegengesetzte Position. Normalerweise versuchen wir, Räder so rund wie möglich zu machen – also wollen wir mal versuchen, sie *unrund* oder viereckig zu machen. Normalerweise bezahlen Sie, um Waren zu bekommen – also lassen wir jetzt einmal den Laden für den Kunden *bezahlen.* Das könnte zu Ideen wie Rabattmarken geführt haben. Wie ist die normale Richtung? Wie ist die umgekehrte (entgegengesetzte) Richtung?

Entkommen: Bei dieser Methode sehen Sie sich einige Merkmale an, die wir in einer bestimmten Situation normalerweise für selbstverständlich halten (es sollte niemals ein negatives Merkmal sein). Dann lassen wir das Merkmal weg oder löschen es. Wir nehmen es zum Beispiel als selbstverständlich hin, daß Wachhunde bellen. Wir lassen dieses Merkmal weg – entkom-

men ihm –, und so erhalten wir: »PO-Wachhunde bellen nicht.«
Das führt weiter zu der Vorstellung kleiner, intelligenter Wachhunde, die nicht bellen. Statt dessen begeben sie sich ruhig in
eine Ecke, in der ein Knopf installiert ist, den zu betätigen sie
dressiert worden sind. Dieser Schalter löst Alarm aus und setzt
ein Sicherheitssystem in Gang – er könnte auch ein Band auslösen, auf dem das Gebell von vielen Hunden wiedergegeben
wird.

Wunschdenken: Dies sollte nicht nur ein leiser Wunsch sein,
wie zum Beispiel die Kosten einer Sache um zehn Prozent zu
senken, sondern es sollte eine Phantasie sein. Sie können
sagen: »Wäre es nicht schön, wenn . . .« »Wäre es nicht schön,
wenn umweltverschmutzende Fabriken flußabwärts lägen?«
Dies führt zu der praktischen Idee, per Gesetz zu verordnen,
daß die Stelle, an der Fabriken Abwässer in den Fluß einleiten,
weiter flußaufwärts liegen muß als die Stelle, an der die Fabriken für ihre Zwecke Wasser entnehmen – auf diese Art ist
die Fabrik die erste, die unter ihrer eigenen Verschmutzung
leidet.

Unerhörtes: Das deckt ganz einfach all das ab, was Sie als
Provokation aufstellen möchten. PO-Autos sind aus Spaghetti
hergestellt. PO-Frühstücksgetreide sollte in der Packung wachsen. PO-Jeder stimmt jeden Tag Regierungsentscheidungen
ab. Die letzte Provokation könnte zu der Idee führen, daß
jeden Tag um 22 Uhr jeder Haushalt, der mit einer angekün-
digten Maßnahme nicht einverstanden ist, ein elektrisches
Licht anschaltet. Der Anstieg im Elektrizitätsverbrauch
könnte im Elektrizitätswerk sofort gemessen werden – und
dadurch fände eine sofortige Wahl statt. Um Zustimmung zu
signalisieren, wird das Licht zu einer anderen Uhrzeit einge-
schaltet.

Im allgemeinen haben die Leute viel zuviel Angst, Provokationen zu äußern. Sie sind durch das Wort *PO* geschützt. Eine
Provokation ist als Provokation gedacht. Ob Sie sie gebrauchen
können, spielt keine Rolle. Wenn Sie gute Provokationen aufstellen, sind Sie vielleicht zunächst nur in der Lage, die Hälfte

236

von ihnen zu nutzen. Wenn Sie erfahrener in *Bewegung* werden, können Sie mehr davon nutzen. Eine schwache oder schüchterne Provokation ist nur von geringem Nutzen.

Sie sollten sagen: »Hier ist meine Provokation.« Dann versuchen Sie, sie zu nutzen. Das ist ein Zwei-Phasen-Vorgang. Denken Sie, während Sie die Provokation aufstellen, nicht darüber nach, wie Sie sie nutzen könnten.

Zusammenfassung

In jedem selbstorganisierenden System gibt es ein mathematisches und logisches Bedürfnis nach Provokation, um Muster zu durchbrechen – und so den Mangel an Symmetrie zu überwinden. Wir verwenden das neue Wort *PO*, um zu signalisieren, daß wir eine Provokation äußern. Es werden fünf Arten, auf die man zu einer Provokation gelangt, vorgeschlagen: empfangene Provokationen, Umkehr, Entkommen, Wunschdenken und Unerhörtes. Seien Sie nicht schüchtern: Eine Provokation sollte wirklich provokativ sein. Wenn Sie die Provokation erst einmal haben, brauchen Sie *Bewegung*, um sich von der Provokation zu einer neuen Idee zu bewegen.

Übungen zu Provokation und PO

1. Welche der folgenden Behauptungen sind wirklich Provokationen? Vor welche Behauptungen solltest du ein *PO* stellen?

- Flugzeuge sollten verkehrtherum landen.
- Hamburger sollten viereckig sein.
- Fünf Stunden Schlaf sind genug.
- Es sollten mehr Frauen Politikerinnen werden.
- Die Leute sollten nach ihrem Gewicht Steuern zahlen.

2. Stelle eine Provokation vom Typ *Entkommen* für jeden der folgenden Begriffe auf. Du nimmst ein Merkmal heraus, das du für selbstverständlich hältst und löschst es dann:

Fahrrad, Bücherei, Aufzug, Geburtstag, Haus, Tennis

3. Stelle eine Provokation vom Typ *Umkehr* für jeden der folgenden Begriffe auf. Du nimmst die normale Handlungsrichtung und kehrst dann die Richtung um:

Geld für wohltätige Zwecke sammeln, eine Laufbahn wählen, Freundschaft, fernsehen, Rasen mähen

4. Welche der folgenden Provokationen kommt dir am *provokativsten* vor? Ordne sie der Reihe nach, die provokativste zuerst und die am wenigsten provokative zuletzt:

- PO Eltern sollten ihre Kinder um Erlaubnis fragen, bevor sie ausgehen.
- PO Jeder Arbeiter entscheidet selbst, wie viele Stunden er pro Tag arbeiten will.
- PO Der Preis von Grundnahrungsmitteln sollte reduziert werden.
- PO Dumme Leute sollten weniger Steuern zahlen.
- PO Autos sollten kein Lenkrad haben.
- PO Alle Autos sollten gelb sein.

5. Stelle eine Provokation vom Typ *Wunschdenken* für jeden der folgenden Begriffe auf. Verwende den Satz »Wäre es nicht schön, wenn . . .«:

Schule, Eltern, Kleidung, Schlaf, Sport

6. Stelle drei verschiedene Provokationen vom Typ *Unerhörtes* für die folgenden Begriffe auf. Die Provokationen sollten wirklich unerhört sein:

Telefone, Menschenhaar

Bewegung

Eine Provokation ist nutzlos, wenn wir nichts damit machen können. Wir verwenden *Bewegung*, um von der Provokation zu einer neuen Idee zu kommen. Provokation und Bewegung gehören als kombinierter Prozeß zusammen.

Das Wichtigste, an das wir denken müssen, ist, daß *Bewegung* sich wesentlich von Beurteilung unterscheidet. Viele traditionelle Methoden des kreativen Denkens sprechen von *verzögerter Beurteilung* oder *aufgeschobener Beurteilung*, aber dies ist viel zu schwach. Beurteilung nur abzulehnen gibt keine Hinweise darauf, was der Denker statt dessen tun sollte. *Bewegung* ist ein aktiver Vorgang, den wir bewußt verwenden können. Wenn wir den Vorgang der *Bewegung* häufiger anwenden, bekommen wir Übung darin. Schließlich sind wir so erfahren darin, daß wir aus fast jeder Provokation *Bewegung* ableiten können.

Abbildung 14 illustriert den Unterschied zwischen Beurteilung und Bewegung. Mit Beurteilung (Schwarzes-Hut-Denken) vergleichen wir das, was vor uns liegt, mit dem, was wir wissen. Wenn das, was wir vor uns haben, falsch ist, weisen wir es zurück. Mit *Bewegung* operieren wir außerhalb des Systems von Beurteilung und Wahrheit. Mit Bewegung sehen wir auf das, was vor uns ist (für gewöhnlich eine Provokation), und wir sehen, wie wir uns von da zu einer nützlichen neuen Idee vorwärts *bewegen* können.

Im normalen Leben verwenden wir *Bewegung* nur in der Poesie und der Metapher. In beiden Fällen fragen wir nicht: »Ist das wirklich richtig?« Statt dessen bewegen wir uns vor-

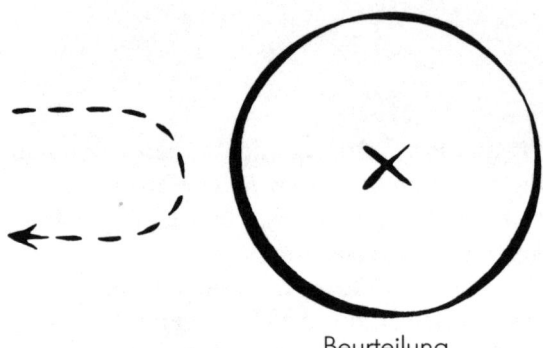

Beurteilung

Bewegung

Abbildung 14

wärts, um zu sehen, wohin uns die Metapher oder das Bild bringen.

Jemand bringt Ihnen Poker bei. Sie werden gut im Pokerspielen. Dann bringt Ihnen jemand ein anderes Kartenspiel bei, vielleicht Bridge. Auch darin werden Sie gut. Aber wenn Sie Poker spielen, wenden Sie die Pokerregeln an. Wenn Sie Bridge spielen, wenden Sie die Bridgeregeln an. Sie mischen die Regeln der beiden Spiele nicht – Sie halten sie getrennt. Sie sind geübt im Pokerspielen. Sie sind geübt im Bridgespielen.

Genau dasselbe gilt für *Beurteilung* und *Bewegung*. Es sind zwei verschiedene Spiele. Wenn Sie Beurteilung benutzen, benutzen Sie geübte Beurteilung (schwarzer Hut). Wenn Sie Bewegung benutzen, benutzen Sie geübte Bewegung (unter dem grünen Hut). Wenn Sie versuchen, eine Mischung aus beidem anzuwenden, werden Sie in Verwirrung geraten. Wenn ein Schreiner den Hammer benutzt, benutzt er den Hammer. Wenn der Schreiner die Säge benutzt, benutzt er die Säge.

Methoden, um Bewegung zu erreichen

Es gibt zahlreiche Methoden, um sich von einer Provokation vorwärts zu bewegen. Einige dieser Methoden werden hier vorgestellt. Sie können solange geübt werden, bis Sie genügend Fertigkeiten im Bewegungsvorgang aufgebaut haben. Ohne diese Fertigkeiten ist laterales Denken nicht effektiv. Es ist nicht allzu schwierig, Provokationen aufzustellen – die wahre Fertigkeit liegt darin, Bewegung aus diesen Provokationen zu erreichen.

Verhalten: Es gibt das allgemeine Verhalten der *Bewegung.* Wir bemühen uns allgemein, von der Provokation aus vorwärts zu gehen. Wohin führt sie? Was schlägt sie vor? Wohin führt sie mich? Was ist hier von Interesse?

Von Augenblick zu Augenblick: Das ist vielleicht die stärkste

Methode, um Bewegung zu erreichen. Wir stellen uns die Provokation in Aktion vor – egal wie absurd das erscheint. Also visualisieren wir fliegende Kühe. Wir visualisieren ein Auto, das holpernd auf viereckigen Rädern dahinfährt. Wir visualisieren ein Flugzeug, das verkehrtherum landet. Während wir diese Dinge visualisieren, beobachten wir, was von Augenblick zu Augenblick geschieht. Das ist etwas völlig anderes, als das zu sehen, was *letzten Endes* geschieht. Letztendlich würde das Auto mit den viereckigen Rädern in seine Einzelteile zerfallen. Letztendlich würde das umgekehrt landende Flugzeug abstürzen. Die Beobachtung von Augenblick zu Augenblick der Provokation in Aktion jedoch kann zu neuen Ideen führen.

Ein Prinzip herausziehen: Könnten wir ein Prinzip aus dieser Provokation herausziehen und dieses Prinzip auf eine praktische Idee anwenden? Wenn wir nach einem neuen Werbemedium suchen, könnten wir folgende Behauptung aufstellen: »PO Wir sollten den alten Marktschreier wieder einführen.« Hier finden wir ein interessantes Prinzip: Den Marktschreier kann man nicht abschalten. Wir nehmen dieses Prinzip als Grundlage und sehen uns nach einem Medium um, das man nicht abstellen kann. Wir denken an Werbetelefone. Wenn Sie für einen Anruf nicht bezahlen möchten, drücken Sie auf einen Knopf und können ein kostenfreies Telefonat führen – aber in bestimmten Abständen wird Werbung gesendet, die Ihr Gespräch unterbricht. Zusätzlich zu einem Prinzip können wir auch ein Schlüsselmerkmal oder einen spezifischen Aspekt der Provokation herausfiltern. So erhalten wir eine Art von *Saat*, die wir aussäen, um neue Ideen wachsen zu lassen.

Den Unterschied fokussieren: Wie unterscheidet sich das von dem, was wir normalerweise tun? Wie sehen die Unterschiede aus? Indem wir uns auf die Unterschiede konzentrieren, versuchen wir, uns auf eine neue Idee hinzubewegen. Der Unterschied zwischen einem Flugzeug, das auf dem Rücken landet, und einem Flugzeug, das auf konventionelle Art und Weise landet, ist der, daß bei der umgekehrten Landung die Flügel den Schub nach unten richten würden. Das führt weiter zu der

Idee von *positiven* Landungen. Von dort aus können wir zu einigen nützlichen Ideen gelangen – wie zum Beispiel einen ungünstigen Drall zu verhindern, um in einem Notfall sofort einen Extra-Auftrieb zu erhalten.

Sich auf den Unterschied zu konzentrieren ist von besonderer Wichtigkeit, wenn ein Denker mit dem mächtigsten Unterdrücker neuer Ideen konfrontiert wird, dem Satz: »Das ist genauso wie ...« Sie schlagen eine neue Idee vor, und sie wird mit diesem Satz von jemandem abgelehnt. Der Satz ist so mächtig, weil er nicht die Idee angreift, sondern einfach nur besagt, daß sie die Aufmerksamkeit nicht wert ist, weil sie schon bekannt ist oder bereits benutzt wird. Man kann diesen Satz nur kontern, wenn man sagt: »Es wirkt vielleicht genauso wie (etwas), aber wir wollen uns einmal auf die Unterschiede konzentrieren.« Dann zählen Sie die verschiedenen Punkte auf.

Suche nach Wert: Hat diese Provokation irgendeinen Wert? Gibt es irgendwelche direkt positiven Aspekte? Gibt es irgendwelche besonderen Umstände, unter denen die Provokation einen direkten Wert hätte? Die Provokation »PO Ehrgeizige Angestellte sollten ein gelbes Hemd oder eine gelbe Bluse tragen« führt zu einigen interessanten Ideen. In einem Serviceunternehmen zum Beispiel würde ein Kunde immer versuchen, einen Angestellten mit einem gelben Hemd oder einer gelben Bluse zu wählen.

Je empfänglicher unsere Gehirne für Werte werden, desto besser können wir Werte in fast allem erspüren – auch in Provokationen. Wenn wir erst einmal den Wert entdeckt haben, stärken wir ihn, bauen auf ihn und versuchen, ihn praktisch umzusetzen. Ein Hund entdeckt einen schwachen Geruch. Er verfolgt diesen Geruch. Der Geruch wird stärker. Schließlich hat der Hund die Beute gestellt. Genauso können wir Wert *riechen* und diesem Geruch nachgehen, bis wir zu einem Wert kommen, der stark genug ist, die Basis einer neuen Idee zu bilden.

Interessant: Was ist *interessant* an dieser Provokation? Der

Begriff *interessant* deckt viele der anderen Methoden, Bewegung zu erreichen, ab. Es gibt vielleicht einen interessanten Unterschied. Vielleicht gibt es auch ein interessantes Prinzip. *Interessant* bildet den dritten Teil des aufmerksamkeitslenkenden Werkzeugs PMI, das bereits in diesem Buch beschrieben wurde. Es ist durchaus möglich, daß Sie sich ein wenig darum bemühen müssen, etwas Interessantes herauszufinden.

Zusammenfassung

Bewegung ist eine bewußte, aktive Operation, die sich von Beurteilung unterscheidet. Wir benutzen Bewegung, um uns von einer Provokation zu einer neuen Idee vorwärtszubewegen. Bewegung und Provokation bilden zusammen eine Methode, um Muster durchzutrennen und neue Ideen zu eröffnen. Zu den Methoden, mit denen man *Bewegung* erreicht, gehören: Verhalten; von Augenblick zu Augenblick; ein Prinzip herausfiltern; den Unterschied fokussieren; Suche nach Werten und nach Interessantem. Der erste Schritt ist das Aufstellen einer Provokation. Im zweiten Schritt wird die Provokation für ihren *Bewegungswert* benutzt.

Übungen zu Bewegung
1. Wende die *Von-Augenblick-zu-Augenblick-Methode* an, um Bewegung von der folgenden Provokation zu erreichen: PO Jeder Mensch entscheidet, wie lange er jeden Tag arbeiten will.
2. Wende die Methode *Ein Prinzip herausziehen* an, um Bewegung von der folgenden Provokation zu erreichen: PO Alle Fernseher haben eine Anzeige in einer Ecke des Bildschirms, auf der steht, wie viele Stunden dieser Fernseher in der Woche in Betrieb war (zählt immer wieder ab Sonntag um Mitternacht neu).
3. Wende die Methode *Den Unterschied fokussieren* an, um Bewegung von der folgenden Provokation zu erreichen: PO

Statt sein eigenes Zimmer aufzuräumen, ist jeder für das Zimmer eines anderen verantwortlich.

4. Wende die *Suche-nach-Wert*-Methode an, um Bewegung von der folgenden Provokation zu erreichen: PO Jeder feiert jedes Jahr zwei Geburtstage: seinen wirklichen Geburtstag und einen *offiziellen Geburtstag*, dessen Datum man sich aussuchen kann.

5. Du brauchst ein paar neue Ideen zu Restaurants. Stelle eine Provokation auf (nach der Methode *Entkommen*), und erreiche dann Bewegung daraus (nach der Methode *Interessant*).

6. Du bist an einer nationalen Kampagne beteiligt, die die Leute zu mehr Sport ermuntern will. Du brauchst Ideen für die Werbebotschaften. Verwende die *Umkehr*-Methode, um eine Provokation aufzustellen, und verwende dann die Methode *Ein Prinzip herausziehen*, um zu einer neuen Idee zu gelangen.

7. Wende alle Bewegungsmethoden an, eine nach der anderen, um das Maximum an Bewegung von der folgenden Provokation zu erreichen: PO Das Alter eines Autofahrers muß zu jeder Zeit auf der Heckscheibe ausgewiesen sein.

Das zufällige Wort

Die *Zufällige-Wort*-Methode ist eine starke Technik des lateralen Denkens, die äußerst einfach anzuwenden ist. Sie ist bei weitem die einfachste aller kreativen Techniken und wird heute von vielen Menschen angewendet, die neue Ideen entwickeln müssen (zum Beispiel für neue Produkte). Ich habe diese Technik schon vor vielen Jahren zum ersten Mal beschrieben.

In der Geschichte der Erfindungen und Ideen gibt es viele Momente, in denen eine wertvolle kreative Idee durch ein zufälliges Ereignis entstanden zu sein scheint (wie der Apfel, der Newton angeblich auf den Kopf gefallen ist und ihn zu seiner Theorie der Schwerkraft inspiriert hat). Wie können zufällige Ereignisse einen kreativen Effekt haben?

In Abbildung 15 sehen wir das gewöhnliche, nicht symmetrische Muster. Wenn wir uns vom Ausgangspunkt aus vorwärts bewegen, können wir nicht in den Seitenweg gelangen. Wir könnten die Provokation/Bewegungs-Methode anwenden, um zum Seitenweg durchzustoßen. Wenn wir jedoch an einem anderen Punkt beginnen würden (auf der Abbildung mit ZW gekennzeichnet), könnten wir unter Umständen ebenfalls zum Seitenweg gelangen. Wenn wir erst einmal dort sind, ist der Weg zurück zum Ausgangspunkt direkt. Ein zufälliges Ereignis kann uns diesen Punkt ZW liefern. Ein zufälliges Ereignis kann es uns möglich machen, das Muster an einem anderen Punkt zu betreten. Dies vermittelt uns sofortige *Einsicht, Intuition* oder den *Heureka-Effekt*. Es heißt, daß Archimedes, als er mit der Seife (oder etwas anderem) in seiner Badewanne herum-

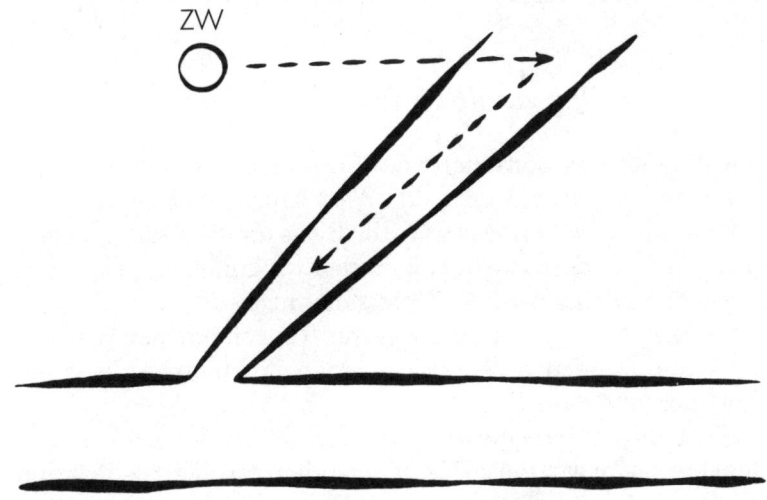

Abbildung 15

spielte, plötzlich den Einfall hatte, wie man bei einer Krone überprüfen konnte, ob sie aus echtem Gold besteht oder nicht (durch den Unterschied zwischen dem Gewicht der Krone im Wasser und außerhalb des Wassers).

Müssen wir herumsitzen und auf ein zufälliges Ereignis warten, damit uns etwas Neues einfällt? Müssen wir unter einem Baum sitzen und darauf warten, daß uns ein Apfel auf den Kopf fällt? Das können wir natürlich machen. Aber wir können auch aufstehen und den Baum schütteln. Wir können unsere eigenen zufälligen Ereignisse produzieren. Genau das tun wir bei der Technik des zufälligen Wortes im lateralen Denken.

Das zufällige Wort bekommen

Wir können das stimulierende Wort nicht aussuchen, denn wenn wir das täten, würde das Wort kaum zu unseren bestehenden Ideen passen (das wäre die Basis für die *Wahl*). Anstatt also das Wort auszusuchen, kommen wir zufällig an ein Wort. Deshalb wird es *zufälliges Wort* genannt.

Sie könnten eine Tasche voll mit Tausenden von Wörtern auf Papierstreifen haben. Sie würden hineingreifen und ein Wort herausziehen.

Sie könnten sich eine Seitenzahl in einem Wörterbuch ausdenken: sagen wir, Seite 87. Dann stellen Sie sich die Position dieses Wortes auf dieser Seite vor: Sagen wir, das sechste Wort von oben. Sie öffnen das Wörterbuch auf dieser Seite und zählen bis zum sechsten Wort herunter. Das ist Ihr zufälliges Wort. Wenn es kein Substantiv ist, gehen Sie weiter herunter, bis Sie zum ersten Substantiv kommen.

Sie können Ihre Augen schließen und mit dem Zeigefinger über einer aufgeschlagenen Zeitungsseite kreisen. Das Wort, das Ihrem Zeigefinger am nächsten ist, nehmen Sie.

Sie können auch eine Liste von sechzig Wörtern nehmen (wie die auf den folgenden Seiten aufgeführte Liste). Sie blikken auf den Sekundenzeiger Ihrer Armbanduhr. Wenn er beispielsweise auf siebenundzwanzig Sekunden steht, nehmen Sie das siebenundzwanzigste Wort von der Liste. Wenn es auf Ihrer Armbanduhr eine Anzeige mit Hundertstelsekunden gibt, kann die Liste hundert Wörter umfassen. Dann stoppen Sie Ihr Lesen ab (auf einer Stoppuhr) und nehmen diese Zahl, um zu einem Wort zu kommen.

Es ist viel einfacher, Substantive statt Verben, Adjektiven oder Adverbien zu benutzen. Wenn Sie selbst eine Liste zusammenstellen, sollten Sie bekannte Wörter mit vielen Assoziationen, Funktionen oder Merkmalen nehmen.

Versuchen Sie immer, das erste Wort, das Sie finden, zu benutzen. Wenn Sie das erste Wort nicht mögen und es immer wieder mit anderen versuchen, warten Sie in Wirklichkeit nur auf ein Wort, das sich mit Ihren bestehenden Ideen verbindet. Das macht überhaupt keinen Sinn. Wenn also das erste Wort, das Sie bekommen, nicht funktioniert, gehen Sie weiter zu einer anderen Technik und versuchen Sie das zufällige Wort erst später wieder.

Liste der zufälligen Wörter

An dieser Liste von Wörtern ist nichts Besonderes. Sie können genauso leicht Ihre eigene Liste schreiben.

Pferd	Ballon	Rakete
Kamm	Telefon	Berg
Schlange	Stift	Auto
Brief	Baum	Leiter
Kamera (5)	Maus (10)	Leim (15)
Elefant	Fernsehen	Katze
Aufzug	Anwalt	Radio
Buch	Biene	Tisch
Zigarette	Regen	Herz
Fahne (20)	Feuer (25)	Falle (30)

Ei	Bad	Schlüssel
Hammer	Flugzeug	Streichholz
Schwamm	Gitarre	Kopierer
Glocke	Farbe	Kaktus
Laden (35)	Teppich (40)	Gefängnis (45)

Schildkröte	Lied	Blume
Brille	Geld	Schnur
Schuh	Messer	Radiergummi
Nase	Eis	Gewehr
Hamburger (50)	Wahl (55)	Nadel (60)

Warum es funktioniert

Auf den ersten Blick erscheint die Technik absurd. Wie kann ein vollkommen zusammenhangloses Wort dabei helfen, Ideen zu einem spezifischen Thema zu entwickeln? Wenn das Wort wirklich zufällig ist, kann jedes Wort dabei helfen, Ideen zu einem Thema zu entwickeln, auch wenn es absurd zu sein scheint. In einem passiven Informationssystem wäre es auch tatsächlich absurd. Aber in einem selbstorganisierenden Informationssystem macht die Technik Sinn.

Sie verlassen Ihr Haus. Sie nehmen den Weg, den Sie immer einschlagen. Wenn Sie jedoch vom Stadtrand aus nach Hause fahren würden, würden Sie Ihre Möglichkeiten, zu Hause anzukommen, immer steigern, indem Sie einen anderen Weg als den üblichen einschlagen. Mit anderen Worten, wenn wir von außen hereinfahren, sind die Muster, die wir benutzen, andere als die, die wir benutzen, wenn wir von der Mitte ausgehen. Das ist absolut keine Zauberei.

Das Gehirn ist so gut darin, Verbindungen zu schaffen, daß irgendein zufälliges Wort fast immer Ideen zum eigentlichen Thema stimuliert. Gelegentlich ist die Verbindung zwischen dem zufälligen Wort und dem Thema so direkt, daß keine neuen Ideen entstehen. Manchmal führt uns das zufällige

250

Wort einfach nur zurück zu Ideen, die wir schon haben, und es ist schwer, sich von diesen dann wieder abzuwenden.

Verwendung der Technik

Wir brauchen einige neue Ideen für Kopierer.

Der Sekundenzeiger auf der Armbanduhr zeigt *49* an, also ist das Wort (von unserer Liste) *Nase*.

Wir sagen *Kopierer PO Nase*.

Nase assoziiert Geruch.

Welchen Wert könnte Geruch haben (Bewegung)?

Vielleicht könnte ein Kopierer verschiedene Gerüche abgeben, je nachdem was nicht in Ordnung ist. Wir könnten Geruch also als Fehlerindikator verwenden. Wenn Ihr Kopierer nicht funktioniert, brauchen Sie nur zu riechen. Der Geruch wird Ihnen sofort sagen, was nicht in Ordnung ist.

Sie werden gebeten, ein paar Leute zu unterhalten, und müssen also etwas finden, das Sie mit ihnen tun können.

Der Sekundenzeiger auf der Armbanduhr steht auf 29 Sekunden, also ist das Wort *Herz*.

Vielleicht denken Sie dabei an das kleine rote Herzsymbol, das heute so häufig gebraucht wird, um anzuzeigen: »Ich (Herz) liebe New York.«

Also stellen Sie der Gruppe die Aufgabe, andere Symbole vorzuschlagen, die unterschiedliche Dinge aussagen, wie: »Ich *hasse* New York«; »Ich *weiß nichts über* New York«; »Ich *lache über* New York«; »New York *macht mich traurig*«.

Auf diese Weise ist die Technik sehr einfach anzuwenden.

Wir folgen den Assoziationen und Funktionen des stimulierenden Wortes. Wir verwenden die verschiedenen Methoden der Bewegung. Wir verwenden Aspekte des Wortes als Metapher.

Machen Sie nicht zu viele Schritte, wenn Sie die Verbindung herstellen, einfach weil Sie dann wieder zurück zu Ideen kommen, die Sie schon gehabt haben und den besonderen stimulierenden Wert des zufälligen Wortes nicht richtig nutzen können.

Beginnen Sie nicht damit, eine Liste der Aspekte des Wortes zu erstellen, weil Sie dann nur die Liste durchgehen, um den Aspekt zu finden, der am besten zu den Ideen paßt, die Sie bereits haben. Überlegen Sie sich statt dessen nur einen Aspekt des zufälligen Wortes und bemühen Sie sich, mit diesem Aspekt zu arbeiten. Erst wenn Sie es ernsthaft versucht haben, sollten Sie zu einem anderen Aspekt übergehen.

Zusammenfassung

Kreative Ideen werden manchmal von zufälligen Ereignissen stimuliert. Die Technik des zufälligen Wortes beim lateralen Denken macht diesen Prozeß als bewußtes Denkwerkzeug verfügbar. Ein Wort, das uns zufällig (ohne besondere Selektion) zugefallen ist, wird in Kontakt mit dem eigentlichen Thema, für das die neue Idee gebraucht wird, gebracht. Assoziationen, Funktionen und Konzepte, die das zufällige Wort ins Spiel bringt, können zu neuen Ideen führen. Die Logik der Methode besteht darin, daß innerhalb eines musterbildenden Systems, wenn Sie an der Peripherie beginnen, die Muster, die Sie eröffnen, sich von denen unterscheiden, die Sie in der Mitte zur Verfügung haben.

Übungen zum zufälligen Wort
1. Es gibt Tische. Es gibt Stühle. Es gibt Betten. Du möchtest eine neue Art von Möbeln entwerfen, die es bisher noch nicht gibt. Du willst dazu die Technik des zufälligen Wortes anwenden. Das zufällige Wort ist *Biene*. Möbel PO Biene.
2. Du mußt eine Kurzgeschichte schreiben, dir fällt aber keine Handlung ein. Worum geht es in der Geschichte? Wende die Technik des zufälligen Wortes an, um eine Idee zu bekommen. Das zufällige Wort, das du benutzen mußt, ist *Hammer*.

3. Du willst in die Ferien fahren, findest aber niemanden, der in der Woche, in der du weg bist, den Hund versorgt. Du brauchst ein paar Ideen zu diesem Problem. Du versuchst die Technik des zufälligen Wortes. Versuche es mit dem zufälligen Wort *Kamera*.

4. Als Geschäftsführer eines Ladens suchst du nach einem Weg, um deine Angestellten dazu zu ermuntern, höflich und hilfsbereit gegenüber den Kunden zu sein. Dir sind die Ideen ausgegangen, also versuchst du es mit der Technik des zufälligen Wortes. Verwende das zufällige Wort *Eis*.

5. Du kannst nicht telefonieren, weil deine Schwester (oder dein Bruder) dauernd das Telefon besetzt. Was kannst du dagegen unternehmen? Versuche, das zufällige Wort *Schlüssel* anzuwenden, um an ein paar Einfälle zu gelangen.

6. In der Stadt gibt es nicht genug Autoparkplätze. Du zerlegst das Problem in drei kleinere Probleme. Suche eins dieser Probleme aus und versuche, ein paar nützliche Ideen zu entwikkeln, indem du das zufällige Wort *Kaktus* benutzt:

Problem 1: Die Leute davon abbringen, mit dem Auto in die Stadt zu fahren

Problem 2: Irgendwie für mehr Parkplätze sorgen

Problem 3: Das Bedürfnis der Leute, in die Stadt zu fahren, verringern

7. Wie sollten Eltern Kinder, die nie tun, was sie tun sollen, kontrollieren? Suche ein zufälliges Wort und verwende es, um Vorschläge zu diesem Thema zu machen.

8. Zeitung PO Ballon. Entwickle ein paar neue Ideen.

Resümee

Im Resümee am Ende des ersten Teils dieses Buches wurden zahlreiche spezifische Denkwerkzeuge behandelt (PMI, OPV, sechs Hüte usw.). Diese Werkzeuge können getrennt voneinander oder zusammen benutzt werden. Ein Denker, der den Gebrauch dieser Werkzeuge lernt und Erfahrung in ihrer Anwendung sammelt, wird ein besserer Denker. Die Grundlage all dieser Werkzeuge ist eine kraftvolle Denk*operation*. Hier handelt es sich um den Vorgang der *Aufmerksamkeitslenkung*. Diese Denkoperation ist der Schlüssel zum wahrnehmenden Teil des Denkens. Und der wahrnehmende Teil des Denkens ist der Schlüssel für unser Denken im Alltag.

In diesem zweiten Übersichtskapitel geht es weniger um Werkzeuge, sondern um einige fundamentale Denkoperationen. Wir müssen über diese Denkoperationen etwas wissen, und wir müssen sie verstehen. Manche dieser Operationen können als spezifische Werkzeuge benutzt werden (wie *PO* im lateralen Denken), andere können die Grundlage für Denkgewohnheiten sein. Häufig führen wir diese Operationen aus, ohne sie überhaupt zu beachten. Die vorangegangenen Kapitel bieten eine Gelegenheit, diese fundamentalen Denkgewohnheiten zu betrachten.

Wahrheit und Kreativität

Der große Unterschied in den vorangegangenen Kapiteln bestand zwischen *Wahrheit* und *Kreativität*.

Wahrheit behauptet: »So sind die Dinge.«

Kreativität sagt: »So könnten die Dinge sein.«

Beide Aspekte des Denkens sind äußerst wichtig, und wir brauchen sie beide.

In manchen Punkten müssen wir von der Realität ausgehen. Am Ende müssen wir für gewöhnlich zur Realität zurückkommen. Deshalb ist Wahrheit wichtig.

Ohne Kreativität gäbe es keinen Fortschritt, und wir könnten keine besseren Ideen entwickeln.

Kritisches Denken

Kritisches Denken ist unsere Überprüfung der Wahrheit: Ist das richtig?

Es gibt eine *Spielwahrheit*, in der wir selbst das Spiel oder das System entwickelt haben, und wir beurteilen, ob das Spiel nach unseren Regeln gespielt werden muß. Mathematik ist ein Beispiel dafür.

Und es gibt die *Wirklichkeitswahrheit*, in der wir versuchen, das, was wir sagen, für die uns umgebende Wirklichkeit passend zu machen. Es gibt verschiedene Ebenen von Wahrheit. Zum einen gibt es die Wahrheit, die auf unserer eigenen Erfahrung oder der Erfahrung anderer beruht. Zum anderen gibt es die überprüfbare Wahrheit, bei der jeder überprüfen kann, was wir behaupten. Und schließlich gibt es die auf Autorität basierende Wahrheit (Wissenschaft, Nachschlagewerke usw.).

Wir müssen die Denkgewohnheit entwickeln, uns immer zu fragen: Was ist hier der Wahrheitswert?

Wichtig ist der Grad der behaupteten Wahrheit. Er kann von einer behaupteten absoluten Gewißheit bis hin zu etwas reichen, das nur als Möglichkeit angeboten wird.

Eine weitere Rolle des kritischen Denkens besteht darin, die angewendete Logik zu überprüfen. Mit Logik versuchen wir, eine weitere Wahrheit aus den Wahrheiten, über die wir bereits verfügen, abzuleiten.

Wir müssen uns gewohnheitsmäßig die Frage stellen: Folgt dies daraus?

Eine noch wichtigere Frage ist: Muß dies daraus folgen?

Bei einer logischen Argumentation wird behauptet, daß die Schlußfolgerung aus dem vorangegangenen Schritt folgen muß. Wir müssen uns dieses *muß* ganz genau ansehen. Sehr häufig wird behauptet, etwas müsse folgen, weil der Denker sich keine Alternative vorstellen kann. Wenn Sie sich eine Alternative vorstellen können, zerstört das den *Muß*-Aspekt.

Am Ende kann durch kritisches Denken (Schwarzes-Hut-Denken) gefolgert werden:

Das ist falsch.

Das ist zweifelhaft.

Das ist nicht bewiesen.

Das ist bewiesen.

Kreatives Denken

Beim kreativen Denken befassen wir uns nicht so sehr damit, etwas zu beweisen, als damit, uns mit Möglichkeiten vorwärtszubewegen. Wenn wir erst einmal zu einer neuen Idee gekommen sind, können wir uns daranmachen, ihre Wahrheit und ihren Wert zu beweisen.

Beim logischen Denken versuchen wir, von dort, wo wir sind, in logischen Schritten zu einer neuen Position zu kommen.

Beim kreativen Denken können wir vorwärtsspringen, und wenn wir eine neue Position erreicht haben, überprüfen wir den Wert der neuen Position.

Hypothese, Spekulation und Provokation sind Methoden, um den kreativen Sprung nach vorn zu machen. Manchmal müssen wir raten, weil wir nicht über genügend Information zum Handeln verfügen. Beim kreativen Denken stellen wir Vermutungen an, um dadurch auf andere Art mit Informationen umgehen zu können und damit die Möglichkeiten neuer Ideen zu erforschen.

Es reicht nicht aus, Informationen zu analysieren, um neue Ideen zu bekommen, weil das Gehirn nur das sehen kann, worauf es vorbereitet ist – das heißt, die alten Ideen. Wir müssen die Fähigkeit zur Spekulation entwickeln.

Spekulation reicht von einer vernünftigen Vermutung (was wir in einer Hypothese suchen) über eine reine Möglichkeit bis hin zu einer Provokation, die keinen Anspruch auf Wahrheit erhebt. Der Zweck einer Provokation ist es, uns dahin zu bringen, daß wir etwas auf neue Art betrachten – nicht, indem wir den neuen Weg vorstellen, sondern indem wir aus dem alten Weg ausscheren. Ein kreativer Sprung vorwärts kann unser Denken vorwärtsziehen. Wir führen von vorn. Ohne kreatives Denken führen wir von hinten, und wir müssen uns bemühen, vorwärtszukommen und auf dem aufzubauen, was wir wissen.

Kreatives Verhalten beinhaltet die Bereitschaft, vorwärtszugehen und Möglichkeiten zu erforschen.

Laterales Denken

Laterales Denken befaßt sich vor allem mit der Veränderung von Ideen und Wahrnehmungen. Aufmerksamkeitslenkende Werkzeuge kümmern sich um den *Breite*-Aspekt von Wahrnehmungen. Die kreativen Werkzeuge des lateralen Denkens kümmern sich um den *Wandel*-Aspekt von Wahrnehmung.

Laterales Denken basiert direkt auf einer Betrachtung des musterbildenden Verhaltens eines selbstorganisierenden Informationssystems (wie in der Wahrnehmung). Solche Systeme erlauben es eingehenden Informationen, sich in Routinemuster zu organisieren. Die Muster ermöglichen es uns überhaupt, in der Welt zu funktionieren. Wir sollten deshalb dankbar für diese Routinemuster sein. Aber wegen der nicht vorhandenen Symmetrie der Muster können wir nicht zu den verfügbaren Seitenmustern durchstoßen.

Wenn wir zu den Seitenmustern durchstoßen, besitzen wir entweder Humor oder Kreativität. Alle wertvollen kreativen

Ideen müssen im Rückblick logisch sein, das bedeutet jedoch nicht, daß sie zunächst für Logik zugänglich sind.

Es wurden zwei spezifische Techniken vorgestellt, mit denen wir zu den Seitenwegen vorstoßen können.

Die erste Technik wendet eine Kombination von Provokation und Bewegung an. Eine Provokation ist eine Idee, die es in der Erfahrung nicht gibt, und die überhaupt keinen Wahrheitswert hat. Wir signalisieren eine solche Provokation mit dem erfundenen Wort *PO*, um anzuzeigen, daß es sich um eine Provokation handelt.

Dann wenden wir *Bewegung* an, um vom Routinestrang zur Provokation und von dort aus zum Seitenweg (und zu einer neuen Idee) zu gelangen. Bewegung ist anders als Beurteilung. Bei der Beurteilung vergleichen wir eine Idee mit dem, was wir wissen, und weisen sie zurück, wenn sie der Überprüfung nicht standhält. Mit Bewegung operieren wir außerhalb des Beurteilungssystems. Wir schauen uns die Idee an, um festzustellen, wie wir uns von ihr aus vorwärtsbewegen können.

Es gibt spezifische Methoden, um Provokationen aufzustellen: Empfangen, Umkehr, Entkommen, Wunschdenken und Unerhörtes.

Außerdem gibt es spezifische Methoden, um Bewegung aus einer Provokation zu erreichen: Verhalten, von Augenblick zu Augenblick, ein Prinzip herausziehen, den Unterschied fokussieren, Suche nach Werten und Interessantem.

Diese Werkzeuge des lateralen Denkens können geübt und immer dann bewußt eingesetzt werden, wenn ein Bedürfnis nach neuen Ideen vorliegt.

Grundlegende Operationen

Die Basisoperationen des Denkens sind besprochen worden. Wir müssen uns dieser Operationen bewußt sein, und es ist nützlich, sie von Zeit zu Zeit zu üben. Jeder Denkvorgang benötigt eine komplexe Kombination dieser Basisoperationen.

Die Basisoperationen nur zu üben, reicht nicht aus – so wie das Training einzelner Muskeln uns noch nicht zu einer Sportart befähigt.

Nach dem Schreinerbeispiel wurden die Basisoperationen in drei Gruppen aufgeteilt:

Schneiden: Sich auf einen Teil einer Situation konzentrieren; einen Teil der Situation heraustrennen; die Situation in Einzelteilen analysieren; die Aufmerksamkeit ausweiten, um mehr als die dargestellte Situation erfassen zu können.

Zusammenfügen: Verbindungen schaffen; Wiedererkennen und Identifikation; Dinge zu einer Synthese zusammenführen; Dinge aufbauen in Konstruktion und Design.

Formen: Hier geht es um den Vergleich zwischen dem, was vor uns liegt mit dem, was wir wissen. Es handelt sich also um Beurteilung, Zusammenpassen, Überprüfen der Hypothese und Vergleich.

Es ist sehr wichtig, immer daran zu denken, daß die philosophische Beschreibung des Denkens nichts mit der praktischen Fertigkeit des Denkens zu tun hat. Eine Beschreibung von Tennis ist nicht das gleiche, wie Tennis zu spielen. Wenn wir das Denken in seinen Einzelteilen analysieren, so liefert uns das keine nutzbaren Denkwerkzeuge. Diese Werkzeuge müssen spezifisch für den praktischen Gebrauch entworfen werden.

Weitere Denkgewohnheiten

In den vorangegangenen Kapiteln wurden noch folgende weitere Aspekte des Denkens behandelt:

Umstände

Manche Wahrheiten sind universell, aber viele Wahrheiten, die als universell gelten, sind nur unter bestimmten Umständen wahr. Dies ist eine häufige Ursache für Irrtümer beim Denken und auch für zahlreiche Uneinigkeiten (weil eine Partei an die einen Umstände denkt und die andere an andere Umstände).

Oft geht es gar nicht darum, sich darüber zu streiten, was richtig oder nicht richtig ist, sondern darum, die Umstände zu bestimmen, unter denen es richtig ist. Häufig können beide Parteien in einem Streit recht haben – unter unterschiedlichen Umständen.

Deshalb ist die Denkgewohnheitsfrage: Unter welchen Umständen trifft dies zu?

Grundgedanke und detaillierte Vorstellung

Dieser Aspekt des Denkens ist halb Denkgewohnheit und halb Operation. Wir müssen uns angewöhnen, die Operation auszuführen.

Es gibt zwei gewohnheitsmäßige Fragen:
»Was ist hier der Grundgedanke?«
»Wie kann diese Grundidee im Detail ausgeführt werden?«
Die Fähigkeit, sich vom Grundgedanken zum Detail und wieder zurück zu bewegen, ist ein charakteristisches Merkmal des geübten Denkers.

Wir filtern die Grundidee heraus, um sie zu verändern oder um bessere Wege zu finden, sie auszuführen, und um die Dinge zu vereinfachen und sie besser zu verstehen.

Wenn wir Alternativen entwickeln, ist es für gewöhnlich einfacher, zuerst die Grundidee zugrunde zu legen. Dann sehen wir uns an, wie diese allgemeinen Ideen in detaillierte Ideen zerlegt werden können.

Auf der Ebene von *Grundgedanken* zu arbeiten, ist so ähnlich, wie auf der Ebene von *Konzept* oder *Funktion* zu arbeiten.

Zusammenfassung

Dieser Teil des Buches befaßte sich mit den grundlegenden Denkoperationen. Jeder Denker sollte sie verstehen. Zusätzlich gibt es spezifische kreative Techniken des lateralen Denkens.

Rückblickübungen

1. »Es ist die Aufgabe von Managern in der Wirtschaft, soviel wie möglich zu produzieren. Die Aufgabe der Regierung ist es, sich um die sozialen Werte zu kümmern.« Stimmt das? Gebrauche dein kritisches Denken.

2. »Es gibt nur zwei Methoden, wie man Leute dazu kriegt, das zu tun, was man will: Belohnung oder Bestrafung.« Stimmst du dem zu? Kannst du dir eine andere Methode vorstellen? Verwende das zufällige Wort *Maus*, damit dir etwas einfällt.

3. Was ist die *Grundidee* an einem Schaufenster? Wie könnte man diese Idee sonst noch ausführen? Entwickle ein paar detaillierte Vorstellungen.

4. »Wenn du zuviel ißt, setzt du Körperfett an. Frauen haben mehr Körperfett als Männer. Also muß es so sein, daß Frauen in der Relation mehr essen als Männer.« Folgt dies wirklich daraus?

5. »Kinder haben nicht genug Lebenserfahrung, um die richtigen Entscheidungen treffen zu können. Also sollten Kinder auf ihre Eltern hören.« Unter welchen Umständen könnte dies zutreffen? Was ist hier der Grundgedanke? Welche Alternativen könnte es geben?

6. Wenn Delphine im Meer alle Nahrung, die sie brauchen, ohne allzu große Anstrengung bekommen könnten, womit sollten sie als intelligente Lebewesen dann ihre Zeit verbringen? Entwickle vier Grundideen.

7. In einem bestimmten Bezirk wird häufig eingebrochen. Wie würdest du die Zahl der Einbrüche reduzieren? Verwende eine Provokation des Typs *Unerhörtes*, um zu neuen Ideen zu kommen. PO . . .

8. In Gefängnissen werden Verbrecher nur noch krimineller. Es gibt also keinen Grund dafür, jugendliche Kriminelle ins Gefängnis zu stecken. Ist dies eine logische Argumentation? Verwende das zufällige Wort *Seife*, um einige alternative Me-

thoden zu entwickeln, mit jugendlichen Kriminellen umzugehen.

9. »Wenn du jemanden nicht magst, solltest du ihn anlächeln.«

Wende dein kritisches Denken auf diese Aussage an.

Denkprinzipien

An diesem Punkt können wir einige Leitprinzipien zum Denken zusammenstellen. Dies hätte auch am Anfang des Buches geschehen können, aber da hätte es keinen Sinn gemacht. Sie werden sehen, daß die Prinzipien direkt aus den Prozessen entstehen, die bis jetzt behandelt worden sind. So kristallisieren sich die Prinzipien aus dem heraus, was bis jetzt gelernt wurde.

Man kann mehr oder weniger Prinzipien zusammenstellen, und es ist möglich, sie auf unterschiedliche Arten auszudrükken. Vielleicht gibt es einige, die ich Ihrer Meinung nach ausgelassen habe. Das ist eine Sache der individuellen Auswahl, und was nun folgt, ist meine Wahl. Es ist schwierig, die Zahl der Prinzipien auf zwölf zu beschränken, wie ich es hier mache. Es gibt zahlreiche andere wichtige Prinzipien, die ich hätte aufführen können, aber ich glaube, zwölf ist die maximale Zahl, die noch praktikabel ist.

1. Sei immer konstruktiv

Zu viele Menschen verfallen in negative Denkgewohnheiten. Sie genießen es geradezu, jemand anderem zu beweisen, daß er unrecht hat. Ihrer Meinung nach reicht es aus, kritisch zu sein. Wir müssen konstruktives Denken über kritisches Denken stellen.

2. Denke langsam, und versuche die Dinge so einfach wie möglich zu gestalten

Abgesehen von Notfällen ist schnelles Denken nicht besonders verdienstvoll. Ein großer Teil des Denkens kann in kurzer

Zeit erledigt werden, auch wenn Sie langsam denken. Versuchen Sie immer, die Dinge einfach zu machen. Etwas zu komplizieren, hat keinen besonderen Nutzen (außer man will jemanden beeindrucken). Man sollte sich immer wieder fragen, ob es noch eine einfachere Methode gibt, die man anwenden könnte.

3. **Löse dein Ego von deinem Denken und versuche zurückzustehen, damit du die nötige Distanz zu deinem Denken hast**
Das größte Hindernis für geübtes Denken ist eine Beteiligung des Ego: »Ich muß recht haben.« »Meine Idee muß die beste sein.« Sie müssen zurückstehen und das beobachten können, was in Ihrem Denken vor sich geht. So wie Sie Ihren Tennisfähigkeiten objektiv gegenüberstehen, müssen Sie auch Ihrem Denken gegenüber objektiv sein. Nur so können Sie wirkliche Fähigkeiten entwickeln.

4. **Was versuche ich in diesem Augenblick zu tun? Was ist der Fokus und Zweck meines Denkens?**
Was ist jetzt in diesem Augenblick der Fokus meines Denkens? Was versuche ich zu erreichen? Welche Werkzeuge oder Methoden benutze ich? Ohne dieses Gefühl für Fokus und Zweck ist Denken nur eine Sache des Treibens von Augenblick zu Augenblick, von Punkt zu Punkt. Effektives Denken erfordert dieses Gefühl für Fokus und Zweck.

5. **Sei fähig, in deinem Denken *die Gänge zu wechseln*. Du mußt wissen, wann du Logik benutzen mußt, wann Kreativität und wann du nach Informationen suchen mußt**
Wenn Sie ein Auto fahren, suchen Sie sich den geeigneten Gang. Wenn Sie Golf spielen, wählen Sie den geeigneten Schläger. Beim Kochen wählen Sie den geeigneten Topf. Kreatives Denken ist anders als logisches Denken und das Suchen nach Informationen. Ein geübter Denker muß alle Denktypen be-

herrschen. Es reicht nicht aus, kreativ oder kritisch zu sein. Sie müssen wissen, wann und wie Sie die unterschiedlichen Denktypen anwenden.

6. Was ist das Ergebnis meines Denkens und warum ist es meiner Meinung nach realisierbar?

Wenn Sie kein klares Ergebnis Ihres Denkens formulieren können, haben Sie Ihre Zeit vergeudet. Wenn Sie eine Schlußfolgerung, eine Entscheidung, eine Lösung, einen Entwurf usw. haben, sollten Sie erklären können, warum dieses Ergebnis Ihrer Meinung nach realisierbar ist. Wie Sie zu der Schlußfolgerung gekommen sind, ist an diesem Punkt nicht von Bedeutung. Erklären Sie sich selbst – wie Sie es jemand anderem erklären würden –, warum Sie glauben, daß das Ergebnis funktionieren wird. Wenn das Ergebnis die Definition eines toten Punktes ist, ein neues Problem oder eine bessere Sicht der Dinge, müssen Sie sagen können, was Sie als nächstes tun werden.

7. Gefühle und Emotionen sind wichtige Bestandteile des Denkens, aber sie sollten erst nach der Erforschung eingesetzt werden, und nicht vorher

Uns wird oft gesagt, wir sollten Gefühle und Emotionen aus dem Denken heraushalten. Das mag für die Mathematik und die Wissenschaften zutreffen, wo es aber um Menschen geht, sind Gefühle und Emotionen ein wichtiger Bestandteil des Denkens. Sie müssen allerdings am richtigen Ort angewendet werden. Wenn Gefühle zu Beginn benutzt werden, dann ist die Wahrnehmung beschränkt, und die ausgewählte Handlungsweise könnte sich als ungeeignet erweisen. Wenn zuerst Erforschung stattfindet und die Alternativen überprüft worden sind, ist es die Rolle von Gefühlen und Emotionen, die endgültige Wahl zu treffen.

8. Versuche immer, dich nach Alternativen, neuen Wahrnehmungen und neuen Ideen umzusehen

Ein geübter Denker wird zu jeder Zeit versuchen, Alternativen zu finden: Erklärungen, Interpretationen, Handlungsmöglichkeiten, unterschiedliche Vorgehensweisen usw. Wenn jemand behauptet, es gäbe *nur zwei Alternativen*, versucht der geübte Denker sofort andere zu finden. Wenn eine Erklärung als die einzig mögliche gegeben wird, versucht der geübte Denker sich andere Erklärungen auszudenken. Das gleiche gilt für die Suche nach neuen Ideen und neuen Wahrnehmungen. Ist dies die einzige Art, die Dinge zu betrachten?

9. Versuche immer, dich zwischen Denken auf breiter Ebene und Denken auf Detailebene hin- und herzubewegen

Um eine Idee ausführen zu können, müssen wir in aktuellen Details denken. Am Ende müssen wir also detailgenau sein. Aber die Fähigkeit, auch auf breiter Ebene zu denken (Konzept, Funktion, abstrakte Ebene), ist ein Schlüsselmerkmal eines geübten Denkers. Auf diese Art entstehen Alternativen. Auf diese Art bewegen wir uns von einer Idee zur anderen. Auf diese Art verbinden wir Ideen miteinander. Was ist hier der Grundgedanke, und wie läßt er sich umsetzen?

10. Geht es hier um *kann sein* oder um *muß sein*? Logik ist nur so gut wie die Wahrnehmung und die Information, auf der sie beruht

Dies ist ein Schlüsselprinzip, weil es mit Wahrheit und Logik zu tun hat. Wenn von etwas behauptet wird, es sei wahr, dann lautet die Behauptung, *es muß so sein*. Wenn behauptet wird, eine Schlußfolgerung *muß* aus dem folgen, was vorher war, dann liegt hier die Betonung auch auf *muß sein*. Wenn wir das bestreiten und zeigen, daß es hier nur um *kann sein* geht, ist das immer noch von Wert, hat aber nicht mehr den dogmatischen Wert von Wahrheit und Logik. Selbst wenn die Logik fehlerfrei ist, paßt die Schlußfolgerung nur zu der Wahrnehmung und der Information, auf der die Logik basiert. Deshalb müssen wir uns diese Basis ansehen. In Spielen und Glaubenssystemen setzen wir Dinge als wahr ein, deshalb sind sie in diesem Kontext wahr. Im normalen Leben müssen wir immer zwischen *kann sein* und *muß sein* unterscheiden. Und wir müssen das, was behauptet wird, überprüfen.

11. Unterschiedliche Standpunkte können auf unterschiedlichen Wahrnehmungen beruhen

Wenn es gegensätzliche Standpunkte gibt, neigen wir dazu anzunehmen, daß nur einer davon richtig sein kann. Wenn Sie glauben, daß Sie recht haben, wollen Sie beweisen, daß andere Standpunkte falsch sein müssen. Aber die anderen Standpunkte können genauso *richtig* sein. Ein anderer Standpunkt kann folgerichtig sein und auf einer Wahrnehmung beruhen, die sich von Ihrer unterscheidet. Zu dieser Wahrnehmung können unterschiedliche Informationen, unterschiedliche Erfahrung, unterschiedliche Werte und eine andere Art, die Welt zu sehen, gehören. Wir müssen uns bei Auseinandersetzungen der unterschiedlichen Wahrnehmungen auf beiden Seiten bewußt sein. Wir müssen sie parallel zueinander sehen und sie miteinander vergleichen.

12. Alle Aktionen haben Konsequenzen und eine Wirkung auf Werte, Menschen und die uns umgebende Welt

Nicht aus jedem Denken entsteht Aktion. Und auch wenn Denken in Aktion mündet, ist diese Aktion vielleicht auf einen spezifischen Kontext begrenzt wie Mathematik, ein wissenschaftliches Experiment oder ein Spiel, das gespielt wird. Im allgemeinen mündet Denken in einen Aktionsplan, eine Problemlösung, einen Entwurf, eine Wahl oder eine Entscheidung und wird dann von Aktion gefolgt. Diese Aktion hat Konsequenzen in der Zukunft und wirkt sich auf die Welt um uns herum aus. Diese Welt umfaßt Werte und andere Menschen. Aktion findet nicht in einem Vakuum statt. Die Welt heute ist bevölkert. Von Entscheidungen und Initiativen werden immer andere Menschen und die Umwelt betroffen.

Zusammenfassung

Ich habe hier zwölf Prinzipien des Denkens aufgeführt. Für jedes Prinzip gibt es eine Erklärung, die das Ziel und die Bedeutung des Prinzips beschreibt. Manche der Prinzipien befassen sich damit, wie wir die Denkfähigkeit handhaben. Andere Prinzipien befassen sich mit der praktischen Anwendung dieser Fähigkeit.

Es lohnt sich, sich diese Prinzipien von Zeit zu Zeit anzusehen.

Übungen zu Denkprinzipien

Die Prinzipien sind ohne direkte Bezugnahme zu den Werkzeugen und anderen im Buch dargestellten Prozessen vorgestellt worden. Sie können also auch für diejenigen von Nutzen sein, die dieses Buch nicht gelesen haben.

Die Übungen zu diesem Kapitel bestehen darin, sich die Prinzipien einzeln vorzunehmen und sie zu diskutieren. Die Diskussion muß konstruktiv sein: Warum ist dieses Prinzip wichtig? Wo ist es am nützlichsten? Befolgen die Menschen normalerweise dieses Prinzip?

Zusätzlich kann jedes Prinzip den Werkzeugen, Operationen und Gewohnheiten, die in diesem Buch beschrieben worden sind, zugeordnet werden. Prinzip 4 zum Beispiel gehört zu *Fokus und Zweck* und zu AGO. Prinzip 7 gehört zum *Roten-Hut-Denken*.

Sie werden feststellen, daß jedes Prinzip zu einem oder zu mehreren Dingen, die hier in diesem Buch dargestellt wurden, gehört. Sie können das Inhaltsverzeichnis zu Beginn des Buches oder die Übersichtskapitel dazu benutzen, sich noch einmal das bis hierhin behandelte Material vor Augen zu führen.

Teil IV

Strukturen und Situationen

Bis hierhin sind Verhaltensweisen, Gewohnheiten, Werkzeuge und Operationen als getrennte Themen behandelt worden. Es stimmt zwar, daß ich bei den sechs Hüten eine Benutzung der Hüte als Sequenz vorgeschlagen habe, und es stimmt auch, daß ich im ersten Übersichtskapitel eine Sequenz vorgeschlagen habe, in der die aufmerksamkeitslenkenden Werkzeuge (AGO, CAF usw.) benutzt werden können. Aber diese beiden Vorschläge waren nur für den zusätzlichen Gebrauch der Werkzeuge gedacht.

Es gibt keine magische Formel, die eine Person auf einmal in einen geübten Denker verwandelt. Viele Menschen entwickeln komplexe Strukturen, die sich auf dem Papier sehr gut machen, sich beim Gebrauch jedoch als unpraktisch herausstellen. Sie können keine komplexe Formel mit sich herumtragen, denn sie ist zum Gebrauch nicht geeignet.

Alle bis hierhin dargestellten Werkzeuge und Gewohnheiten können einzeln benutzt werden. Wenn Sie aus diesem Buch nur PMI herausziehen, dann wird das alleine Ihr Denken schon verbessern. Wenn Sie nur *PO* und die Methode der Provokation nehmen, nützt Ihnen auch das schon.

Ein geübter Denker kennt mehrere Denkgewohnheiten zugleich. Der Denker hat zum Beispiel ein starkes Gefühl für Werte (Was sind hier die Werte?), eine Bereitschaft, den Wahrheitswert zu überprüfen (Was ist hier der Wahrheitswert?) und ein Bewußtsein, daß er auf der Ebene von Grundideen arbeiten muß (Was ist hier der Grundgedanke?). Ein anderer Denker denkt vielleicht nur an eine Gewohnheit (Unter welchen Umständen ist das wahr?).

Nicht alles in diesem Buch soll sofort beim ersten Lesen gelernt werden. Sie werden es immer wieder lesen müssen, um Fähigkeiten in allen Dingen, die erwähnt werden, aufzubauen. Aber selbst wenn der Leser nur ein paar Werkzeuge und ein paar Gewohnheiten herausgreift, werden diese seine Denkfähigkeit schon entscheidend verbessern. Deshalb sind die Werkzeuge und Gewohnheiten getrennt aufgeführt worden. Denken Sie an den Schreiner, der lernt, den Hammer und die Säge, aber noch nicht den Hobel und den Meißel zu benutzen. Mit der Säge kann der Schreiner Dinge zersägen, und mit dem Hammer (und Nägeln) kann er Dinge zusammenfügen. Er ist noch kein perfekter Schreiner, aber er ist schon viel besser als am Anfang.

An diesem Punkt kommen wir zu Strukturen und Situationen. Eine Struktur gibt uns einen Plan von dem, was wir jetzt und was wir als nächstes tun müssen. In den Strukturen benutzen wir die Werkzeuge und Gewohnheiten, die wir bis jetzt schon gelernt haben.

Strukturen

Eine Tasse ist eine Struktur. Eine Treppe ist eine Struktur. Ein Flughafen-Terminal ist eine Struktur. In all diesen Fällen erlaubt uns die Struktur, Dinge leichter zu tun. Ohne Tasse könnten Sie nicht trinken. Ohne Treppe könnten Sie nicht hochsteigen. Ohne Terminal müßten Sie vom Rollfeld aus ins Flugzeug steigen.

Die Tasse, die Treppe und das Flughafen-Terminal sind Strukturen, die es uns erlauben, jeweils einen einfachen Schritt vorzunehmen und so das zu erreichen, was wir wollen. Sie füllen die Tasse, führen Sie zum Mund und trinken. Sie steigen Schritt für Schritt die Treppe hoch. Das Flughafen-Terminal ermöglicht Schritt für Schritt das Einchecken, die

Sicherheitskontrolle und das Gehen zum richtigen Flugzeug.

Die in diesem Buch dargelegten Denkstrukturen sind organisierende Strukturen, die uns beim Denken helfen. Die Strukturen stellen eine Reihe von Schritten dar. Wir führen jeden einzelnen Schritt aus. Die Schritte helfen uns bei der Aufmerksamkeitslenkung und dabei, uns auf ein Ding zu einer Zeit zu konzentrieren.

Statt bei jeder Gelegenheit unsere eigene Struktur planen zu müssen, lernen wir eine bestimmte Struktur, die wir dann immer wieder anwenden.

Es ist nichts Magisches an diesen Strukturen, und man muß sie nicht unbedingt gebrauchen. Sie sind dazu da, das Leben angenehmer zu machen, denn sie helfen dabei, die Verwirrung beim Denken zu reduzieren, und sie helfen uns, diszipliniert zu denken.

Eine Struktur kann eine allgemeine Zweck-Struktur sein, die auf die meisten Denksituationen paßt, oder eine spezielle Struktur, die für eine besondere Denksituation entworfen wurde.

Situationen

Es gibt viele verschiedene Denksituationen (erforschen, organisieren, planen, entwerfen usw.), und ich beabsichtige nicht, sie in diesem Buch alle abzudecken. Ich habe drei Arten von Denksituationen ausgewählt, weil genau diese Arten im normalen Leben besonders wichtig sind. Sie decken einen großen Teil unseres täglichen Denkens ab. Die drei Arten von Denksituationen, die in diesem Buch behandelt werden, sind:
- Auseinandersetzung/Uneinigkeit
- Probleme/Aufgaben
- Entscheidungen/Wahl
- In einem späteren Buch werde ich weitere Situationen beschreiben.

Ich werde die Art des Denkens, die für die jeweilige Denksituation erforderlich ist, den Gebrauch der Werkzeuge und Gewohnheiten sowie die entsprechenden Denkstrukturen angeben.

Zusammenfassung

Eine Struktur wird benutzt, um die Schritte unseres Denkens zu organisieren. Es gibt Strukturen für den allgemeinen Zweck, und es gibt Strukturen, die einem beim Denken in bestimmten Denksituationen helfen sollen.

TO*LOPOSO*GO

Das ist eine sehr einfache fünfphasige Denkstruktur zu einem allgemeinen Zweck. Diese Struktur oder dieser Rahmen kann auf die meisten Denksituationen angewendet werden.

Jeder der fünf Schritte in der Struktur wird von einer Silbe dargestellt. Alle fünf Silben bestehen aus einem Konsonanten, gefolgt von einem *O*. Dadurch kann man sich leichter an diese Struktur erinnern.

Zusätzlich gibt es ein visuelles Grundgerüst (Abbildung 16), das die Phasen in die richtige Reihenfolge bringt und auch als visuelle Gedächtnisstütze dient.

Wir sehen uns jetzt jeden Schritt in der Struktur an.

TO

Das englische Wort *TO* kann u. a. eine Richtung angeben. Hier bezieht es sich auf das Ziel unseres Denkens:

- Wohin gehen wir?
- Auf was gehen wir zu?
- Wie ist die Richtung?
- Was ist das Ziel?
- Was wollen wir erreichen?
- Was ist der Fokus?
- Problemdefinition und alternative Problemdefinitionen
- Verwendung des Werkzeugs AGO, um Ziele zu definieren
- Verwendung des blauen Hutes, um zu definieren, wohin wir gehen möchten

274

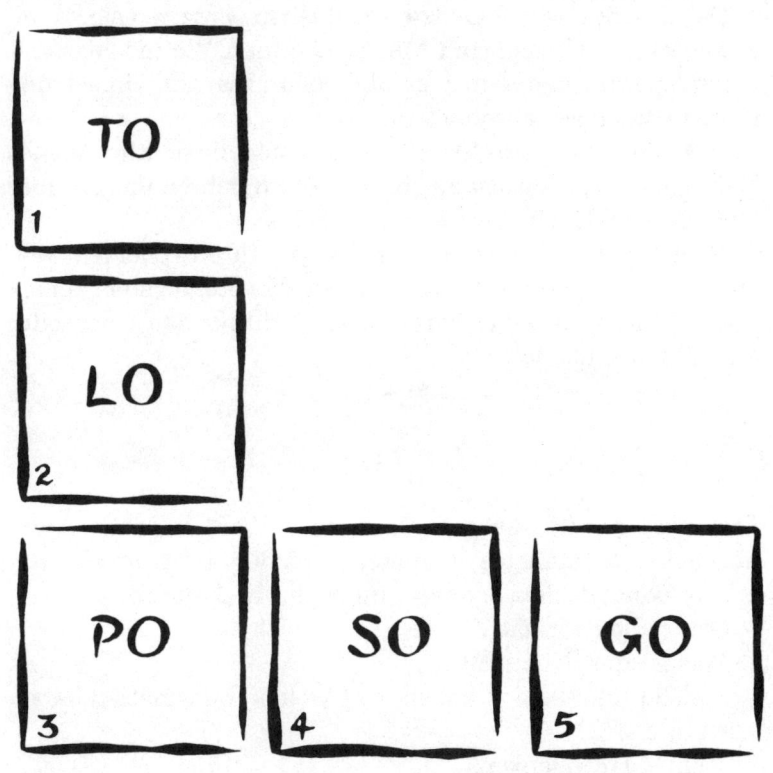

Abbildung 16

In dieser Phase müssen wir sehr klar definieren, was wir zu tun versuchen. Es reicht nicht aus, nur eine vage und allgemeine Vorstellung vom Zweck des Denkens zu haben. Er muß genau ausgesprochen werden. Dieser erste Schritt im Prozeß sollte nicht übereilt werden. Wir sollten versuchen, diese Phase mit einer deutlichen Erklärung abzuschließen.

Der Zweck unseres Denkens soll beispielsweise sein, zu einem besseren Umgang mit Müll zu kommen. Wir möchten mit einem spezifischen Vorschlag und einem Plan zur Umsetzung dieses Vorschlags abschließen:

»Der Zweck unseres Denkens ist es, uns hinsichtlich deines Beitrags zur Hausarbeit zu einigen. Wir möchten uns darüber einigen, was du tun kannst, um zu helfen.«

»Der Zweck unseres Denkens ist es, zu entscheiden, welchem von den beiden Bewerbern wir die Stelle geben sollen. Wir möchten mit einer eindeutigen Wahl für den einen oder anderen abschließen.«

LO

Das Wort *LO* ist von dem englischen Wort *to look* (sehen) abgeleitet. In manchen Hymnen wird der Ausdruck *Lo and behold* benutzt; dies bedeutet ungefähr: *Sieh dir das an.*
– Was haben wir hier?
– Was ist der Schauplatz?
– Welche Information haben wir? Welche Information haben wir nicht?
– Weißes-Hut-Denken
– Gebrauch von CAF: Welche Faktoren müssen berücksichtigt werden?
– Gebrauch von OPV: Welche Menschen sind daran beteiligt?
– Was ist der Auslöser des Denkens?
– Welche Verhaltensweisen sind involviert?
– Wer denkt?
– Auf welchem Terrain befinden wir uns?

Die *LO*-Phase ist die Phase des Sichumsehens. Was ist verfügbar? Was sind die Teile des Puzzles? Hier ist erforschendes und paralleles Denken gefragt. Wir prüfen das, was wir sehen können. Wir versuchen nicht, zu Schlußfolgerungen zu gelangen.

Am Ende dieser Phase möchten wir alle Informationen, die wir brauchen, zusammenhaben – oder zumindest bestimmt haben, welche wir gerne hätten. Wir möchten eine gute Karte des Schauplatzes haben. Wir brauchen eine Liste von Faktoren, die berücksichtigt werden müssen. Wir möchten den Kontext des Denkens kennen. Wir möchten wissen, wer beteiligt ist.

Denken Sie an einen Forscher, der die Aufgabe hat, ein neues Land zu erforschen.

PO

Dies ist das Wort *PO*, das ich erfunden habe, um Provokation im lateralen Denken zu signalisieren. Hier wird es ähnlich, nur in einem weiteren Sinn eingesetzt. Unter *PO* entwickeln wir hier sowohl mögliche Ideen als auch Provokationen.

- Welche Alternativen gibt es?
- Verwende das APC-Werkzeug, um Alternativen aufzustellen.
- Entwirf einige Grundideen und erarbeite dann den detaillierten Weg, um diese Ideen auszuführen:
- Vermutungen
- Vorschläge
- Möglichkeiten
- Hypothesen
- Spekulationen
- Konstruktive Ideen
- Grünes-Hut-Denken

Was unter *PO* entsteht, hängt von der Natur der Denkbedürfnisse ab. Wenn Aktion erforderlich ist, wird es Aktionsalternativen geben. Wenn ein Problem gelöst werden muß, wird es

Lösungsalternativen geben. Wenn eine Erklärung erforderlich ist, wird es alternative Hypothesen geben.

Diese *PO*-Phase ist die Phase des Grünen-Hut-Denkens, also die kreative Phase. Wir entwickeln Ideen und Vermutungen.

An diesem Punkt entscheiden wir uns nicht zwischen den vorgeschlagenen Alternativen. Wir stellen sie lediglich alle parallel dar: »An diesem Punkt haben wir vier mögliche Erklärungen, warum das Flugzeug abgestürzt ist.«

»An diesem Punkt haben wir drei alternative Lösungen zu dem Problem der künftigen Wasserversorgung.«

»An diesem Punkt haben wir vier alternative Vorschläge, wo die Party gefeiert werden kann.«

»An diesem Punkt habe ich zwei alternative Dinge, die ich mir zum Geburtstag wünsche.«

Alle Alternativen sollten weiterverfolgt werden. In dieser Phase sollte es noch keine Vorauswahl geben, Sie können jedoch die Alternativen in Gruppen aufteilen, um die praktikabelste ermitteln zu können.

SO

Dies ist das normale Wort *SO*, das hier in einer seiner Bedeutungen benutzt wird.

SO, auf was läuft das hinaus?
SO, was haben wir hier?
SO, was tun wir als nächstes?
Das ist die Phase der Wahl zwischen den möglichen Alternativen. Wir vergleichen und prüfen die Alternativen.
Wir müssen zu einer Aktionswahl (oder Erklärung) gelangen.
Wir müssen ein FIP machen, um die Prioritäten festzulegen.
Wir überprüfen die Alternativen gegenüber den Prioritäten und den Zielen des Denkens.
Wir überprüfen jede Alternative mit PMI, C&S und OPV.

278

Was würde geschehen, wenn wir diese Alternative verwendeten (C&S)?
Was sind die Nutzen und Werte (Gelbes-Hut-Denken)?
Paßt dies zu dem, was wir wissen (Schwarzes-Hut-Denken)?
Was sind die Gefahren und Probleme (Schwarzes-Hut-Denken)?
Wir versuchen auch, Ideen zu verändern oder zu verbessern, nachdem wir mit dem Schwarzen-Hut-Denken die Schwächen herausgestellt haben.

Zu Beginn dieser *SO*-Phase gibt es zahlreiche Alternativen. Den Abschluß dieser Phase bildet eine Wahl, eine Entscheidung oder eine Schlußfolgerung.

In Fällen, in denen eine einzelne Schlußfolgerung, Entscheidung oder Wahl nicht möglich ist, muß das Ergebnis äußerst sorgfältig definiert werden. Was ist der tote Punkt? Wohin müssen wir gelangen? Vielleicht sollte eine neue Denkaufgabe definiert werden, und aufgrund dieser neu definierten Aufgabe der gesamte Denkprozeß wiederholt werden.

Am Ende der *SO*-Phase muß immer ein klar definiertes Ergebnis stehen: »Die Schlußfolgerung ist, daß wir fest bleiben und den Forderungen nicht nachgeben wollen.«

»Ich habe mich schließlich für eine Kamera zum Geburtstag entschieden.«

»Wir haben uns entschlossen, Mr. Jones die Stelle anzubieten.«

»Wir sind zu dem Ergebnis gelangt, daß wir keine Entscheidung treffen können. Dies liegt daran, daß uns die Kosten für die alternativen Pläne nicht vorliegen. Wir müssen nun darangehen, diese Kosten zu berechnen.«

»Das Ergebnis lautet, daß keiner der vorgeschlagenen Standorte geeignet ist. Wir müssen nun versuchen, neue Standorte zu finden.«

»Das Ergebnis ist, daß wir uns immer noch nicht geeinigt haben. Wir verstehen die Positionen auf jeder Seite zwar besser, haben aber noch keine Einigung erzielt. Der Punkt, an dem wir festhängen, ist die Bezahlung für Wochenendarbeit.«

Jeder, der mit der Definition des Ergebnisses am Ende der
SO-Phase nicht zufrieden ist, muß sich einen blauen Hut
aufsetzen und sagen, daß er nicht zufrieden ist und daß ein
weiterer Versuch unternommen werden sollte, das Ergebnis
zu definieren. In Fällen, in denen Handeln erforderlich ist
(zum Beispiel bei einem Arzt), kann man vielleicht nicht so
lange warten, bis mehr Informationen vorliegen. Unter diesen
Umständen wird dann die bestmögliche Entscheidung angewendet.

GO

Dies ist die normale Bedeutung des Wortes GO (gehen), und es
impliziert Aktion:

- Laß uns gehen.
- Werde aktiv.
- Wohin gehen wir von hier aus?

Wenn am Ende der SO-Phase keine Entscheidung, Wahl oder
Schlußfolgerung vorliegt, dann definiert die GO-Phase die
Handlungsschritte, die jetzt unternommen werden müssen.
Das kann bedeuten, daß mehr Informationen gesammelt wer-
den müssen, daß man eine weitere Denksitzung abhalten muß,
oder daß man sich eine Frist setzen muß:

- Was ist der Aktionsplan?
- Wie setzen wir ihn um?
- Welche praktischen Schritte unternehmen wir?
- Wie setzen wir das in Wirkung um?
- Wie beobachten wir den Fortschritt?
- Was ist die Rückzugsposition?

Das Ergebnis der GO-Phase ist immer Aktion. Aus der GO-
Phase muß immer ein klares Resultat hervorgehen. Stellen Sie

sich vor, Sie gehen. Sie machen den nächsten Schritt. Es muß eine Richtung geben, in die Sie den nächsten Schritt machen. Das Ergebnis der *GO*-Phase ist eine Aktion zu einem Zweck. *Nichts zu tun* ist nur akzeptabel, wenn dies tatsächlich eine positive Aktion ist. Zum Beispiel die Preise nicht zu senken, wenn ein Konkurrent die Preise senkt. Oder einer Erpressung nicht nachzugeben.

Nichts zu tun aufgrund von Unentschlossenheit ist jedoch nicht akzeptabel.

»Hier ist der Aktionsplan.«

»Das Ergebnis wird ein Bericht sein. Peter wird den Bericht schreiben. Der Bericht soll am 12. Oktober fertig sein.«

»Wir werden die nächsten drei Monate damit verbringen, von den Vertragspartnern Kostenvoranschläge einzuholen. Elizabeth wird ein spezielles Team zusammenstellen, um die Vertragspartner auszuwählen und Kostenvoranschläge von ihnen zu bekommen. Wir werden das Thema am 3. Mai wieder besprechen.«

»Wir haben beschlossen, die Reise zu streichen. Bitte rufen Sie heute nachmittag die anderen an, um ihnen das mitzuteilen.«

»Wir sind übereingekommen, daß du um elf Uhr zu Hause sein sollst. Laß uns das schriftlich festhalten, damit es keinen Streit mehr darüber gibt.«

»Wir haben beschlossen, sechs Millionen Dollar für die Entwicklung eines neuen Rasenmähers bereitzustellen. John wird ein Planungsteam zusammenstellen und einen Aktionsplan vorlegen. Bis Mitte Juni sollten wir fertig sein.«

»Als ersten Schritt geben wir eine Meinungsumfrage in Auftrag. Unser nächster Schritt wird davon abhängen, was sie ergibt.«

Wenn in dieser Phase jemand unzufrieden damit ist, daß es ein aktuelles *Aktions*-Ergebnis gibt, dann kann diese Person den blauen Hut aufsetzen und fragen: »Was ist hier das Aktionsergebnis?« Die *GO*-Phase muß ein Aktionsergebnis haben.

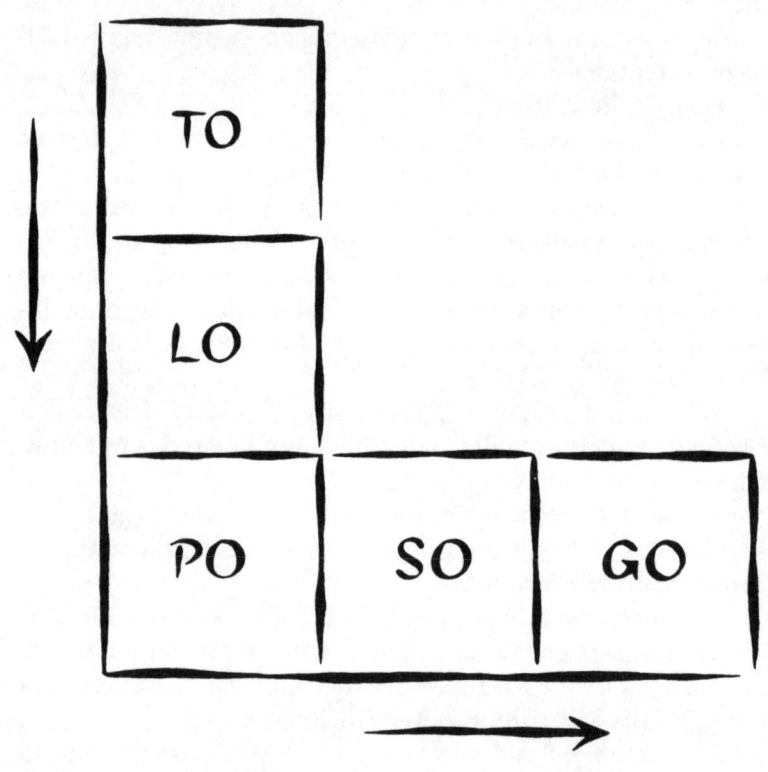

Abbildung 17

Visuelle Struktur

Abbildung 17 zeigt die visuelle Struktur des TO*LOPOSO*GO. Ich habe die L-Form gewählt, weil der vertikale Teil des L anzeigt, was wir vor uns haben (Ziel, Information, Möglichkeiten), und der horizontale Teil der L-Form zeigt, wie wir uns vorwärtsbewegen (von Möglichkeiten zur Entscheidung und dann zur Aktion).

Diese Trennung des vorhandenen Ausgangsmaterials (»Input«) vom Aktionsergebnis (»Output«) wird auch in Abbildung 18 dargestellt, wo ein »Input«-Trichter in die PO-Phase der Möglichkeiten führt. Von der *PO*-Phase führt ein »Output«-Trichter in die Außenwelt.

Die Sternchen in TO*LOPOSO*GO dienen dazu, daß man das Wort besser aussprechen kann und um deutlich zu machen, daß es beim Denken ein Ziel und ein Aktionsergebnis gibt (TO und GO). Zwischen Ziel und letztendlichem Ergebnis findet das Denken statt.

Interaktion

Die Phasen dieser einfachen 5-Schritte-Struktur werden getrennt dargestellt, und sie sollten auch getrennt behandelt werden, sonst verlieren sie ihren organisierenden Wert. In der Praxis jedoch kann eine Interaktion zwischen den einzelnen Schritten stattfinden. Es gibt zum Beispiel Interaktionen zwischen *LO* und *TO*, weil man beim Sammeln von Information immer wieder den Bezug zum Ziel des Denkens herstellen muß, das die Relevanz der Information bestimmt. Genauso basiert das Aufstellen von Alternativen bei *PO* auf dem, was bei *LO* verfügbar ist. Bei einer Wahl in der *SO*-Phase muß man sich auf die Ziele *TO* und auch die von *LO* (zum Beispiel zu beachten, wer involviert ist) beziehen.

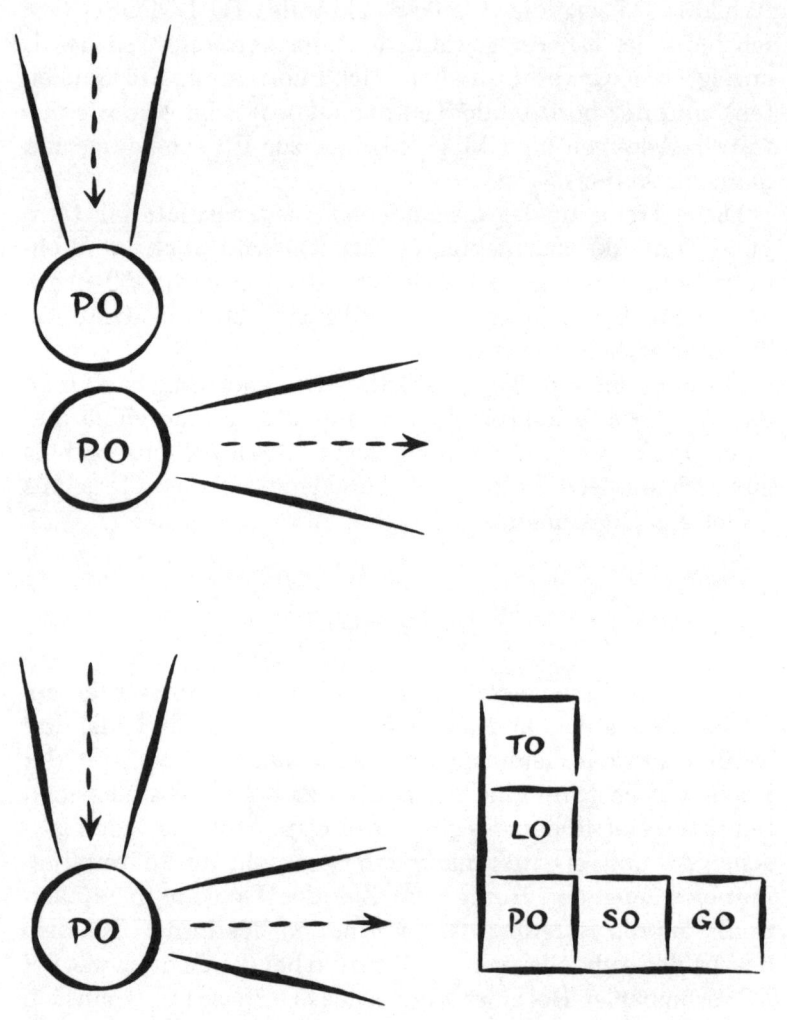

Abbildung 18

284

Zusammenfassung

Es liegt eine Denkstruktur für allgemeine Zwecke in fünf Schritten vor, die man sich durch die Begriffe der einzelnen Phasen, TO*LO PO SO*GO, und auch durch die visuelle L-förmige Darstellung leicht merken kann. Die Struktur liefert eine Reihe von Schritten, die zum Nachdenken über die meisten Dinge verwendet werden können.

Übungen zu TO*LOPOSO*GO

1. Einige außerirdische Besucher können, wenn sie wollen, genauso aussehen und sich genauso benehmen wie Menschen. Ein paar Außerirdische sind in einem UFO gelandet, und sie gehen in einem großen Einkaufscenter einkaufen. Als geübte Denker benutzen sie die TO*LOPOSO*GO-Struktur. Bestimme für jede der fünf Phasen, was die Außerirdischen deiner Meinung nach denken würden.

2. Es heißt, junge Leute probieren Drogen aus, weil ihre Freunde es tun, weil es toll oder modern ist, oder weil sie sich langweilen und etwas Aufregendes erleben wollen. Drogendealer, die Geld brauchen, können sehr überzeugend sein. Anscheinend ist es toll, Drogen auszuprobieren, und denen, die es versucht haben, ist anscheinend nichts Schreckliches passiert. Wie könntest du junge Leute davon überzeugen, keine Drogen zu nehmen? Setze die Schritte deines Denkens in der TO*LOPOSO*GO-Struktur fest.

3. Ein Achtzehnjähriger bekommt die Gelegenheit, für ein Jahr mit einem Freund der Familie, der gerade nach Tokio versetzt worden ist, in Japan zu arbeiten. Er versucht zu entscheiden, ob er gehen soll oder nicht. Lege fest, wie du darüber denkst, indem du den TO*LOPOSO*GO-Rahmen benutzt. Versuche, zu einer endgültigen Schlußfolgerung zu kommen.

4. Der meiste Verkehr stadteinwärts fließt über eine Brücke. Die Brücke ist von einer Barkasse beschädigt worden und muß wegen der Reparatur gesperrt werden. Die Person, die sich mit

dem Vorgang befaßt, verwendet die TO*LOPOSO*GO-Struktur, aber durch einen Computerfehler wird alles durcheinandergebracht. Sortiere die aufgeführten Aussagen in die richtigen Kästchen (TO, LO usw.):

- Ausweichstraßen für den Verkehr finden
- in Hauptverkehrszeiten 1500 Autos pro Stunde
- in der Nähe eine neue Brücke bauen
- Vorankündigungen über Zeitungen und Fernsehen
- ein Bauteam zusammenstellen
- die Bedürfnisse der Geschäftsleute in der Stadt berücksichtigen
- die Wähler in der Stadt und in den Vororten berücksichtigen
- Umleitungsschilder aufstellen
- Kosten berücksichtigen
- die Brücke zur Hälfte sperren, damit die Leute andere Wege finden

Diskussionen und
Meinungsverschiedenheiten

Hierbei handelt es sich um eine häufig auftretende Denksituation. Oder es ist zumindest eine sehr gewöhnliche Situation, die mehr Denken erfordert, als ihr normalerweise zuteil wird. Menschen haben unterschiedliche Ansichten oder Meinungen. Menschen möchten unterschiedliche Dinge tun. Jemand ist der Meinung, ein anderer sollte etwas Bestimmtes tun, und der andere ist nicht einverstanden.

Der Bereich dehnt sich von ruhigen intellektuellen Auseinandersetzungen bis hin zu heftigen emotionalen Streitigkeiten.

Emotionen und Gefühle

Emotionen sind vielleicht schon ganz zu Anfang vorhanden. Möglicherweise entsteht die Uneinigkeit sogar erst aufgrund von Emotionen. In solchen Fällen ist das Thema des Streits unwichtig, da der Streit lediglich die zugrunde liegenden Emotionen widerspiegelt. Es ist wichtig, daß man sich dessen bewußt ist, weil es in solchen Fällen wahrscheinlich nicht besonders sinnvoll ist, den Streit sofort zu lösen.

Wut, Angst und vor allem Groll sind vielleicht von Beginn an vorhanden. In der Praxis ist *Groll* ein häufig auftretendes Gefühl. Es ist eine Mischung aus Abneigung, Eifersucht, einem Gefühl der Unfairneß, einem Bedürfnis nach Aufmerksamkeit und ähnlichen Bestandteilen.

Ich will hier auf diesen Seiten keine Lösungen für Streitigkeiten vorschlagen, die ein direkter Ausdruck lange schwelender, tiefer liegender emotionaler Unzufriedenheit sind. Manche der Denkansätze können in solchen Fällen zwar helfen, aber eine Beratung wäre hier wahrscheinlich nützlicher.

Doch es gibt auch Emotionen, die im Verlauf des Streits entstehen wie Wut, Angst, Beleidigungen, Schreien und Schikanen.

Gebrauch des roten Huts

Der rote Hut kann auf zwei Arten benutzt werden: als Erforschung oder als Etikett.

Zu Beginn eines Streits oder auch in jeder Phase der Auseinandersetzung kann jede Partei vorschlagen: »Laß uns beide unsere roten Hüte aufsetzen und sehen, was wir herausfinden.«

Beide Seiten erforschen ihre Gefühle und legen sie dann offen. Sie können nicht sicher sein, daß die andere Person aufrichtig ist. Sie können Zweifel äußern, und Sie können sogar sagen, wie Ihrer Meinung nach das Rote-Hut-Denken der anderen Person ausgesehen haben sollte.

Der rote Hut ist eine Methode, um Gefühle zu erforschen und sie offenzulegen.

Wenn er als Etikett benutzt wird, wird der rote Hut zu einer Art Umschaltdenken. Wenn die andere Partei sehr emotional gewesen ist, sagen Sie nur: »Das ist Rotes-Hut-Denken.«

Das beinhaltet nicht, daß am Roten-Hut-Denken etwas falsch ist, aber es impliziert, daß Rotes-Hut-Denken nicht auf Vernunft basiert und sich nicht für Diskussionen eignet.

Der rote Hut kann auch als Etikett benutzt werden, um Ihre eigenen Gefühle anzuzeigen: »Wenn ich meinen roten Hut aufsetze, bin ich über diesen Vorschlag sehr ärgerlich.«

Auf diese Art können Sie Ihre emotionale Reaktion auf einen Vorschlag sichtbar machen. Sie müssen Ihre Gefühle nicht erklären.

Wörter

Es gibt viele beleidigende Wörter: *dumm, ignorant, faul, selbstsüchtig* usw. Die meisten von ihnen sind Adjektive. Das sind wirklich Rote-Hut-Wörter: Sie drücken Gefühle aus, aber sie haben keine logische Kraft. Wir versuchen, dies herauszustellen und so diese Wörter aus dem Streit herauszuhalten: »Da kommst du schon wieder mit einem Roten-Hut-Wort.«

Wir müssen daran denken, daß viele Adjektive nur Gefühle ausdrücken, und oft zeigt die Wahl des Adjektivs das Gefühl. Wenn Sie zum Beispiel etwas als *übelriechend* bezeichnen, bedeutet das, daß Sie dieses Ding nicht mögen. Wenn Sie jedoch dasselbe Ding als *duftend* bezeichnen würden, würden Sie es mögen. Selbst in den intelligentesten und offensichtlich objektiven Zeitungsartikeln können wir so etwas finden. Es ist eine interessante Übung, eine Zeitung durchzugehen und die verwendeten Adjektive einzukreisen. Die meisten gehören zu den *Gefühls*-Adjektiven, die aber für gewöhnlich als Argument benutzt werden. Diese Art von Argumentation ist vollkommen wertlos. Es ist so, als sagte man: »Mein Argument ist richtig, weil ich das so empfinde.«

Wenn jemand sagt: »Warum trägst du dieses dämliche Kleid?«, dann meint er einfach nur: »Ich mag es nicht, wenn du ein Kleid trägst, das ich nicht mag.«

Die Wörter *richtig* und *falsch* werden in Streitigkeiten viel zu häufig benutzt. Sie machen keinen zusätzlichen Wert aus, schaffen dafür aber viel Ärger. Sie sind viel zu absolut. Wenn es uns gelingt, der anderen Partei nachzuweisen, daß sie in irgendeiner Angelegenheit unrecht hat, glauben wir für gewöhnlich, daß die andere Partei dumm ist und in jeder Angelegenheit unrecht hat. Tatsächlich jedoch hat die andere Partei vielleicht zu 95 Prozent unrecht, zu 5 Prozent aber hat sie vollkommen recht.

Es gibt viele Wörter, die viel zu bedeuten scheinen, und doch auf jeden in jeder Situation angewendet werden können: *lieblos*, *selbstsüchtig*, *beherrschend*. Es gibt keine Verteidigung gegen diese Wörter, weil sie einfach nur bedeuten: »Ich möchte dich als selbstsüchtig sehen – du kannst mich nicht veranlassen, mit diesem Denken aufzuhören.«

Als Denkgewohnheit sollten Sie auf die Wörter achten, die in jeder Auseinandersetzung gebraucht werden. Die gewohnheitsmäßige Frage, die Sie sich stellen sollten, ist:

Ist dies ein »Rotes-Hut-Wort«? Bewirkt es irgend etwas, außer daß es Gefühle ausdrückt?

Es lohnt sich, solche Wörter herauszustellen und zu versuchen, sie zu vermeiden.

Wahrnehmungen

Wahrnehmung und nicht Logik ist die Grundlage der meisten Auseinandersetzungen und Streitgespräche. Jede der Parteien argumentiert auf der Grundlage ihrer Wahrnehmungen absolut logisch.

Eine Mutter möchte, daß ihre Tochter früh nach Hause kommt, weil die Mutter zuviel Alkohol, schlechte Gesellschaft, Drogen, Sex und Gewalt auf der Straße wahrnimmt. Die Tochter möchte nicht früh nach Hause kommen, weil sie Vergnügen, gute Freunde, normale Partys und keine Drogen wahrnimmt und sich außerdem dumm vorkommt, wenn sie als einzige früher nach Hause gehen muß. Innerhalb ihrer Wahrnehmungen haben sie beide recht.

Eine wichtige Quelle von Unterschieden in der Wahrnehmung liegt in der Zukunft. Wir kennen die Gegenwart, aber unsere Vermutungen über die Zukunft hängen von unserer persönlichen Erfahrung ab. Ein Vater möchte, daß sein Sohn fleißig lernt, um alle Prüfungen zu bestehen. Der Vater weiß, daß es für seinen Sohn schwer sein wird, einen guten Job zu bekommen, wenn er die Prüfungen nicht besteht. Der Sohn hält es für selbstverständlich, daß er einmal denselben Lebensstandard haben wird wie seine Familie und seine Freunde. Keiner seiner Freunde scheint besonders schwer zu arbeiten, also kann es nicht so wichtig sein, schwer zu arbeiten.

Die meisten Mißverständnisse basieren auf unterschiedlichen Wahrnehmungen. Sie rempeln jemanden an, der darauf-

290

hin sein Getränk verschüttet. Er hält Sie für aggressiv. Sie wissen, daß es einfach nur ein Versehen war.

Sie leihen sich etwas mit der Absicht, es wieder zurückzugeben. Die andere Person denkt, Sie haben es gestohlen. Wahrnehmungen müssen erforscht und definiert werden. Die drei grundlegenden Schritte bei der Darstellung von Unstimmigkeiten können auch auf Wahrnehmungen angewendet werden:

1. Das sind meine Wahrnehmungen. So sehe ich die Situation.
2. So siehst du meiner Meinung nach die Situation.
3. Wie siehst du die Situation?

Der zweite und der dritte Schritt können umgekehrt werden. Zum Beispiel können beide Parteien ihre Wahrnehmungen nacheinander darstellen. Oder beide Parteien schreiben ihre Wahrnehmungen gleichzeitig auf und lesen sie dann vor. Wenn die andere Partei ihre Wahrnehmungen nicht definieren will, tun Sie es für sie: »So siehst du meiner Meinung nach die Situation. Wenn ich mich irre, sag mir, wo ich mich irre.«

Wenn erst einmal beide Wahrnehmungen *nebeneinander* stehen, kann man den Unterschied erforschen. Vielleicht haben beide Parteien recht, betrachten aber unterschiedliche Dinge. Vielleicht verfügt die eine Partei über bessere Informationen, auf der ihre Wahrnehmung beruht. Dieser Vergleich und die Erforschung von Wahrnehmungen reichen oft schon aus, um die Uneinigkeit aufzulösen, oder zumindest zu einer konstruktiven Basis zu finden, auf der beide Parteien zusammenarbeiten, um Fortschritte zu machen:

– Warum nehme ich Dinge so wahr?
– Warum nimmst du Dinge so wahr?

Werte

Nach Wahrnehmungsunterschieden sind Wertunterschiede der häufigste Grund für Uneinigkeit. Wahrnehmung muß an erster

Stelle stehen, weil wir wahrnehmen müssen, wie Werte betroffen sind.

Eine Regierung läßt zu, daß die Lebensmittelpreise erhöht werden. Die Leute wehren sich dagegen, weil sie jetzt mehr ausgeben müssen, aber vielleicht nicht genug Geld dafür haben. In der Langzeitwahrnehmung der Regierung ermuntert der Preisanstieg die Bauern, mehr zu produzieren, so daß es schließlich mehr Lebensmittel in den Läden gibt.

Manchmal haben die Parteien einfach unterschiedliche Werte. Für junge Leute ist der *Gruppendruck*-Wert extrem stark. Man möchte dazugehören. Man möchte zu einer Clique gehören. Man möchte kein Außenseiter sein. Für Eltern ist es sehr schwer, die Stärke dieses Wertes zu akzeptieren. Eltern haben andere Werte: Gesundheit, Gefahr, Fähigkeit, den Lebensunterhalt verdienen zu können, langfristige Sicherheit, was die Nachbarn denken.

Manchmal haben die Parteien die gleichen Werte, aber die vorgeschlagene Aktion betrifft die Parteien in entgegengesetzter Weise. Ein Laden erhöht die Preise, um mehr Profit zu machen. Die Kunden müssen mehr zahlen und leiden darunter, daß sie woanders weniger Geld ausgeben können. Hier gilt für beide der gleiche Wert, *mehr Geld zu haben.*

Das Einschätzen von Risiken ist offensichtlich eine Sache der Wahrnehmung. Ein Mädchen möchte mit seinen Freundinnen quer durch Indien reisen. Seine Eltern sehen Risiken hinsichtlich Krankheit, Überfällen, Gewalt usw. Das Mädchen, dessen Freunde gerade aus Indien zurückgekommen sind, ohne daß ihnen irgend etwas passiert ist, nimmt das Risiko anders wahr.

Aber auch wenn Eltern und Tochter das Risiko auf genau die gleiche Art wahrnehmen, dann geht es bei der Bereitschaft, das Risiko zu akzeptieren, immer noch um unterschiedliche Werte. Das Mädchen möchte mit seinen Freundinnen zusammen sein. Das Mädchen ist an anderen Religionen interessiert. Das Mädchen möchte Abenteuer erleben. Das Mädchen möchte nachdenken können, bevor es anfängt zu arbeiten.

Keiner dieser Werte trifft auf die Eltern zu. Sie sehen nur die Gefahren für ihre Tochter und die möglichen Kosten und Schwierigkeiten, wenn sie ihr zu Hilfe kommen müssen.

Die grundlegende Drei-Schritte-Vorgehensweise trifft auch auf Werte zu:

1. Dies sind meine Werte (bezüglich der Situation)?
2. So sehe ich deine Werte.
3. Was sind deine Werte?

Wie bei der Wahrnehmung können die Schritte zwei und drei untereinander ausgetauscht werden. Wie bei der Wahrnehmung können Sie die Werte für die andere Partei aussprechen, wenn die andere Partei nicht kooperativ ist.

Wenn die Werte erst einmal *nebeneinander* stehen, können Vergleiche gezogen werden. Dies ist schwieriger als bei den Wahrnehmungen. Sobald Sie bei der Wahrnehmung die Möglichkeit einer anderen Wahrnehmung sehen, akzeptieren Sie diese. Bei den Werten sehen Sie zwar andere Werte, haben aber immer noch das Problem zu entscheiden, welche Werte die wichtigeren sind. Welche Werte sollten für das Ergebnis entscheidend sein?

Jeder Denker bemüht sich nun bewußt, zu zeigen, wie die Werte der anderen Partei beachtet werden können. Das Mädchen, das nach Indien reisen will, kann seinen Eltern sagen, daß es ihre Ängste berücksichtigt: Es wird eine gute Versicherung abschließen, wird sich häufig melden, wird ein Rückflugticket in der Tasche haben, es wird niemals auf eigene Faust reisen usw.

Zwei Freunde mieten eine Wohnung. Der eine ist ordnungsliebend, und der andere schätzt die Freiheit, die Dinge überall herumliegen lassen zu können. Welcher Wert sollte Vorrang haben? Sie könnten sich darauf einigen, daß die ordentliche Person alles aufräumt, dafür aber weniger Miete bezahlt. Oder sie könnten sich darauf einigen, daß bestimmte Plätze in der Wohnung ordentlich bleiben müssen – aber nicht alle.

Es ist ein allgemeines Prinzip, daß jeder das Recht hat, seine eigenen Werte (in Grenzen) zu verfolgen, sie aber niemandem aufdrängen darf. Die Person, die laute Musik hören will, benutzt entweder Kopfhörer oder macht ihr Zimmer schalldicht. Wir brauchen kreative Anstrengungen und Entwürfe für den Versuch, widersprüchliche Werte vereinbar zu machen.

Wo es unmöglich ist, die Werte beider Parteien miteinander zu vereinen, kann ein Werteaustausch stattfinden:

»Ich will dir dafür diesen Wert abgeben.«

»Du kannst deine Freunde jederzeit zum Essen einladen – vorausgesetzt, du machst auch den Abwasch.«

»Du kannst das Auto geliehen haben, wenn du es volltankst.«

Handeln, Verhandeln, Kompensation und Erpressung gehören zu diesem Austausch von Werten. Dabei liegt die ernsthafte Gefahr darin, daß wir bei einem Streit immer auf einem Ausgleich dafür bestehen, daß wir unseren Willen nicht durchsetzen. Dies ist eine schlechte Angewohnheit, die das konstruktive Führen von Streitgesprächen unnötig erschwert. Sie können einen überflüssigen Streit anzetteln oder sich weigern, Vernunft anzunehmen, nur um einen Nutzen daraus ziehen zu können. So könnten die Eltern beispielsweise darauf bestehen, daß das Mädchen erst dann nach Indien reisen darf, wenn es irgendeine Prüfung bestanden hat. Wir müssen vor der Einführung irrelevanter Werte auf der Hut sein: Bezieht sich dieser Wert auf den Streit?

Ein Elternteil, der sehr lange aufbleiben muß, um sein Kind von einer Party abzuholen, will vielleicht für den Schlafverlust entschädigt werden. Ein Elternteil, der das Kind nicht abholen muß, sollte keine Entschädigung verlangen, bloß weil er die Vorstellung, daß das Kind spät nach Hause kommt, nicht mag.

Logik

Im ganzen gesehen spielt Logik eine relativ kleine Rolle beim Entstehen von Streitigkeiten oder beim Führen von Streitgesprächen (verglichen mit Wahrnehmungen und Werten). Während wahrnehmende Einsicht Werte und Emotionen fast augenblicklich verändern kann, schafft eine logische Argumentation dies normalerweise nicht.

Logik muß eine Rolle in den konstruktiven Versuchen spielen, unvereinbare Werte oder zu verhandelnde Werte zu befriedigen. Bei normalen Auseinandersetzungen – im Unterschied zu Streitigkeiten oder Streitgesprächen – ist Logik direkter beteiligt. Hier können die drei gewohnheitsmäßigen Fragen, die früher schon behandelt wurden, eingesetzt werden:

1. Was ist hier der Wahrheitswert?
2. Muß dies daraus folgen?
3. Unter welchen Umständen trifft dies zu?

Der Unterschied zwischen dem behaupteten Wahrheitswert und dem eigentlichen Wahrheitswert ist wichtig. Etwas, von dem behauptet wird, es sei absolut wahr, stellt sich als etwas heraus, das auf Hörensagen beruht. Information, von der behauptet wird, sie sei wahr, kann angezweifelt werden: »Wenn diese Information stimmt, kann ich deinen Standpunkt akzeptieren.«

Wenn es von einem Standpunkt heißt, er folge aus einem anderen, sollte der Zuhörer immer auf der Hut sein, um feststellen zu können, ob die Ableitungen tatsächlich daraus folgen *müssen*: »Du argumentierst damit, daß, wenn niemand sonst im Haus war, mein Freund das Buch genommen haben muß. Du sagst, es könnte kein Einbrecher gewesen sein, weil ein Einbrecher nicht nur ein Buch stehlen würde. Es gibt aber noch eine andere Möglichkeit, nämlich die, daß das Buch gar nicht da war, wo es deiner Meinung nach gewesen ist, sondern daß du das Buch irgendwo anders hingelegt und vergessen hast, wohin du es gelegt hast.«

Die Fähigkeit, sich eine Alternative vorzustellen, ist für gewöhnlich die beste Methode, um aufzuzeigen, daß etwas zwar folgen kann, aber nicht unbedingt folgen muß.

Auch die Überprüfung der Umstände ist in der logischen Argumentation äußerst wichtig, weil, wie bei den Wahrnehmungen, möglicherweise beide Seiten recht haben, allerdings unter verschiedenen Umständen:

»Du hast recht. Jeder findet, daß sich dein Hund die meiste Zeit gut benimmt und gehorcht. Aber manchmal scheint er durchzudrehen und wird gefährlich. Es mag zwar nur ein- bis zweimal im Jahr passieren, vielleicht, wenn es besonders heiß ist, aber wir können hier, wo es in der Umgebung Kinder gibt, kein Risiko eingehen.«

»Es geht nicht darum, ob die Menschen gut oder schlecht sind. Die Geschichte zeigt, daß sich die Menschen unter bestimmten Umständen sehr schlecht benehmen können. Unter anderen Umständen benehmen sie sich sehr gut. Beide Standpunkte sind richtig.«

»Bis zu einem gewissen Grad ist Disziplin sehr wichtig. Über diesen Punkt hinaus lähmt Disziplin Kreativität und Entwicklung.«

Wenn Argumente erforscht werden, kann man normalerweise ziemlich gut feststellen, warum zwei Menschen einen unterschiedlichen Standpunkt vertreten. Wenn auf einer Konfrontationsbasis argumentiert wird (wie das normalerweise der Fall ist), entfernt sich jede Seite immer weiter vom Standpunkt der anderen Seite, und es kommt selten ein Ergebnis zustande.

Wieder einmal können wir den Drei-Schritte-Prozeß anwenden:

1. Dies ist die Logik meines Arguments.
2. Ich glaube, dies ist die Logik deines Arguments.
3. Sag mir noch einmal, was die Logik deines Arguments ist.

Bei Wahrnehmungen und Werten wissen wir möglicherweise nicht, was die andere Partei denkt. Bei Logik sollten wir es wissen, weil es das ist, was wir gehört haben. Trotzdem können wir immer um eine Vereinfachung oder Zusammenfassung der Argumentation bitten.

Wie schon vorher werden die entgegengesetzten Positionen *nebeneinander* gestellt, um dann Vergleiche ziehen zu können. Worauf basiert der Unterschied? In welchen Dingen besteht Einigkeit? Können die beiden Standpunkte einander angenähert werden?

Oft basieren die Argumente auf Spekulationen über die Zukunft: »Wenn wir den Preis der Schuhe heraufsetzen, wird sie niemand mehr kaufen.«

»Alle werden bald die Preise heraufsetzen. Wenn wir jetzt die Preise heraufsetzen, brauchen wir sie nicht wieder heraufzusetzen, wenn alle anderen es tun. So verlieren wir zwar jetzt vielleicht ein paar Kunden, gewinnen aber später neue dazu.«

Wir können die Grundlagen für die Spekulationen anführen, aber manchmal müssen wir einfach akzeptieren, daß von zwei gegensätzlichen Standpunkten beide vernünftig sind. Dann treffen wir unsere Wahl zwischen ihnen auf einer anderen Basis (vielleicht besteht dazu die Möglichkeit, eine der beiden Ideen auszuprobieren).

Spezifische Struktur

Die spezifische Struktur für die Situation vom Typ Argumentation/Auseinandersetzung ist ganz einfach.

Zuerst einmal gibt es vier Ebenen, die der Reihe nach betrachtet werden:

1. Gefühle
2. Wahrnehmungen
3. Werte
4. Logische Argumentation

Auf jeder dieser vier Ebenen müssen vier Dinge getan werden:

1. Erklärung und Beschreibung für jede Partei
2. Vergleich: Unterschiede, Ähnlichkeiten

3. Entwurf
4. Handeln: Austausch und Verhandlung

Erklärung
Die drei Basisfragen:

1. Was sind meine Wahrnehmungen (Gefühle, Werte oder Logik)?
2. Dies halte ich für deine Wahrnehmung (Gefühle).
3. Was sind deine Wahrnehmungen (Gefühle, Werte, Logik)?

In der Praxis sind diese Fragen am wichtigsten, wenn sie auf Wahrnehmungen und Werte angewendet werden. Die Gefühle und die logischen Argumente jeder Partei sind für die andere Seite meistens offensichtlich. Weniger offensichtlich dagegen sind die Wahrnehmungen und Werte, die den Gefühlen und der Logik zugrunde liegen.

Vergleich
Die Standpunkte der einen Seite werden *neben* die Standpunkte der anderen Seite gestellt. Es findet kein Versuch statt, sie anzuzweifeln oder die Gültigkeit der Wahrnehmungen oder Werte in Frage zu stellen. Dann können die Standpunkte miteinander verglichen werden:

1. In welchen Punkten sind sie einander ähnlich?
2. In welchen Punkten sind sie unterschiedlich?

Man sollte einen Versuch machen, festzustellen, wie die Unterschiede entstanden sind. Liegt es an der Information oder daran, daß ein anderer Aspekt des Problems betrachtet wird?

Entwurf
An diesem Punkt wird versucht, ein Ergebnis zu entwerfen, das für beide Seiten befriedigend ist:

298

1. Können die unterschiedlichen Standpunkte miteinander vereint werden?
2. Gibt es einen neuen Entwurf, der beide Seiten zufriedenstellt?

Jede Partei versucht zu zeigen, wie die Werte der anderen Partei berücksichtigt werden können.

Handeln
Dieser Teil bezieht sich vor allem auf die Werte. Manche Werte können zugunsten anderer Werte aufgegeben werden:

1. Welche Werte sind mir am wichtigsten?
2. Welche Werte können aufgegeben werden?
3. Welche neuen Werte können eingeführt werden?

An diesem Punkt kann Kompensation ins Spiel kommen.

Streit um Macht

Ich habe in diesem Kapitel vorausgesetzt, daß die uneinigen Parteien beide daran interessiert sind, eine Einigung zu erzielen. Im wirklichen Leben ist das nicht immer der Fall.

In Machtauseinandersetzungen hat die eine Seite das Gefühl, daß sie gewinnen kann, und will deshalb keine Kompromisse schließen oder den Streit beilegen. Das Beste, was die andere Seite tun kann, ist, deutlich zu machen, daß ein Sieg nicht möglich ist, und selbst wenn er möglich wäre, wäre er zu kostspielig und das Ergebnis nicht der Mühe wert.

Manchmal kommt es vor, daß Menschen ein Interesse daran haben, einen Streit aufrechtzuerhalten, weil er ihnen ein Gefühl von Wichtigkeit verleiht. Wenn Sie herausfinden, welche Werte an einem solchen Streit beteiligt sind, versuchen Sie, aufzuzeigen, wie diese Werte anders erreicht werden können und wie sehr es den Werten schaden könnte, wenn der Streit anhält.

Es ist schade, daß in Machtauseinandersetzungen jede Seite nur versucht, der anderen soviel Schmerz wie möglich zuzufügen.

Zusammenfassung

Die Struktur, die in Diskussionen bzw. Meinungsverschiedenheiten verwendet werden kann, involviert die Beachtung von vier Ebenen: Gefühlen, Wahrnehmungen, Werten und Logik. Auf jeder Ebene wird versucht, die Standpunkte beider Parteien *nebeneinander* zu stellen. Dann werden diese Standpunkte verglichen, und es wird versucht, die Unterschiede aufzulösen. Im nächsten Schritt wird versucht, ein Ergebnis zu entwerfen, das die Werte beider Seiten befriedigt. Wenn alles andere versagt, werden die Werte *verhandelt* – dabei werden sie ausgetauscht, bis beide Seiten zufrieden sind.

Übungen zu Diskussion und Meinungsverschiedenheiten
1. Zwei Freunde wollen zusammen zu einer Party gehen. Aber an dem betreffenden Abend beschließt der eine Freund, zu Hause zu bleiben und sich ein paar neue Videos anzusehen. Der andere Freund ist ärgerlich, und sie streiten sich. Beschreibe, was die Werte für jeden der Freunde sein könnten.
2. Eine Frau möchte ein eigenes Computerunternehmen gründen. Sie hat eine Auseinandersetzung mit ihrem Ehemann, der der Meinung ist, sie sollte ihren gutbezahlten Job bei IBM behalten. Beschreibe die möglichen Wahrnehmungen auf beiden Seiten.
3. Es gibt Pläne, ein großes Touristenhotel direkt neben einem kleinen Fischerdorf zu bauen. Die Menschen aus dem Dorf wehren sich dagegen, weil sie fürchten, daß die Schönheit ihres Dorfes und ihr Lebensstil dadurch beeinträchtigt werden. Der Planer behauptet, daß das Hotel für mehr und bessere Arbeit in dem Gebiet sorgen wird. Können die unterschiedlichen Wertvorstellungen zusammengebracht werden?

4. Auf einer Ägyptenreise vertritt jemand den Standpunkt, man sollte Bettlern nie Geld geben, weil es sie ermuntert und die Regierung von der Pflicht enthebt, etwas zu tun, um ihnen zu helfen. Jemand anders vertritt die Ansicht, daß man, wenn man selbst genug Geld hat, es mit denen teilen soll, die nicht so reich sind. Was ist die Wahrnehmungsgrundlage für diese Auseinandersetzung? Können die unterschiedlichen Wahrnehmungen miteinander vereinbart werden?

5. »Wenn man in einem Streit nicht verlieren will, nimmt man sich besser einen Anwalt.«

»Wenn man erst einmal einem Anwalt in die Hände gefallen ist, kann der Streit nur noch schlimmer werden, und es gibt keine Chance mehr, ihn beizulegen – schließlich müssen Anwälte auch verdienen.«

Können diese beiden logischen Argumente zusammengebracht werden?

6. Eine streunende Katze kommt zu einem Haus, in dem eine wohlgenährte Hauskatze lebt. Schreibe einen Dialog, in dem die streunende Katze einen *Werteaustausch* anwendet, um die Hauskatze davon zu überzeugen, daß sie ihr zu bleiben erlaubt.

7. Du leihst dir das Familienauto aus und wirst damit in einen Unfall verwickelt. Beschreibe die Werte, Wahrnehmungen und Logik auf beiden Seiten, wenn du nach Hause kommst.

Probleme und Aufgaben

Sie müssen schnell zum Flughafen, aber Ihr Auto springt nicht an.

Sie lernen jemanden kennen, den Sie nett finden, und Sie möchten gerne wieder Kontakt mit dieser Person aufnehmen – wissen aber nicht wie.

Der Gestank von der Mülldeponie in der Nähe ist schlimmer geworden.

Sie reisen in ein fremdes Land und sind durstig, wissen aber nicht genau, ob man das Wasser gefahrlos trinken kann.

In dem Laden, den Sie leiten, wird zuviel gestohlen.

Sie sind nicht in der Lage, die Leute einzustellen, die Sie brauchen.

Ihr Konkurrent bringt ein besseres Produkt auf den Markt, und Ihre Verkaufszahlen gehen zurück.

Die Infektion wird schlimmer, aber die Patientin ist allergisch gegen die Antibiotika, die sie dringend bräuchte.

Ihr Freund ist sehr aufgebracht, weil er etwas, das Sie ihm gesagt haben, mißverstanden hat.

Überall gibt es Probleme, manche sind kleiner und manche sind größer. Ein Problem ist eine Unterbrechung, ein Hindernis oder ein Stolperstein im glatten Verlauf dessen, was wir tun. Manchmal können wir uns zurückziehen oder aufgeben, aber meistens müssen wir versuchen, das Problem zu lösen.«

Im großen und ganzen müssen wir uns nicht auf die Suche nach Problemen machen. Probleme tauchen von selbst auf. Sie können versuchen, ein Problem zu ignorieren (wie den Gestank von der Müllhalde oder vom Misthaufen des Nachbarn), aber meistens müssen Sie versuchen, Probleme zu lösen.

»Ich möchte dies tun, kann es aber nicht, weil es dieses Problem gibt.«

Aufgaben

Probleme entstehen um uns herum. Sie müssen sich nicht erst auf die Suche danach begeben. Die Motivation, Probleme zu lösen, ist hoch, weil wir Probleme lösen müssen.

Aufgaben sind Probleme, die wir uns selbst stellen.

Wir müssen Probleme lösen.

Wir wollen Aufgaben *lösen* (ausführen).

Mit einer Aufgabe bauen wir uns selbst ein Problem auf. Wir beschließen, daß wir etwas tun möchten, und dann müssen wir herausfinden, wie es getan werden kann.

Eine Erfinderin stellt sich selbst die Aufgabe, einen Reifen zu entwickeln, der nicht zerstochen werden kann.

Ein Gärtner stellt sich selbst die Aufgabe, eine seltene Hyazinthenart zu züchten.

Ein Forscher stellt sich selbst die Aufgabe, einen Impfstoff gegen einen gefährlichen Virus zu finden.

Ein Mädchen stellt sich selbst die Aufgabe, ein Heim für vier Kätzchen zu finden.

Eine Politikerin stellt sich selbst die Aufgabe, gewählt zu werden.

Ein Junge stellt sich selbst die Aufgabe, eine Party zu geben, an die man noch lange denkt.

Ein Kriminalbeamter stellt sich selbst die Aufgabe, herauszufinden, wer den Mord begangen hat.

Eine Historikerin stellt sich selbst die Aufgabe, Russisch zu lernen, damit sie Originaldokumente lesen kann.

In einigen dieser Beispiele (Forscher, Kätzchen, Kriminalbeamter, Historikerin) überlappen sich Problem und Aufgabe, da die Aufgabe anscheinend unter die normalen Aktivitäten der Person fällt. Die Frage ist: Mußt du das tun oder möchtest du das tun? Wir bemühen uns, Probleme und Aufgaben auf genau die gleiche Art zu lösen. Vom Standpunkt der Lösung aus ist es also nicht wichtig, zwischen beiden zu unterscheiden. Wichtig ist lediglich, daß wir von Zeit zu Zeit bereit sein sollten, uns selbst Aufgaben zu stellen.

Ehrgeizige Menschen stellen sich ständig selbst Aufgaben. Dann bemühen sie sich, diese Aufgaben auszuführen. Faule Menschen stellen sich keine Aufgaben, sondern leben von Tag zu Tag und lösen lediglich die Probleme, die von Zeit zu Zeit auftreten.

Selbst Menschen, die sich Aufgaben stellen, sind normalerweise zu vorsichtig bei der Wahl der Aufgaben. Ab und zu jedoch ist es lohnend, sich Aufgaben zu stellen, die auf den ersten Blick unlösbar erscheinen. Wenn Sie dann anfangen, an der Aufgabe zu arbeiten, wird sie nach und nach lösbar.

Vermuten und schätzen

Wie kommen wir dahin, wo wir hin wollen? Es gibt einen Ausgangspunkt, dort ist das bekannte Ziel, und hier ist der unbekannte Weg.

Der erste Schritt ist, zu vermuten oder zu schätzen, welche Richtung wir einschlagen sollen. Diese Vermutung kann sehr allgemein sein: »Es kommt mir so vor, als müßten wir nach Norden.«

Das ist ein Anfang. Als nächstes sehen wir uns ein paar Wege an, die nach Norden führen. Wahrscheinlich werden wir welche finden. Wir prüfen die potentiellen Straßen. Wenn wir einige deutliche Alternativen haben, wählen wir zwischen den Alternativen.

Gute Mathematiker können die Antwort immer in groben Zügen abschätzen, bevor sie sich an detaillierte Rechnungen machen. Diese grobe Schätzung liefert ihnen eine Leitlinie und verhindert Fehler.

Bei Problemen und Aufgaben verwenden wir eine allgemeine Idee (Vermutung oder Schätzung), damit wir eine Vorstellung von der Richtung bekommen. Wenn wir erst einmal die Grundidee oder ein paar allgemeine Ideen haben, können wir sehen, wie die allgemeinen Ideen im einzelnen ausgeführt werden können. Das können wir leicht oder schwierig finden. Wie ich in dem Kapitel über Grundgedanken und bestimmte Vorstellungen erwähnt habe, ist das Suchen nach der Grundidee eine Methode, um Alternativen zu erzeugen.

Die »Problink«-Methode

Dies ist eine Lösungsmethode für Probleme und Aufgaben, die von einer visuellen Struktur unterstützt wird:

- Das ist die Startposition.
- Das ist der Weg.
- Das ist das Ziel.

Abbildung 19 zeigt die allgemeine Startposition, den allgemeinen Weg und das allgemeine Ziel.

Der Zielpunkt ist das Ziel unseres Denkens (AGO), der Ort, den wir erreichen möchten. Der erste Schritt ist, aus dieser Zielbox Ideen *fallenzulassen*. Das können entweder Situationen sein, die eine Lösung des Problems bieten, oder Subziele, die uns, wenn sie einmal erreicht sind, in die Lage versetzen, zu einer Lösung zu gelangen.

Nehmen wir einmal als Beispiel den Nachbarn, der sein Auto vor unserer Garage abstellt. Das störende Auto könnte jedoch auch Gästen des Nachbarn gehören.

Zu den Ideen, die wir aus der Zielbox *ziehen*, könnte gehören:

- Die behindernden Autos werden woanders abgestellt
- Störende Autos können abgeschleppt werden
- Vor der Garage werden keine Autos abgestellt
- Der Nachbar weiß, daß er dort nicht parken darf

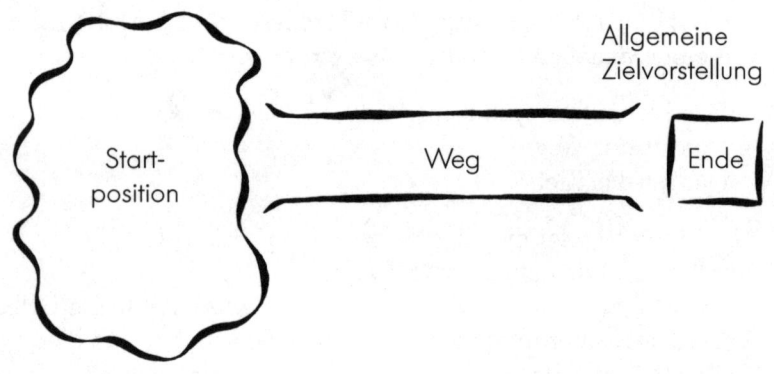

Start-
position

Weg

Allgemeine
Zielvorstellung

Ende

Abbildung 19

306

Jede dieser Situationen könnte uns helfen, das Problem zu lösen.

Für den nächsten Schritt gehen wir zurück auf das *Wegstück* der Abbildung 20 und *lassen* weiter Ideen von dem Weg *fallen.* Diese Ideen können ganz allgemein oder auch beinahe detailliert sein. Sie sind Wege, um ans Ziel zu gelangen. Für das Auto-Abstell-Problem könnte zu den allgemeinen Ideen gehören:

- es unmöglich machen, dort zu parken
- den Nachbarn warnen
- eine Nachricht hinhängen
- mit dem Nachbarn reden
- sich beim Nachbarn beschweren

Diese Liste ist nicht umfassend, dennoch enthält sie auch Ideen, die sich überlappen (eine Nachricht hinhängen, den Nachbarn warnen), aber das spielt keine Rolle. Schreiben Sie nur die Ideen auf. Sie können später aussortiert werden.

Als letzten Schritt geht man zurück zur Ausgangssituation. Hier machen wir genau dasselbe. Wir *lassen* Merkmale oder Elemente *fallen.* Das braucht keine komplette Analyse der Situation zu sein – könnte es aber. Für das Auto-Abstell-Problem könnten wir die folgenden Merkmale *fallenlassen:*

- die Nachbarn
- die Gäste der Nachbarn
- sie wissen es vielleicht, vergessen es aber
- sie denken vielleicht, es ist egal
- sie denken vielleicht, die Besitzer der Garage sind weg
- sie wissen es vielleicht, kümmern sich aber nicht darum

Hier haben wir Aspekte, Merkmale und Elemente der Ausgangsposition zusammengestellt oder vielmehr *fallengelassen.* Zunächst muß das nicht umfassend sein. Wir können zurückgehen und das später erledigen. Der Zweck der Abbildung ist es, Ideen zu stimulieren.

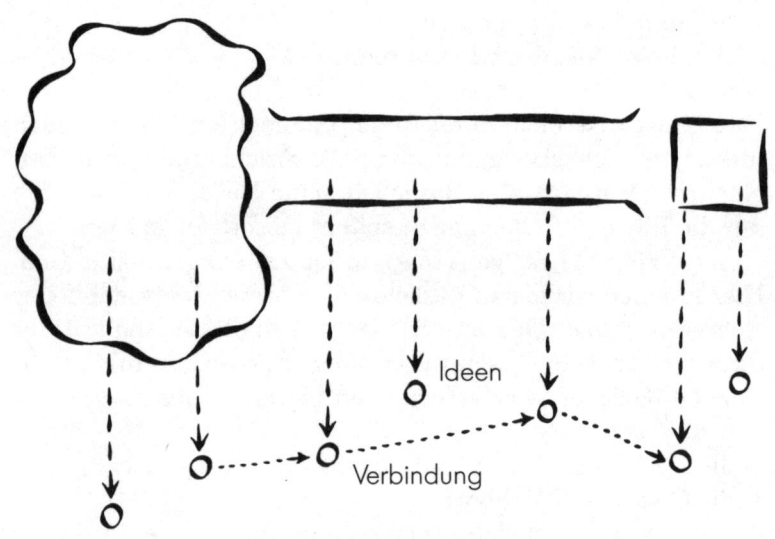

Ideen

Verbindung

Abbildung 20

Verbindung

Am Ende der ersten Phase haben wir eine Abbildung, die wie ein kleines Unwetter aussieht.

Nun ist es unsere Aufgabe, einen Weg von der Ausgangsposition zur Endposition zu finden, indem wir ein paar dieser Begriffe miteinander verbinden.

Wir können an jedem Punkt beginnen und uns in jede Richtung bewegen (auf andere Begriffe zu).

Wir könnten mit der Ziel-Aussage »Autos, die hier geparkt sind, müssen bewegt werden können« beginnen. Diese Aussage kann mit dem *Nachricht*-Begriff unter *Weg* verbunden werden. Daraus ergibt sich, daß wir eine Nachricht schreiben können, in der es heißt, daß bei Autos, die an diesem Platz geparkt werden, der Zündschlüssel stecken muß, damit man sie wegfahren kann, wenn die Garage gebraucht wird. Das scheint eine vernünftige Forderung zu sein. Die meisten Leute würden jedoch nicht gern den Schlüssel stecken lassen, weil das Auto dann gestohlen werden könnte, also würden sie es lieber woanders abstellen. Die Idee, daß das Auto *zu bewegen* sein muß, kann mit der *Warn*-Idee verbunden werden. Es könnte also eine Nachricht davor warnen, daß dort geparkte Autos abgeschleppt werden könnten.

Der Zielbegriff *anderswo geparkt* könnte ebenfalls mit *Nachricht* verbunden werden. Ein Zettel am Garagentor könnte alternative Parkmöglichkeiten in der Nähe aufzeigen (eine konstruktive Haltung).

Nun könnten wir versuchen, von den Begriffen unter *Weg* ein paar Verbindungen herzustellen. Wenn wir das Parken *unmöglich* machten, würde sich das mit dem Ausgangsbegriff von Nachbarn, die zwar das Problem kennen, sich aber *nicht darum kümmern,* verbinden. Es würde sich auch mit dem Zielbegriff *Dort dürfen keine Autos abgestellt werden* verbinden. An diesem Punkt stellen wir allgemeine Verbindungen her, also können wir noch nicht erkennen, wie die allgemeine Idee *unmöglich* gemacht werden kann.

Wir können den *Weg*-Begriff *reden* mit *Nachbarn* verbinden. Wir könnten mit den Nachbarn einmal sprechen oder immer wieder auf sie einreden, bis es für sie zur Plage wird.

Wir könnten auch versuchen, von den Ausgangsbegriffen Verbindungen herzustellen. Wir könnten zum Beispiel *vergessen* nehmen und sehen, womit sich dieser Begriff verbinden könnte. Er könnte sich mit *Nachricht* oder mit *unmöglich* verbinden. Der Begriff *Gäste* könnte sich auch mit *Nachricht* oder *Warnung* verbinden.

Weg

Wenn erst einmal ein paar Verbindungen hergestellt worden sind, können wir sehen, ob wir diese so ausweiten können, daß wir durch die Begriffe einen vollständigen Weg von der Ausgangs- zur Endposition erhalten. Die Verbindung könnte zum Beispiel sein: *Gäste-Nachricht-anderswo-parken*. Sie könnte auch sein: »Kümmern sich nicht darum-unmöglich-dürfen nicht dort parken«.

Detail

Die Wege, die wir nun haben, liegen größtenteils auf der Ebene des *Grundgedankens*. Zum Beispiel ist die Vorstellung, es unmöglich zu machen, vor der Garage zu parken, sehr allgemein. Wir müssen nun feststellen, wie wir diese Idee im Detail ausführen können. Wir können dies in der Zeichnung anzeigen, indem wir unter der Grundidee ein Dreieck hinzufügen (Abbildung 21) als Zeichen dafür, daß die allgemeine Idee im Detail ausgearbeitet werden muß. Also sehen wir uns (APC-Werkzeug) nach alternativen Wegen um, das Parken unmöglich zu machen. Dies könnte der Fokus in einer weiteren Denksitzung sein:

- Wir könnten Pfosten aufstellen, die nur mit einem Schlüssel umgelegt werden können.
- Wir könnten Platten legen, über die man zwar in die Garage fahren kann, die es aber nicht zulassen, daß seitlich an der Einfahrt geparkt wird.

310

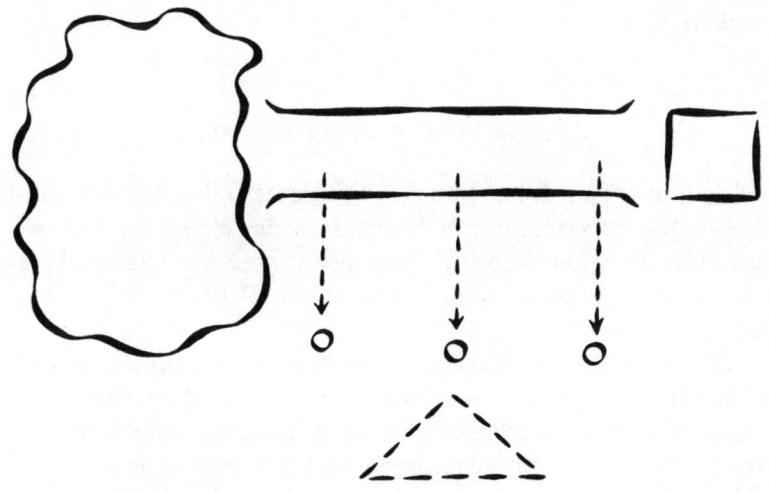

Abbildung 21

- Ein altes Auto von uns könnte immer an diesem Ort abgestellt sein

Für jeden Weg, der durch den Punkt *Nachricht* führt, müßten wir detailliert sagen, was auf der Nachricht stehen soll:

- Zündschlüssel steckenlassen
- Dort können Sie parken (Alternativen vorschlagen)
- Ihr Auto kann abgeschleppt werden

Am Ende der Detailphase müssen alle Grundgedanken, die Teil eines *Weges* sind, detailliert aufgeführt sein.

Dann stellen wir unsere alternativen *Straßen* oder Lösungen für das Problem zusammen. Dies sind die *Wege*, auf denen wir von dort, wo wir sind, dahin kommen können, wo wir hinwollen.

Auswahl von Alternativen

Die alternativen Lösungen des Problems (oder der Aufgabe) haben Sie entweder durch Anwendung der *Problink*-Methode erreicht, oder sie kommen aus einer anderen Quelle. Vielleicht sind Sie auch einfach mit TO*LOPOSO*GO herangegangen.

Die Auswahl der Alternativen gehört nun zu *Wahl und Entscheidung*. Diese Art von Denksituation wird im nächsten Kapitel noch ausführlicher behandelt. Trotzdem sehen wir uns hier jetzt einmal die allgemeine Methode zur Auswahl einer Alternative an.

Ziel
Sind alle Alternativen ausreichend für das Ziel (AGO)? Wenn eine Alternative nicht ausreicht, wird sie aufgegeben oder so umgeändert, daß sie dem Ziel entspricht.

Durchführbarkeit
Ist die Alternative durchführbar? Kann sie so gemacht werden? Ist sie legal? Das erfordert Schwarzes-Hut-Denken. Das

312

Anbringen von Pfosten auf der Straße könnte beispielsweise illegal sein.

Prioritäten

Sie müssen vorher entschieden worden sein (FIP). Es könnte zum Beispiel Priorität haben, ein gutes Verhältnis zu den Nachbarn zu haben. Eine andere Priorität könnten Kosten sein. Welche Alternativen entsprechen den Prioritäten am ehesten? Einfachheit ist für gewöhnlich eine Basispriorität. Welche Alternative ist am einfachsten auszuprobieren (selbst wenn es nicht die beste Alternative ist, lohnt es sich, die einfachste immer zuerst auszuprobieren)?

Werte

Welche Werte sind beteiligt? Was sind die Werte der betroffenen Parteien? Wenn der Nachbar keine andere Parkmöglichkeit hat, ist dies etwas anderes, als wenn ein Nachbar aus Gedankenlosigkeit dort parkt. Wenn es keinen anderen Parkplatz gibt, könnte der Nachbar Ihnen ständig seinen Autoschlüssel dalassen, damit Sie das Auto wegfahren können, wenn es nötig sein sollte. Auf diese Art und Weise werden sowohl die Werte des Nachbarn bezüglich eines Parkplatzes, als auch Ihre Werte, freien Zugang zu haben, berücksichtigt.

Allgemeine Überprüfung

Dies würde Gelbes-Hut-Denken einschließen. Es würde auch einschließen, daß Sie die Konsequenzen beachten (C&S). Ein OPV würde gemacht, wenn es nicht schon gemacht worden ist, um das Denken der anderen beteiligten Personen festzustellen – die Nachbarn könnten zum Beispiel bestürzt sein, wenn sie eine deutliche Warnung vorfinden, wo ein paar ruhige Worte schon gereicht hätten. Schließlich könnte ein PMI zu jeder Alternative gemacht werden.

Aktion

An diesem Punkt sollte man sich für eine Alternative entschieden haben. Vielleicht versuchen Sie es mit der einfachsten Alternative und gehen dann zu einer anderen über, wenn sie nichts bewirkt. Praktikabilität ist immer wichtig. Wo andere Menschen beteiligt sind, sind auch ihr Denken, ihre Gefühle und Werte wichtig. Es gibt nur sehr selten eine perfekte Alternative, die sich isoliert davon durchführen läßt. Denken im wirklichen Leben ist nie *isoliert*.

Aktionsschritte werden entworfen und dann durchgeführt. Das ist der *GO*-Teil von TO*LOPOSO*GO.

Neue Probleme oder Aufgaben

Es könnte an jedem Punkt des Denkens nötig sein, ein neues Problem, eine neue Aufgabe oder einen Punkt, an dem Sie feststecken, zu definieren. Dieser neue Punkt wird dann zum Fokus einer spezifischen Denksitzung, die ihre eigene Berechtigung hat.

Auf ähnliche Weise kann ein größeres Problem von Anfang an in Sub-Probleme unterteilt werden. Auf jedes dieser Sub-Probleme wird dann direkte Denkaufmerksamkeit gerichtet.

Einer der wichtigsten Bestandteile der Denkfähigkeit ist die Fähigkeit, Fokusbereiche neu zu definieren und neue Probleme zu definieren:

– »Gerade hier kommt es mir so vor, als hätten wir ein anderes Problem. Das Problem ist: Wie bekommen wir ein gutes Verhältnis zu den Nachbarn?«

– »Wir könnten das als neues Problem definieren.«

– »Im Verlauf unserer Denksitzung heute morgen haben wir vier Fokusbereiche oder Probleme definiert, über die wir nachdenken müssen.«

Problemfindung ist das gleiche wie Aufgabenstellung. Wenn

wir zum Beispiel bei Verbesserungen damit zufrieden sind, wie die Dinge sind, wird nichts verbessert, bevor nicht ein aktuelles Problem auftaucht. Bei der Aufgabenstellung können wir auf etwas den Fokus richten und uns selbst die Aufgabe stellen, eine bessere Methode, etwas zu tun, zu finden.

Zusammenfassung

Probleme tauchen von selbst auf. Es gibt ein Hindernis bei dem, was wir tun wollen. Wir schaffen uns unsere Probleme nicht selbst. Mit der Aufgabenstellung werfen wir für uns selbst Probleme auf. Wir definieren, wo wir hin möchten, und versuchen dann, den Weg dorthin zu finden. Die meisten Menschen trauen sich nicht, sich Aufgaben zu stellen.

Die allgemeine Struktur für Problemlösungen besteht aus der Erzeugung von Alternativen und der anschließenden Auswahl einer Alternative.

Die *Problink*-Methode ist eine visuelle Struktur, durch die wir Verbindungen auf der Ebene der allgemeinen Ideen herstellen können, um dann zu sehen, wie diese im Detail ausgeführt werden können. Die Wahl der besten Alternative hängt davon ab, wie gut sie zu Ziel und Prioritäten paßt, wie durchführbar sie ist und welche Werte beteiligt sind. Im wirklichen Leben gibt es keine isolierten Lösungen. Wir sind von anderen Menschen umgeben.

Übungen zu Problemen und Aufgaben
1. Schreibe drei größere und drei kleinere Probleme auf, die du hast.
2. Ein Mädchen zieht mit seiner Familie in einen anderen Bezirk. Schreibe vier Aufgaben auf, die sie sich selbst stellen könnte.
3. Ein Manager kann nicht die richtigen Mitarbeiter finden. Entwirf ein *Problink*-Diagramm und ziehe für jeden Teil Begriffe heraus.

4. In einem Lebensmittelgeschäft wird viel gestohlen. Auf einem *Problink*-Diagramm werden die folgenden Begriffe für die jeweiligen Teile vorgegeben:
- Ausgangsposition: Lebensmitteldisplays, Diebe haben keine Angst, Kunden sind nicht interessiert, können nicht jeden beobachten
- Weg: Warnungen, Überwachungskameras, Detektive, Belohnungen, ab und zu öffentliche Festnahmen
- Ziel: Abnahme der Diebstähle, mehr Angst, Kunden hilfsbereiter

Welche Verbindungen kannst du herstellen?

5. Bei der Aufgabe, einen neuen Kinderspielplatz zu entwerfen, werden die folgenden *Grundgedanken* geäußert: »Jeden Tag etwas Neues«, »Kinder bauen ihre eigenen Spielgeräte«, »Eltern und Kinder können zusammen spielen«.

Kannst du detaillierte Methoden finden, um sie auszuführen?

6. Die Katze hat vier Junge. Sie sollen getötet werden. Ein Mädchen (oder ein Junge) will ein Zuhause für die Kätzchen finden. Mache eine volle Problemlösungsübung, wobei du die *Problink*-Abbildung verwendest und am Ende einen Aktionsplan erstellst.

7. Der Gestank von der nahen Mülldeponie wird immer schlimmer. Welche der folgenden Lösungen könnte die beste sein?
- sich beklagen
- die Nachbarschaft dazu bringen, sich zu beklagen
- in eine andere Gegend umziehen
- im Haus mehr Duftstoffe verwenden

8. Dein Freund ist verärgert, weil er dich mißverstanden hat. Ist es eine gute Lösung, sich über ihn zu ärgern, weil er dich mißverstanden hat?

Entscheidungen und Wahlen

Beim praktischen Denken können wir drei Möglichkeiten betrachten:

1. Ich habe überhaupt keine Vorstellung, was ich tun könnte
2. Es gibt nur einen Handlungsverlauf
3. Es gibt mehrere mögliche Alternativen – welche soll ich wählen?

Wenn Sie überhaupt keine Vorstellung davon haben, was Sie tun könnten, brauchen Sie vielleicht mehr Informationen. Vielleicht gibt es einen Weg, wie Sie tun können, was Sie tun möchten, und wenn Sie diesen Weg herausfinden, können Sie ihn einschlagen. Vielleicht müssen Sie die Problemlösungstechniken anwenden. Vielleicht müssen Sie kreatives (und laterales) Denken anwenden, um ein paar neue Ideen zu bekommen.

Wenn es nur einen Handlungsverlauf gibt, könnte es sein, daß Sie diesem Handlungsverlauf folgen müssen. Bevor Sie das jedoch tun, sollten Sie sich vergewissern, ob es nicht noch andere mögliche Handlungsverläufe gibt. Manchmal glauben Sie, es gäbe nur einen Handlungsverlauf, weil Sie nur einen finden können. So wird diese Situation wieder zur Ausgangssituation: Wie kann ich einen anderen Handlungsverlauf finden? Wenn es Ihnen gelingt, andere Handlungsverläufe zu finden, haben Sie mehrere Alternativen, und es entsteht eine neue Situation: Wie wähle ich zwischen den Alternativen?

Früher oder später enden die meisten Denksituationen im

täglichen Leben mit mehreren alternativen Handlungsverläufen. Sie stehen vor einer Entscheidung. Sie müssen zwischen den Alternativen wählen. Deshalb ist dies das letzte wichtige Thema, das in diesem Buch behandelt wird.

Abgesehen von der Wahl zwischen Alternativen bei Problemlösung, Planung, Entwurf usw. gibt es auch Situationen, die sofort Wahlen und Entscheidungen erfordern:

- Möchte ich zu dieser Party gehen?
- Soll ich ihn heiraten?
- Soll ich das kaufen?
- Wohin soll ich in Urlaub fahren?
- Soll ich diesen Job annehmen?
- Welche Laufbahn soll ich einschlagen?
- Ist es an der Zeit, ein neues Auto zu kaufen?
- Soll ich meinen Assistenten entlassen?
- Wen wähle ich?
- Für welche Behandlung soll ich mich entscheiden?
- Bist du mit diesem chirurgischen Eingriff einverstanden?

Gefühle

Letztendlich sind alle Wahlen und Entscheidungen emotional. Im großen und ganzen jedoch halten wir dies für keine gute Methode, um eine Wahl bzw. Entscheidungen zu treffen, also versuchen wir es manchmal mit Denken.

Der Zweck des Denkens dabei ist, die Dinge so zu ordnen, daß die *emotionale Wahl*, die wir schließlich treffen, eine bessere Grundlage hat.

Wenn Sie in ein Geschäft gehen und die ersten Schuhe, die Sie finden, kaufen, mag das nicht sehr vernünftig sein. Wenn Ihnen alle Schuhe, die es in Ihrer Stadt zu kaufen gibt, versehen mit den jeweiligen Preisen und den notwendigen Informationen auf einem Tisch präsentiert würden, hätten Sie das Gefühl, Ihre Wahl besser treffen zu können. Der Zweck des Denkens ist, zu versuchen, die Wahl so vorzubereiten.

Sie denken vielleicht, daß die endgültige Wahl nicht emotional, sondern logisch sein sollte. Das mag in technischen Bereichen zutreffen, wo jedoch Menschen beteiligt sind, ist die letztendliche Wahl emotional. Nehmen wir einmal an, Sie sagen:»Ich werde die praktischste Wahl in dieser Angelegenheit treffen.« Was bedeutet das? Es bedeutet, daß Ihre Wahl auf *Angst* basiert: Angst davor, einen Fehler zu machen, Angst vor Risiko, Angst davor, Geld zu verlieren, Angst vor einer Menge Ärger, Angst davor, was die anderen sagen, Angst davor, dumm zu erscheinen, Angst davor, unpraktisch zu sein.

Letztendlich basieren die meisten Wahlen und Entscheidungen auf drei Emotionen: Gier, Angst und Faulheit.

Gier: Mehr Geld, Leistung, vorne sein, bemerkt werden, besser werden, neue Freunde gewinnen, ein Hobby besser beherrschen, ein besseres Selbstbild usw. Ich verwende *Gier* hier nicht im negativen Sinn, sondern in dem Sinn von Leistung und dem Streben nach mehr.

Angst: Angst davor, einen Fehler zu machen, Angst davor, dumm zu sein, Angst davor, andere zu verärgern, Angst vor dem Unbekannten, Angst davor, Geld zu verlieren, Unsicherheit jeder Art, Angst vor Veränderung. Angst hält uns davon ab, die eine Art von Entscheidung zu treffen, und Angst zwingt uns, die andere Art von Entscheidung zu treffen.

Faulheit: In gewissem Sinn ist sie das Gegenteil von Gier, sie beinhaltet jedoch auch Elemente von Angst. Nicht motiviert sein, keine Anstrengung machen wollen, zufrieden sein, sich nicht der Mühe und dem Ärger unterziehen wollen, etwas zu tun, nicht in komplizierte Angelegenheiten verwickelt werden wollen, keine Probleme wollen, ein leichtes Leben führen wollen.

Wenn Sie eine Entscheidung getroffen haben, ist es nützlich, sich zu fragen:»Wie haben Gier, Angst und Faulheit zu dieser Entscheidung beigetragen?«

Kleinere Entscheidungen und Wahlen

Es ist ein Unterschied, ob man ein Kleid für eine Party auswählt, oder ob man seine zukünftige berufliche Laufbahn wählt. Es gibt einen Unterschied zwischen der Entscheidung, zu einer Konferenz zu gehen oder Millionen in ein neues Projekt zu stecken.

Für kleinere Entscheidungen und Wahlen braucht man vereinfachte Strukturen.

Die Sechs-Hüte-Strukturen

1. Was möchte ich? (Roter Hut)
2. Warum nicht? (Schwarzer Hut)
3. Können die Schwierigkeiten überwunden werden? (Grüner Hut)
4. Möchte ich es immer noch tun? (Roter Hut)

Diese Struktur ist einfach anzuwenden, wenn Sie etwas tun möchten. Was ist jedoch mit den Fällen, in denen Sie etwas nicht tun möchten, aber das Gefühl haben, daß Sie es tun sollten? In solchen Fällen setzen Sie gleich nach dem roten Hut den gelben Hut auf:

1. Ich möchte das nicht tun. (Roter Hut)
2. Es gibt aber einen Nutzen. (Gelber Hut)
3. Welche Probleme gibt es? (Schwarzer Hut)
4. Können sie überwunden werden? (Grüner Hut)
5. Was fühle ich jetzt? (Roter Hut)

Wenn unsere ursprüngliche emotionale Reaktion auf etwas angemessen erscheint, dann haben wir natürlich nicht das Gefühl, daß wir uns in einer Entscheidungs- oder Wahlsituation befinden. Wenn jemand Ihnen eine defekte Uhr zum Verkauf anbietet, treffen Sie Ihre Entscheidung automatisch. Wenn wir an unserer ersten Reaktion jedoch zweifeln, haben wir das Gefühl, wir müßten nachdenken. Deshalb benutzen wir die

sechs Hüte, um von dieser ersten Reaktion weg zu forschen.
Wenn das Gefühl positiv ist, benutzen wir an zweiter Stelle den
schwarzen Hut. Wenn das Gefühl negativ ist, benutzen wir an
zweiter Stelle den gelben Hut.

Aufmerksamkeitslenkende Werkzeuge

Am einfachsten können Sie alles überprüfen, wenn Sie PMI
benutzen. Sie wenden auf jede der Alternativen einfach ein
PMI an. Sie listen die Pluspunkte, die Minuspunkte und die
interessanten Punkte auf. Dann sehen Sie, was Sie fühlen.
Zählen Sie die Punkte nicht. Ein Minuspunkt kann wichtiger
sein als zehn Pluspunkte. Stellen Sie nur fest, was Sie fühlen.
   Ein anderes Überprüfungswerkzeug ist C&S. Sie nehmen
jede zur Wahl stehende Möglichkeit und stellen sich vor, Sie
hätten die jeweilige Wahl bereits getroffen. Dann verfolgen Sie
die Konsequenzen dieser Wahl in die Zukunft: augenblicklich,
kurzfristig, mittelfristig und langfristig. Wenn die unterschiedlichen Wege entworfen worden sind, betrachten Sie sie genau.
Stellen Sie fest, welcher Weg Ihnen gefällt.
   Für eine gründlichere Überprüfung könnten wir die aufmerksamkeitslenkenden Werkzeuge in der folgenden Reihenfolge verwenden:

1. AGO: Welche Alternative paßt am besten zu dem, was ich
   wirklich will?
2. FIP: Wie passen die Alternativen zu den Prioritäten?
3. OPV: Was ist mit Werten und anderen Personen?
4. C&S: Was würde daraus folgen, welche Konsequenzen würden sich ergeben?
5. PMI: eine abschließende, allgemeine Überprüfung

So erforschen wir unsere Wahrnehmungen, bis wir ein Gefühl bezüglich der Wahl, die wir treffen möchten, entwickelt
haben.

Größere Entscheidungen und Wahlen

Hier müssen wir voraussetzen, daß Sie über all die Zeit verfügen, die Sie zum Denken brauchen. Eile ist hier nicht angebracht. Deshalb können Sie eine sehr viel detailliertere Überprüfung vornehmen.

Auf jede Alternative kann eine Checkliste angewendet werden.

Ziel und Prioritäten

Erreicht diese Alternative das Ziel? Wenn eine Alternative dies deutlich nicht tut, wird sie aufgegeben. Manchmal muß das Ziel geändert werden. Wenn Sie wählen wollen, wo Sie sich ein Ferienhaus kaufen, und die Alternative entwickeln, ein Boot zu kaufen, ist das Ziel nicht mehr, ein Ferienhaus auszuwählen, sondern einen Ort zum Ferienmachen.

In der Praxis ist es schwierig festzustellen, ob die Alternativen den Prioritäten entsprechen. Eine Alternative paßt vielleicht genau zu einer Priorität. Eine andere Alternative paßt möglicherweise nur so gerade. Letztendlich könnten Sie eine *A*-Liste von Alternativen, die ganz klar den Prioritäten entsprechen, erhalten und eine *B*-Liste von Alternativen, die nur zu ein paar Prioritäten passen. Wenn eine Alternative nur sehr schlecht zu den Prioritäten paßt, sollte sie aufgegeben werden.

Nutzen
Das ist Gelbes-Hut-Denken. Welchen Nutzen hat die jeweilige Alternative? Warum ist dies eine gute Wahl? Warum sollte ich dies tun wollen? Wenn ich für mich selbst die Vorteile beschreiben müßte, wie würde ich sie auflisten? Hierbei beziehe ich mich nicht auf die Werte, die andere Menschen betreffen, sondern auf den direkten Nutzen für denjenigen, der sich entscheidet. Wenn es bei einem geschäftlichen Unternehmen keine Profite und auch keinen anderen Nutzen gibt, warum soll

ich es dann machen? Das ist ein sehr wichtiger Schritt. Wenn es keinen oder nur wenig Nutzen gibt, kann die Alternative sofort aufgegeben werden.

Vielleicht bevorzugen Sie immer noch eine Alternative, die nicht zu allen Prioritäten paßt – es ist jedoch etwas anderes, zu sehen, wie man zu einer Alternative steht, die keinen Nutzen bietet.

Durchführbarkeit

Kann dies getan werden? Kann dies durchgeführt werden? Ist es möglich? Ist es legal? Ist es praktisch? Ist es brauchbar?

Sie könnten einwenden, daß der *Durchführbarkeitstest* an erster Stelle hätte stehen müssen, denn wenn eine Alternative nicht durchführbar ist, warum soll man dann erst ihren Nutzen prüfen? Das mag für die Wissenschaft, für Technik und Mathematik zutreffen, im wirklichen Leben jedoch stimmt es nicht.

Im wirklichen Leben ist Durchführbarkeit häufig eine Sache des Maßes. Wenn Sie ein teures Haus wirklich haben möchten, sind Sie vielleicht bereit, Geld zu leihen, um es zu kaufen. Wenn Sie etwas wirklich wollen, gibt es einen Weg, es zu realisieren. Deshalb habe ich den Nutzen vor die Durchführbarkeit gestellt. Wenn der Nutzen groß ist, bemühen wir uns, etwas durchzuführen – auch wenn es uns vielleicht letztlich nicht gelingt.

Schwierigkeiten und Gefahren

Der schwarze Hut befaßt sich direkt mit der Beurteilung der Durchführbarkeit. Der schwarze Hut befaßt sich auch damit, Schwierigkeiten und Gefahren zu prüfen. Wo liegen die Probleme? Was sind die Reibungspunkte? Welche Gefahren gibt es?

Hierbei handelt es sich mehr um die Schwierigkeiten, die auftreten, wenn dieser Handlungsverlauf eingeschlagen wird (zum Beispiel hohe Kosten), als um die zukünftigen Schwierigkeiten – die später noch genauer behandelt werden. Etwas mag zwar durchführbar sein, es gibt aber immer noch Schwierigkeiten, Hindernisse und Verzögerungen (wie zum Beispiel eine Baugenehmigung zu erhalten). Auch unvorhergesehene Möglichkeiten sollten hier beachtet werden: »Es lohnt sich, dies zu tun, wenn ...« Der schwarze Hut stellt diese *Wenn* heraus.

Wirkung

Wenn Sie in bestimmten Landesteilen der USA eine Fabrik bauen wollen, müssen Sie eine Studie über die *Wirkung auf die Umwelt* vorlegen, die aufzeigt, welche Konsequenzen Ihr Vorhaben für die Umwelt hat.

Auf die gleiche Art müssen wir die Wirkung jeder Alternative auf andere Menschen überprüfen (direkt und indirekt), auf Werte, auf andere Projekte, auf den Lebensstil und auf die Umwelt: Wie wirkt sich dieser Handlungsverlauf aus? Was sind die Auswirkungen?

Es kann sein, daß wir keine genauen Antworten wissen und deshalb nur über Möglichkeiten und Wahrscheinlichkeiten sprechen können. Danach müssen wir uns auf jeden Fall über die Wirkung Gedanken machen.

Konsequenzen

Natürlich enthalten Nutzen, Schwierigkeiten und Wirkung Elemente von Konsequenzen, da die Wirkung erst in der Zukunft, wenn die Entscheidung getroffen ist, einsetzt. Es ist jedoch nützlich, einen bestimmten Punkt auf der Checkliste zu haben, an dem wir unmittelbar die Konsequenzen betrachten, selbst wenn ein Teil davon mit der vorhergegangenen Überprüfung überlappt. Überlappung ist kein Problem – problematisch ist es, Dinge wegzulassen.

Wir betrachten die sofortigen Konsequenzen der Wahl: Papierkram, gesetzliche Vorschriften, andere informieren usw. Wir betrachten nicht nur die sofortigen Konsequenzen der Wahl, sondern auch der Art und Weise, wie wir sie getroffen haben und dann die kurzfristigen Konsequenzen, gefolgt von den mittelfristigen und langfristigen. Die Zeitspannen können je nach der Art der Entscheidung variieren. Die Zeitspanne für die Entscheidung, sich ein Auto zu kaufen, unterscheidet sich von der, sich für eine Laufbahn zu entscheiden. Im allgemeinen bedeutet kurzfristig bis zu einem Jahr, mittelfristig bis zu fünf oder zehn Jahren, und langfristig ist alles, was darüber hinaus geht.

Kosten

Zu vielen Entscheidungen gehören *Kosten* in Form von Geld. Aber es gibt viele andere Kosten. Es gibt Kosten in Form von Zeit und Energie. Es gibt Kosten in Form von Eile, Angst, Sorge und Streß (das kann bei jedem Menschen anders sein). Es kann auch Kosten in Form von Freundschaften und Beziehungen zu anderen Menschen geben.

Jede Entscheidung ist eine Art Kauf. Wir gewinnen etwas, es entstehen aber auch Kosten. Die Gefahr liegt darin, daß »nichts zu tun« anscheinend kostenlos ist, obwohl verborgene Kosten darin liegen. Sich entscheiden, ein Haus nicht zu kaufen, bedeutet zum Beispiel, daß die Mietkosten weiterlaufen sowie die Kosten für den Verlust möglicher Kapitalgewinne.

Für einen vielbeschäftigten Menschen können die Kosten in Form von Mühe und Zeit sogar noch wichtiger sein als Geld. Geld hat keine Grenze, aber Zeit hat eine. Sie können mehr Geld verdienen, aber nicht mehr Zeit.

Risiko

Risiko ist mit Unsicherheit verbunden. Wir können uns der Zukunft nie gewiß sein, alle Wahlen und Entscheidungen jedoch wirken sich erst in der Zukunft aus.

Kennen wir die Risiken, die mit jeder Alternative verbunden sind? Können diese Risiken verringert werden? Sind wir darauf vorbereitet, diese Risiken zu akzeptieren?

Es gibt verschiedene Arten von Risiken:

Fehlschlag: Dinge werden anders verlaufen, als wir hoffen. Dinge werden sich nicht so ereignen, wie wir es erwarten. Ein paar der möglichen *Wenn* werden nicht eintreten. Ein neues Haus verbaut uns den Seeblick. Der Preis des Eigentums steigt nicht so schnell wie erwartet.

Schaden und Gefahr: Wenn etwas nicht funktioniert, könnte es Ihnen viel schlechter als vorher gehen. Vielleicht schaden Sie Ihrer Gesundheit. Vielleicht ruinieren Sie Ihr Geschäft. Sie verlieren Ihren guten Ruf. Sie fügen jemand anderem Schaden zu. Sie werden in einen kostspieligen Rechtsstreit verwickelt. Manche dieser Risiken liegen vielleicht sehr fern. Andere sind fast wahrscheinlich. Wenn Sie Ihr Geschäft drei Jahre lang vernachlässigen, wird es mit größter Wahrscheinlichkeit darunter leiden.

Zu hohe Kosten: Die Kosten in Form von Geld, Zeit, Anstrengung und Hektik können höher werden, als Sie sich vorgestellt haben. Wenn Sie das vorher gewußt hätten, hätten Sie die Entscheidung nicht getroffen. Gerichtskosten, Arztkosten, Baukosten, Produktentwicklungskosten geraten häufig aus den Fugen. Wie schätzen Sie die steigenden Kosten ein?

Umstände verändern sich: Sie können krank werden. Aktien steigen und fallen. Regierungen und Steuergesetze ändern sich. Freundschaften gehen auseinander. Interessen ändern sich. Wenn Ihre Wahl nur unter bestimmten Umständen gut ist, wie wahrscheinlich ist es, daß sich diese Umstände nicht ändern?

Rückzugsposition: Gibt es eine Rückzugsposition? Was tun Sie, wenn alles schiefgeht? Können Sie die Kosten begleichen und weggehen? Was ist das Schlimmste, das passieren kann? Sie können das Schlimmste vielleicht nicht in Form von äußeren Umständen vorhersagen, aber eine Rückzugsposition könnte Ihren Verlust begrenzen.

Wir versuchen, das Risiko durch mehr Informationen, durch Rückzugspositionen, durch Abwägen (ein Risiko gegen das andere abwägen) und durch das Vortesten von Alternativen so gering wie möglich zu halten. Am Ende müssen wir wissen, welches Risiko zu jeder Alternative gehört und ob wir darauf vorbereitet sind, dieses Risiko einzugehen.

Versuch und Prüfung
In manchen Fällen sind *Versuch und Prüfung* ein äußerst wichtiger Bestandteil des Entscheidungsprozesses. Bei manchen Alternativen kann es einfach sein, sie vorher zu überprüfen. Andere wiederum erfordern starkes Engagement. Sie können ein Haus mieten, um zu versuchen, an einem weit entfernten Ort zu leben. Sie können ein paar Minuten zu einer Party gehen, um festzustellen, ob Sie sie mögen. Sie können sich ein Auto leihen, um eine Probefahrt zu machen. Karrieren zu testen ist nicht leicht, wenn eine lange Studienzeit erforderlich ist. Es ist auch nicht leicht, eine politische Entscheidung vorher zu prüfen.

Können wir diese Alternative prüfen? Gibt es einen einfachen Weg, das auszuprobieren? Eine Alternative, die einfach zu prüfen ist, kann attraktiver werden als eine, die man nicht prüfen kann.

Auswahl

Was geschieht, wenn wir diese Checkliste durchgearbeitet haben? Vielleicht haben wir einen deutlichen Sieger. Manche Alternativen sind vielleicht herausgefallen. Vielleicht haben wir nur noch eine kurze Liste.

Manchmal ist es nützlich, Alternativen zu kennzeichnen. Eine Kennzeichnung bestimmt die in jeder Beziehung geeignetste Alternative. Eine andere Kennzeichnung markiert diejenigen Alternativen, die weniger geeignet sind, in einer Hinsicht jedoch dafür sprechen.

Sie können eine neue Priorität, ein neues Kriterium einführen, um die kurze Liste noch weiter zu verringern.

Eine nützliche Prozedur ist, sich vorzustellen, daß Sie jede der noch verbleibenden Alternativen gewählt hätten. Nun erklären Sie jemandem ganz genau, warum Sie diese Wahl getroffen haben. Sie werden überrascht sein, wie unbedeutend die Gründe für Ihre Wahl in vielen Fällen klingen. Deshalb müssen Sie zugeben, daß die Wahl dieser Alternativen in weiten Teilen auf Emotionen beruht. Daran ist nichts Falsches, vorausgesetzt, Sie geben es zu – und akzeptieren das Risiko.

Wenn die Alternativen alle gleich attraktiv sind, sollte es eigentlich keine Rolle spielen, welche Sie wählen. Aber es spielt doch eine Rolle, weil wir oft zögern, eine attraktive Alternative aufzugeben. Als nächstes können Sie also versuchen, sich von einer attraktiven Möglichkeit zu *entlieben*. Sie nehmen sich nacheinander alle Alternativen vor und richten den Fokus auf die unattraktiven Merkmale (zu viele Reisen, zuwenig Zeit, Hektik usw.). Es ist überraschend, wie schnell Wahrnehmungen sich ändern können. Wenn Alternativen nicht mehr attraktiv erscheinen, wird es einfacher, sie aufzugeben – und eine Entscheidung zu treffen.

Vier Wahlen

Statt einer Wahl könnten Sie vier treffen:

- die ideale Wahl: Was kommt ihr am nächsten?
- die emotionale Wahl (Rotes-Hut-Denken): Welche Alternative mögen Sie am liebsten?
- die praktische Wahl: Welche Alternative hat den *Checklisten-Test* am besten bestanden? Welche Alternative ist einfach die praktischste?
- die Minimalwahl: Wenn Sie faul wären und ein leichtes Leben führen wollten, welche Wahl würden Sie dann treffen?

Wenn eine Alternative der Idealwahl nahe kommt, würden Sie wahrscheinlich diese wählen. Ansonsten spielt hier die Persönlichkeit eine Rolle. Manche Menschen sollten die emotionale

Wahl treffen und mit den Konsequenzen leben. Für andere ist die praktische Wahl die beste. Für manche Menschen ist in bestimmten Angelegenheiten die Minimalwahl richtig. (Ihnen entgeht vielleicht etwas Gewinn, dafür sparen Sie sich aber eine Menge Ärger.)

Entwurf

Wenn Sie sich immer noch nicht entscheiden können, sollten Sie ein paar neue Alternativen entwerfen. Sie könnten auch versuchen, die Alternativen, die Sie bereits haben, neu auszuarbeiten. Jetzt ist es Zeit für eine kreative Anstrengung. Denken Sie auch über die Dinge nach, die Sie tun könnten, und benutzen Sie dabei jede Alternative als eine Grundlage. Auch das ist eine kreative Anstrengung.

Als Ergebnis dieses Versuchs werden Sie herausfinden, daß eine Alternative plötzlich äußerst attraktiv wird. Das liegt daran, daß diese Alternative, obwohl sie an sich nicht besonders attraktiv sein mag, eine hervorragende Grundlage für andere Dinge schafft. Aber Sie müssen sich diese anderen Dinge vorstellen.

Wenn es schwierig wird, Wahlen und Entscheidungen zu beurteilen, ist es Zeit, die Grüne-Hut-Kreativität anzuwenden. Statt sich nur anzusehen, was *ist*, sehen wir uns an, was *sein kann*.

Analyse – Paralyse

Wenn zuviel Analyse eine Entscheidung schwierig macht, so setzen Sie den roten Denkhut auf, und stellen Sie fest, was Sie *vom Gefühl her* gerne tun möchten. Geben Sie diese Wahl nur auf, wenn es sehr gute Gründe dagegen gibt (schwarzer Hut).

Zusammenfassung

Es gibt viele Situationen, in denen wir direkt eine Auswahl und Entscheidungen treffen müssen. Außerdem kommen die meisten Denkprozesse in eine Phase, wo eine Wahl zwischen Alternativen stattfinden muß (Problemlösung, Entwurf usw.).

Letztendlich sind alle Entscheidungen und Wahlen emotional, wir sollten jedoch unser Denken anwenden, um unsere Wahrnehmungen zu verbessern, damit unsere Emotionen sinnvoll verwertet werden können.

Für kleinere Entscheidungen und Wahlen gibt es einfache Prozeduren, bei denen die sechs Hüte oder die aufmerksamkeitslenkenden Werkzeuge (C&S, PMI, OPV usw.) eingesetzt werden.

Für größere Wahlen und Entscheidungen sollte man eine Checkliste durchgehen, zu der folgendes gehört: Ziele und Prioritäten; Nutzen; Durchführbarkeit; Schwierigkeiten und Gefahren; Wirkung; Konsequenzen; Kosten; Risiko; Versuch und Prüfung. Es gibt einige abschließende Auswahlprozesse. Wenn dies nicht ausreicht, ist es Zeit für Entwürfe und kreatives Denken.

Übungen zu Entscheidungen und Wahlen

1. Welche Art von Entscheidung fällt dir schwer?

2. Ist es besser, viele Freunde oder einen guten Freund zu haben? Mache ein PMI zu jeder dieser beiden Alternativen. Ziehe eine Schlußfolgerung daraus.

3. Sollten junge Leute von ihren Eltern viel oder wenig Geld zur freien Verfügung bekommen? Mache ein C&S zu diesen Alternativen.

4. Du willst eine Pizzeria aufmachen. Es gibt drei alternative Lagen: In der Innenstadt, an der Autobahn, in einem Einkaufszentrum. Verwende die folgenden Werkzeuge: AGO, FIP, OPV, C&S, PMI, um eine Wahl zu treffen.

5. Einer deiner Freunde hat zwei Möglichkeiten: Er kann einen Ferienjob annehmen und Geld verdienen, um einen neuen

Kassettenrecorder zu kaufen, oder er kann gespartes Geld dafür verwenden, mit Freunden in Urlaub zu fahren. Was könnte er unter den folgenden Hüten finden: rot, gelb, schwarz, grün?

6. Deine Eltern stehen vor der Entscheidung, ob sie ein gebrauchtes Auto von einem guten Freund oder ein neues Auto kaufen sollen. Du hilfst ihnen beim Nachdenken. Überprüfe die Alternativen für sie hinsichtlich Durchführbarkeit, Nutzen, Risiko und Konsequenzen.

7. Ein Unternehmen möchte, daß seine Arbeiter produktiver arbeiten. Ein Berater wird hinzugezogen und schlägt die folgenden Alternativen vor:

- ihnen mehr zu bezahlen
- die Faulen zu entlassen, neue, härter arbeitende Leute einzustellen
- die Arbeiter besser auszubilden
- Produktivitätssteigerungen zu belohnen
- den Arbeitern mehr Verantwortung zu geben

Mache eine vollständige Checklisten-Überprüfung jeder Alternative und triff dann deine Entscheidung.

8. Was sind die Risiken, wenn man einem Freund Geld leiht?

Resümee

Alle hier in diesem Buch vorgestellten Denkwerkzeuge können einzeln benutzt werden:
- Sie können ein PMI machen.
- Sie können jemanden bitten, ein C&S oder ein OPV zu machen.
- Sie können den roten Hut aufsetzen.
- Sie können jemanden auffordern, vom schwarzen Hut auf den grünen Hut zu wechseln.

Auch die in diesem Buch vorgestellten Denkgewohnheiten können einzeln angewendet werden:
- Sie können auf die Werte achtgeben.
- Sie können die Grundidee herausgreifen.
- Sie können den Wahrheitswert überprüfen.
- Sie können überprüfen, ob eine Schlußfolgerung aus dem, was vorher war, folgen muß.

Diese Vorgehensweise beim Unterrichten von Denkfähigkeiten ist bewußt so gewählt. Sie basiert auf langjähriger Erfahrung. Komplizierte Strukturen sehen zwar auf dem Papier gut aus, werden aber nicht angewendet. Selbst wenn ein Kind nur ein oder zwei Werkzeuge aus diesem Buch aufgreift und anwendet, verbessert das bereits seine Denkfähigkeit.

In diesen letzten beiden Kapiteln habe ich jedoch einige Strukturen vorgeschlagen für diejenigen, die Strukturen anwenden möchten. Ältere und motiviertere Denkschüler sowie diejenigen, die über ernste Themen nachdenken müssen, hätten vielleicht gerne eine formellere Vorgehensweise.

Der Zweck einer Struktur und der Wert einer Struktur liegen

darin, uns zu befähigen, bei komplizierten Dingen Schritt für Schritt vorzugehen. Wir folgen den von der Struktur angezeigten Schritten, statt uns selbst vorzustellen, was wir im nächsten Moment machen müssen. Es steht Ihnen frei, sich Ihre eigenen Strukturen zusammenzustellen.

Struktur für allgemeine Zwecke

Die fünf Phasen der Struktur werden durch die Silben TO* LOPOSO*GO bestimmt:
- TO: Zweck und Ziel des Denkens. Was soll am Ende herauskommen?
- LO: Was wir sehen, wenn wir uns umschauen. Die Information, die Faktoren, den Schauplatz, das Gelände. Die Ausgangssituation für das Denken.
- PO: Die aktive, generative und produktive Phase des Denkens. Wir schaffen Alternativen, Ideen und neue Ideen, Möglichkeiten und mögliche Handlungsverläufe.
- SO: Auswahl aus den Alternativen. Einengen der Dinge. Zu einem bestimmten Handlungsverlauf, zu einer Schlußfolgerung oder zu einem Ergebnis kommen.
- GO: Die Aktionsphase. Durchführung. Aktionsplan. Die Schritte, die unternommen werden müssen. Es muß immer ein Aktionsergebnis geben.

Innerhalb dieser Phasen können wir nach Belieben Denkwerkzeuge benutzen; zum Beispiel CAF und OPV in der *LO*-Phase; FIP in der *SO*-Phase.

Es gibt ein visuelles Diagramm, um die Struktur zu verstärken. Es ist L-förmig. Der vertikale Balken stellt die Ausgangssituation für das Denken dar. Der horizontale Balken bewegt sich in die Zukunft und regt zur Aktion an. Die Ecke, in der der vertikale Balken in den horizontalen übergeht, ist *PO*, der Punkt, an dem mögliche Alternativen erzeugt werden.

Diskussion und Meinungsverschiedenheiten

Das ist die erste der besonderen Situationen, für die eine Struktur sich anbietet.

Zunächst werden die beiden gegensätzlichen Standpunkte »nebeneinandergestellt«. Dies geschieht auf vier Ebenen:

Emotionen: Rotes-Hut-Denken auf jeder Seite
Wahrnehmungen: die Art, wie jede Seite die Situation sieht
Werte: die Werte auf jeder Seite
Logische Argumentation: die Logik jeder Seite

Um diese gegensätzlichen Standpunkte darzulegen, gibt es drei Schritte:

1. Das sind meine Ansichten.
2. Ich glaube, das sind die Ansichten der anderen Seite.
3. Was sind die Ansichten der anderen Partei?

Die Schritte eins und zwei können untereinander ausgetauscht werden, wenn die andere Partei bereit ist, ihre Standpunkte selbst darzulegen.

Wenn die Standpunkte *nebeneinanderstehen* – ohne Streit oder Argumentation –, können die folgenden Schritte stattfinden:

Vergleich: Worin unterscheiden sich die Standpunkte? Worin gleichen sie sich? Können diese Unterschiede aufgelöst oder einander angenähert werden?
Entwurf: Können die gegensätzlichen Standpunkte in einem Entwurf zusammengebracht werden, der die Werte beider Parteien berücksichtigt? Können die offensichtlichen Widersprüche aufgehoben werden?
Handel und Austausch: Wenn der Entwurfsschritt nicht funktioniert, werden Werte verhandelt oder ausgetauscht. Manche

Werte werden aufgegeben, um in den Genuß eines anderen Wertes zu kommen.

Probleme und Aufgaben

Ein Problem ist etwas, das Ihnen in die Quere kommt. Probleme tauchen von selbst auf. Eine Aufgabe stellen Sie sich selbst, weil Sie irgend etwas erreichen möchten.

Sowohl bei Problemen als auch bei Aufgaben gibt es eine Ausgangsposition und einen Ort, an den wir gelangen wollen – aber wir wissen nicht, wie wir dorthin kommen.

Bei der *Problink*-Methode wird ein Basisdiagramm verwendet: Hier ist die Ausgangsposition, dort ist der Weg und dort das Ziel (die Endposition).

Wir beginnen damit, beim Ziel Ideen oder Begriffe *fallenzulassen*. Das können Sub-Ziele oder alternative Definitionen des Ziels sein.

Das gleiche machen wir beim *Weg*-Bereich. Hier lassen wir *Grundideen* fallen. Diese allgemeinen Ideen decken Wege ab, wie wir das Ziel erreichen können. Diese Ideen können sehr allgemein, aber auch beinahe speziell sein.

Als nächstes begeben wir uns zur Ausgangsposition und *lassen* Elemente oder Merkmale *fallen*. Dies braucht keine umfassende Analyse zu sein.

Nun nehmen wir jeden dieser *fallengelassenen* Begriffe und versuchen, ihn mit irgendeinem der anderen Begriffe zu verbinden. Wir können uns in jede Richtung bewegen. Wenn wir einen zusammenhängenden Weg gebildet haben, der uns von der Ausgangsposition über den Weg zum Ziel führt, versuchen wir, die Grundideen in detaillierte Methoden, wie etwas getan werden kann, umzuwandeln.

Am Ende sollten wir über verschiedene alternative Handlungsverläufe verfügen.

Es gibt verschiedene Arten, die Alternativen zu prüfen. Man kann einfach PMI oder C&S benutzen. Man kann das Gelbe-

Hut- gefolgt vom Schwarzen-Hut-Denken anwenden. Man kann eine kurze Checkliste machen, die Ziel, Durchführbarkeit, Prioritäten, Werte und *allgemeine Überprüfung* umfaßt. Man kann auch die vollständige Überprüfung machen, wie in *Entscheidungen und Wahlen* beschrieben.

Entscheidungen und Wahlen

Es gibt viele Situationen, die als Denkaktion sofort eine Wahl oder eine Entscheidung erfordern. Sehr viel mehr Situationen (wie Problemlösung, Entwurf, Planung usw.) erreichen die Phase, in der es zahlreiche mögliche Alternativen gibt und eine Wahl zwischen ihnen getroffen werden muß.

Letztendlich sind alle Entscheidungen und Wahlen emotional, auch wenn sie objektiv und neutral erscheinen. Zweck des Denkens ist es, uns zu erlauben, Emotionen auf Wahrnehmungen wirken zu lassen, die allgemein und deutlich sind.

Die Emotionen Angst, Gier und *Faulheit* spielen bei den meisten Entscheidungen eine Rolle. Es lohnt sich, sich in jedem Fall zu fragen, welchen Beitrag diese drei Emotionen geleistet haben. *Faulheit* schließt den Wunsch nach einem ruhigen Leben und wenig Mühe ein.

Für kleinere Entscheidungen und Wahlen können wir eine Sechs-Hüte-Sequenz anwenden:

Roter Hut
Gelber Hut oder Schwarzer Hut (entgegengesetzt zu den Gefühlen)
Schwarzer Hut (außer, wenn er gerade benutzt wurde)
Grüner Hut (um Schwierigkeiten zu überwinden)
Roter Hut (endgültige Gefühle)

Es ist auch möglich, die aufmerksamkeitslenkenden Werkzeuge zu benutzen. Mit einem PMI als einzelnem Werkzeug oder einem C&S kann man eine einfache Überprüfung machen. Für eine gründlichere Überprüfung kann man die Werkzeuge in der folgenden Reihenfolge benutzen:

AGO
FIP
OPV
C&S
PMI

Bei größeren Entscheidungen oder Wahlen ist Zeit für eine vollständigere Überprüfung, und zwar in Form einer Schritt-für-Schritt-Checkliste, die nacheinander auf alle Alternativen angewendet wird:

Ziel und Prioritäten: Wie gut paßt diese Alternative zum Ziel und zu den Prioritäten? Vielleicht eine *A*-Liste für die Alternativen, die vollkommen zu den Prioritäten passen, und eine *B*-Liste für den Rest. '

Nutzen: Gelbes-Hut-Denken. Was ist der direkte Nutzen für den, der sich entscheiden muß oder für den Handelnden?

Durchführbarkeit: Kann es getan werden? Ist es möglich? Manches ist möglicherweise nur unter großen Mühen durchführbar.

Schwierigkeiten und Gefahren: Schwarzer-Hut-Denken. Schwierigkeiten bei der Durchführung von Dingen. Eventualitäten und *Wenn*. Wirkliche Gefahren.

Wirkung: Die Wirkung jeder Alternative auf Lebensstil, Menschen, andere Projekte, Umwelt usw.

Konsequenzen: Direkter Blick auf die Zukunft in Form von sofortigen, kurzfristigen, mittelfristigen und langfristigen Auswirkungen. Diese werden noch mal abgedeckt, auch wenn sie anderswo schon erwähnt wurden.

Kosten: Nicht nur in Form von Geld, sondern auch in Form von Zeit, Aufwand, Energie, Anstrengung, Streß, Angst usw. Was ist mein Ertrag?

Risiko: Das Bedürfnis, das Risiko zu prüfen, und darauf

vorbereitet zu sein, es zu tragen. Unterschiedliche Arten von Risiko: Versagen; Schaden und Gefahr; zu hohe Kosten; Veränderung der Umstände; Rückzugsposition oder Sicherheitsnetz.

Versuch und Prüfung: Kann diese Alternative geprüft werden? Die Möglichkeit, eine Alternative vorher ausprobieren zu können, ist von großem Vorteil.

Nach der Anwendung dieser Checkliste sollte die Wahl eindeutig ausfallen. Wenn nicht, können der Checkliste noch weitere Begriffe hinzugefügt werden.

Manchmal entstehen Schwierigkeiten daraus, daß man zögert, Alternativen, die alle attraktiv sind, aufzugeben. In solchen Fällen müssen Sie sich bemühen, sich von Alternativen zu »entlieben«, indem Sie jede in einem negativen Licht betrachten. Das macht es leichter, sie aufzugeben.

Man kann auch so vorgehen, daß man vier Wahlen statt einer trifft:

Ideale Wahl
Emotionale Wahl
Praktische Wahl
Minimalwahl (geringste Anstrengung)

Die Persönlichkeit des Wählenden entscheidet, welche davon die beste ist.

Wenn danach eine Wahl immer noch nicht möglich ist, brauchen wir Entwürfe und kreatives Denken. Bestehende Alternativen müssen eventuell modifiziert werden. Alternativen können kombiniert werden. Neue Alternativen können entwickelt werden.

Wenn zum Schluß zu viel Denken die ganze Angelegenheit durcheinandergebracht hat, kann es nützlich sein, einfach mal einen roten Hut aufzusetzen. Was möchte ich meinem Gefühl nach wählen? Danach setzen wir uns einen schwarzen Hut auf. Warum nicht?

338

Zusammenfassung

Vier Strukturen sind dargestellt worden: allgemeiner Zweck; Argumentation und Auseinandersetzung; Probleme und Aufgaben; Entscheidungen und Wahlen.

Für jede Struktur sollten die Schritte systematisch aufeinander folgen, einer nach dem anderen. Wie detailliert jeder Schritt sein muß, hängt von der Ernsthaftigkeit des Themas ab.

Nach Anwendung der Struktur ist die Antwort, Lösung oder Schlußfolgerung wahrscheinlich offensichtlich. Wenn die Schlußfolgerung nicht auf der Hand liegt, liegt das daran, daß es keine geeignete Alternative gibt oder daß Sie sich nicht zwischen den Alternativen entscheiden können. Dann gibt es zwei mögliche nächste Schritte:

1. Definieren Sie den *toten Punkt* oder ein neues Problem und denken Sie darüber nach.
2. Benutzen Sie kreatives Denken, um neue Alternativen zu entwickeln oder bestehende Alternativen zu verändern.

Der Denkzyklus kann ständig wiederholt werden. Das Ergebnis des Denkens kann die Definition eines neuen Fokusbereichs oder Problems sein. Wenn Sie darüber nachdenken, kann daraus ein weiterer Fokusbereich entstehen – und so weiter.

Rückblickübungen

1. Ein Mädchen (oder ein Junge) möchte sein Zimmer gelb streichen. Die Mutter möchte, daß der Raum blau wird. Welche Art von Denksituation ist das? Wie sollte das Denken vor sich gehen?
2. Wende den TO*LOPOSO*GO-Rahmen auf folgendes an: Dicke Menschen sind das schlechte Image, das sie haben, leid. Sie beschließen, eine Kampagne zu starten: *Dick ist schön*.
3. Ein Mann verspricht, zwei Freunden Geld dafür zu bezah-

len, daß sie seinen Gartenzaun streichen. Als der Zaun fertig ist, will der Mann nur noch die Hälfte des vereinbarten Preises zahlen, weil seiner Meinung nach die Arbeit schlecht ausgeführt wurde. Verwende die Struktur der Auseinandersetzung, um diese Situation zu lösen.

4. Du wirst ständig von Freunden besucht. Deinen Eltern ist das zuviel, weil sie Frieden und Ruhe wollen. Liste die Wahrnehmungen und Werte auf beiden Seiten auf. Wie könnte die Auseinandersetzung beigelegt werden?

5. In manchen Ländern ziehen immer mehr Leute vom Land in die Großstädte, weil sie auf der Suche nach Arbeit sind. Die Städte werden immer größer. Was kann gegen dieses Problem unternommen werden? Wende die vollständige *Problink*-Methode darauf an.

6. Bei einer Klassenarbeit stellst du fest, daß ein paar von deinen Freunden anscheinend mogeln. Welche Alternativen hast du? Schreibe die Alternativen auf, dann wende eine Sequenz von aufmerksamkeitslenkenden Werkzeugen an, um dich zwischen den Alternativen zu entscheiden.

7. Mache eine vollständige Checklisten-Überprüfung der folgenden Alternativen für ein neunzehnjähriges Mädchen (oder einen Jungen):
- weiter zu Hause leben
- sich eine Wohnung zusammen mit zwei Freunden mieten
- sich alleine ein Zimmer mieten

8. Du findest eine Brieftasche voller Geld auf der Straße. Derjenige, mit dem du gerade zusammen bist, will sie behalten. Du möchtest den Besitzer finden. Welches Denken sollte hier stattfinden?

Teil V

Zeitungsübungen

Die folgenden Übungen sind für die Eltern mit ihren Kindern gedacht, denen Denken als Hobby mittlerweile Spaß macht. In diesen Übungen gibt es ein konkretes und sichtbares Ergebnis. Sie können selbst sehen, wie gut Sie sind.

1. Der Turm

Sie dürfen nur eine Seite aus einer Zeitung nehmen, das bedeutet, eine Seite, die Sie herausnehmen können, ohne etwas zu zerschneiden (normal gefaltete Seite).

Sie dürfen eine Schere benutzen – sonst nichts.

Sie dürfen keinen Klebstoff, keine Nadeln, kein Klebeband oder sonst etwas verwenden.

Die Aufgabe lautet, einen Turm zu bauen, der so hoch wie möglich ist. Dieser Turm sollte stabil genug sein, daß er unter normalen Bedingungen eine Stunde lang stehen bleibt.

Denken

Was sind die Ziele? Was sind die Probleme? Welche Aufgaben stelle ich mir? Welche Alternativen gibt es?

Denken ist erforderlich für den Entwurf des Turms. Und es ist Denken erforderlich, um das, was Sie tun wollen, mit zusätzlichen Materialien und Werkzeugen zu tun.

Wenn Sie Ihren stabilen Turm fertig haben, ist das erst der erste Schritt. Sie versuchen, diesen Turm zu erhalten – oder messen zumindest die Höhe.

342

Sie sollten immer wieder zu diesem Problem zurückkehren. Jedesmal versuchen Sie, Ihre Wahrnehmung zu verbessern. Können Sie den Turm noch höher bauen? Gibt es eine Grenze?

Manchmal werden Sie versuchen, den gleichen Entwurf präziser auszuführen. Zu anderen Zeiten werden Sie den Entwurf vollständig ändern wollen, um den Turm höher bauen zu können.

Sie werden experimentieren und Dinge ausprobieren. Nicht alle Ideen werden funktionieren.

Logbuch

Wenn Sie wirklich den größten Nutzen aus dieser Übung ziehen wollen, sollten Sie ein *Logbuch* über Ihr Denken führen. In diesem Buch halten Sie Ihr Denken fest: die Probleme; die Schwierigkeiten; wie Sie die Probleme überwinden wollen; was geschieht; neue Ziele; Prioritäten; Alternativen und so weiter.

2. Die Adjektive

Oft verwenden wir Adjektive, um anzuzeigen, was wir empfinden. Wir können sagen, etwas ist *übelriechend* oder, jemand ist *sorglos*.

Manchmal werden Adjektive für eine objektive Beschreibung verwendet, zum Beispiel ein *wolkenbedeckter* Himmel oder eine *gelbe* Wand.

Können wir sagen, wann Adjektive für eine objektive Beschreibung verwendet werden und wann wir sie benutzen, um ein *Gefühl* anzuzeigen?

Die Übung besteht darin, daß wir eine Zeitung nehmen und jedes Adjektiv einkreisen (mit Bleistift, Kugelschreiber oder Buntstift), das uns wie ein *Gefühls*-Adjektiv vorkommt.

Sie können dazu jede beliebige Seite nehmen.

Die Aufgabe ist, festzustellen, wie schnell Sie zwanzig Gefühlsadjektive finden können.

Die Wahl der Adjektive kann mit anderen diskutiert werden. Versuchen Sie, die eindeutigsten Adjektive herauszufinden.

Diese Übung kann immer wieder gemacht werden. Vergleichen Sie, wieviel Zeit Sie jeweils brauchen.

3. *Die Brücke*

Dies ist eine weitere strukturelle Übung; sie entspricht ungefähr dem Turm.

Wieder nehmen Sie ein einzelnes Blatt aus einer Zeitung. Sie dürfen eine Schere verwenden, aber sonst nichts.

Die Aufgabe lautet, eine Brücke zwischen zwei Pfeilern zu bauen. Die beiden Pfeiler können zwei Bücherstapel sein, die in einem gewissen Abstand nebeneinanderstehen.

Jetzt wählen Sie ein Gewicht. Das könnte ein Buch oder irgend etwas anderes sein, das ungefähr ein halbes Pfund wiegt. Es wird jedesmal das gleiche Gewicht verwendet.

Nun stellen Sie fest, wie weit Sie die beiden Pfeiler auseinanderstellen können. Wie ist die maximale Länge der Brücke, die Sie aus einem Blatt Zeitungspapier bauen können? Jedesmal muß die Brücke das gewählte Gewicht genau in der Mitte aushalten können.

Je besser Sie in der Ausführung der Aufgabe werden, desto länger werden Sie die Brücke bauen können. Die Brücke muß mindestens eine Stunde lang stabil sein.

Die hier beteiligten Denkschritte ähneln denen, die beim Bauen des Turms beteiligt waren. Lediglich die Bedürfnisse der Aufgabe sind anders.

Wie beim Turm können Sie ein ausführliches Logbuch über Ihr Denken führen.

Wie beim Turm sollten Sie die Länge der Brücke messen – von einem Pfeiler zum anderen – und dann versuchen, die Entfernung zu vergrößern. Die Blätter müssen immer der gleichen Art von Zeitung entnommen sein.

4. Titelstory

Sehen Sie sich die Überschriften (groß, mittel und klein) in einer einzigen Zeitungsausgabe an. Die Übung darf nur mit einer Ausgabe gemacht werden.

Die Aufgabe besteht darin, aus so vielen Überschriften wie möglich eine Geschichte zusammenzustellen. Die Geschichte muß einen Sinn ergeben. Wenn Sie Lücken füllen müssen, ist die Geschichte weniger erfolgreich.

Stellen Sie fest, wie viele Überschriften Sie auf diese Art zusammenstellen können. Je mehr Überschriften Sie haben, und je länger die Geschichte ist, desto erfolgreicher waren Sie. Sie können diese Übung so oft wiederholen, wie Sie möchten. Je besser Sie darin werden, desto besser werden Sie gleichzeitig darin, die alternativen Bedeutungen von Überschriften zu erkennen. Sie werden herausfinden, daß Sie immer längere Geschichten aus Überschriften zusammenstellen können.

Wenn Sie die Überschriften ausschneiden, versuchen Sie, sie in verschiedenen Sequenzen zusammenzustellen. Vielleicht bekommen Sie völlig unterschiedliche Geschichten.

5. Die Kette

Das ist die dritte Aufgabe, bei der es um Strukturen geht. Dieses Mal besteht die Aufgabe darin, eine Kette oder ein Band herzustellen, das so stark wie möglich ist.

Wie in den vorangegangenen Übungen dürfen Sie eine Seite aus einer Zeitung und eine Schere benutzen, und sonst nichts.

Die Länge der Kette wird auf zwei Meter festgelegt. Die Kette kann von einem Haken oder von der Decke herunterhängen, oder auf jede andere Art, die Sie wählen, befestigt sein. Vom Punkt der Befestigung bis zur Spitze des daran aufgehängten Gewichts muß sie zwei Meter lang sein.

Wie hoch ist das maximale Gewicht, das Ihre Kette tragen kann? Sie können mit einem leichten Gewicht beginnen und dieses dann steigern. Sie können die Küchenwaage benutzen, um das tatsächliche Gewicht, das die Kette aushält, herauszufinden. Das Gewicht muß mindestens eine Stunde lang an der Kette hängen.

Die Art des Gewichts und die Art, wie Sie die Zeitungskette an dem Gewicht befestigen, wählen Sie aus. Sie dürfen jedoch nicht mehr Zeitungspapier verwenden. Sie können einen Ring aus Zeitungspapier machen und etwas hindurchziehen, aber Sie dürfen kein Klebeband (oder Bindfaden oder Nadeln) zu Hilfe nehmen. Sie messen den Fortschritt, indem Sie feststellen, welches Gewicht eine Kette dieser Länge tragen kann.

Das hierbei beteiligte Denken ähnelt dem Denken, das Sie bei dem Turm und der Brücke angewendet haben. Dieses Mal ist jedoch die Aufgabe anders, weil es eine Frage der Spannung, nicht der strukturellen Stärke ist. Außerdem ist das verwendete Gewicht sehr viel schwerer.

Wie in den vorangegangenen Übungen können Sie Ihre Fortschritte in einem Logbuch festhalten.

6. Bild und Geschichte

Diese Aufgabe kann mit einer einzigen Zeitungsausgabe gemacht werden, Sie dürfen jedoch auch mehr als nur eine Ausgabe verwenden.

Nehmen Sie ein Bild (eine Fotografie) aus der Zeitung, und legen Sie es neben eine Überschrift. Sie können jede Überschrift nehmen, außer der, die eigentlich zu dem Bild gehört.

Ihre Kombination von Bild und Überschrift kann ernsthaft oder auch komisch sein. Soweit es möglich ist, besteht die Aufgabe jedoch darin, eine komische Kombination herzustellen.

Sie können sich einen Vorrat an Bildern und Überschriften anlegen, die sie dann in verschiedenen Kombinationen zusammenstellen. Hier werden Ihre Wahrnehmung, Ihre Vorstellungskraft und Ihre Fähigkeit, Alternativen zu finden, geübt.

Das Zehn-Minuten-Denkspiel

Sie können eine Diskussion, ein Gespräch oder einen Streit haben. Obwohl Denken dazugehört, liefert das Zehn-Minuten-Denkspiel einen Rahmen, in dem zwei Leute Denken direkter anwenden können.

Es gibt keinen Gewinner oder Verlierer. Das Spiel soll beiden Spielern Spaß machen (ein Zwei-Personen-Spiel).

Idealerweise sollte jeder Abschnitt genau eine Minute dauern. Das Spiel kann auch entspannter gespielt werden; in diesem Fall muß die Zeit nicht so genau eingehalten werden. Das Spiel sollte jedoch immer lebhaft gespielt werden.

Die beiden Spieler sind *A* und *B*.

A: sagt ein einzelnes Wort (Substantiv, Verb oder Adjektiv).

B: gibt einen Kontext, ein Umfeld, einen Schauplatz oder Umstände.

A: schafft aus dem Wort und dem Umfeld eine spezifische Denkaufgabe. Das kann Erforschung, Entwurf, Problemlösung, Meinung usw. sein. *A* muß das Ziel klar definieren: »Ich möchte, daß dein Ergebnis ist ...«

B: erforscht die Situation und kommt zu einer klaren Schlußfolgerung, einem Vorschlag oder einer Lösung.

A: macht ein schnelles PMI zu der Lösung, die *B* dargelegt hat. Die Pluspunkte, die Minuspunkte, die interessanten Punkte.

B: kommentiert das von *A* gemachte PMI.

A: erforscht das Thema und legt Schlußfolgerung, Vorschlag oder Lösung dar.

B: macht ein PMI zu der von *A* dargelegten Lösung.

A: kommentiert das von *B* gemachte PMI.

B: gibt einen umfassenden Kommentar zum Thema (war es ein gutes Thema?) und zum Denken (gab es interessante Ideen?).

Vollständige Zeit: zehn Minuten, wenn jedes Segment streng auf eine Minute beschränkt bleibt. Wenn eine Phase weniger Zeit erfordert, kann die Zeit zu der nächsten Phase zugeschlagen werden. Mit anderen Worten, Phase drei sollte nach drei Minuten beendet sein, Phase sieben sollte nach sieben Minuten beendet sein, Phase zehn sollte nach zehn Minuten beendet sein usw.

Beispiel

A: *Katze.*

B: *Umfeld Dschungel.*

A: Dabei denke ich an Tiger. Das Problem von Tigern ist, daß sie eine gefährdete Spezies sind. Ich möchte dieses Problem lösen.

B: Tiger werden von Jägern getötet. Wir brauchen einen Weg, um Tiger vor Jägern zu schützen. Mein Vorschlag ist, die Jagd unter Strafe zu stellen und Reservate für Tiger zu schaffen.

A: Pluspunkte – das Erschießen von Tigern reduzieren. Minuspunkte – Tiger in Reservaten können Probleme für Landwirtschaft und Menschen bedeuten. Interessante Punkte – werden die Tiger innerhalb des Reservates bleiben?

B: Manchmal werden Tiger in Reservaten zu Menschenfressern und verursachen Probleme.

A: Wenn wir mehr Tiger haben wollen, müssen wir sie züchten. Meine Idee ist, Tiger in Gefangenschaft zu züchten und sie dann wieder im Dschungel auszusetzen.

B: Plus – du könntest qualitativ gute Tiger züchten. Minus – der Prozeß wäre zu langsam. Interessant – die gefangenen Tiger könnten darauf abgerichtet werden, Jägern aus dem Weg zu gehen, bevor man sie wieder in den Dschungel entläßt.

348

A: Der Prozeß könnte beschleunigt werden, wenn weibliche Tiger nur für ein paar Tage gefangen, künstlich befruchtet und dann sofort wieder freigelassen würden.

B (umfassender Kommentar): Ein interessantes Thema. Reservate werden schon mit Erfolg ausprobiert. Ein paar gute Ideen, vor allem die Idee mit den Tigern, die darauf *dressiert* werden, Jägern aus dem Weg zu gehen. Es gibt vielleicht auch Wege, um das in der Wildnis zu tun.

Die Vorteile des Spiels liegen darin, daß Ideen sowohl entwickelt als auch überprüft werden müssen. An jedem Punkt hat jede Person eine definierte Aufgabe, die schnell erledigt werden muß. Das ist ein gutes Training für fokussiertes und diszipliniertes Denken. Statt Abschweifen, normalem Gespräch oder Punktesammeln beim Streit werden hier die verschiedenen Aspekte des Denkens direkt geübt.

Zusammenfassung

Dies ist ein Denkspiel für zwei Personen, in dem Gedanken hin und her getauscht werden. Ein Thema wird gestellt, und jede Person entwickelt Ideen zu diesem Thema. Diese Ideen werden überprüft.

Jede Phase darf nur eine Minute dauern.

Das Spiel liefert einen sich schnell ändernden Rahmen für die disziplinierte und fokussierte Übung verschiedener Denkaspekte (Fragestellung; Entwicklung von Ideen und Lösungen; Überprüfung, Kommentar).

Die Zeichenmethode

Dies ist eine kraftvolle und praktische Methode, Denkfähigkeiten zu üben. Ich habe sie jahrelang bei Kindern unterschiedlichen Alters, unterschiedlicher Fähigkeiten und Kulturen angewendet.

Diese Methode kann schon bei Fünfjährigen angewendet werden, sie kann aber auch bis zum Erwachsenenalter eingesetzt werden.

Bei kleinen Kindern ist das Zeichnen eher rudimentär und braucht vielleicht zusätzliche Erklärung.

Mit Zeichnen meine ich nicht *Kunst* oder hübsche Bilder, die einfach eine Szene wiedergeben. Die Zeichnungen sind *funktionelle* Zeichnungen, die zeigen, wie etwas getan werden kann. In diesem Sinn sind sie *Problemlösung, Aufgabenlösung* oder *Entwurfs*-Zeichnungen. Es muß etwas erreicht werden, und die Zeichnung zeigt, wie es erreicht werden kann. Die Zeichnung zeigt Ihnen vielleicht, wie man einen Elefanten wiegen kann. Die Zeichnung kann auch eine Maschine zeigen, mit der man Hunde trainieren kann. Zwei meiner Bücher basieren auf dieser Methode und zeigen, wie Kinder an unterschiedliche Aufgaben herangehen: *Children solve Problems* und *The Dog Exercising Machine*.

Wörter und Bilder

Kinder sind durch ihren sozio-ökonomischen Hintergrund in ihrem Vokabular oft eingeschränkt. Wenn das Vokabular der

Eltern begrenzt ist, ist es auch der Sprachschatz der Kinder. Im Zeichnen jedoch sind Kinder frei. Jeder kann eine Katze betrachten und sie zeichnen. Die Ähnlichkeit von Zeichnungen ungeachtet des sozio-ökonomischen Hintergrunds läßt vermuten, daß diese Methode, Denken vorzuführen, äußerst nützlich ist.

Kinder finden oft nicht die richtigen Worte, um ein anspruchsvolles Konzept zu beschreiben – sie sind jedoch in der Lage, dieses Konzept in Aktion zu zeigen. In einer Zeichnung einer »Maschine, mit der Leute einschlafen können«, zeigte ein Kind eine Person auf einem schrägen Bett. Musik und ein Hammer, der auf den Kopf schlug, ließen die Person einschlafen. Wenn die Person eingeschlafen war, rutschte sie das schräge Bett hinunter, und die Füße drückten auf einen Knopf, mit dem die Musik ausgeschaltet wurde. Das Konzept ist das der *Feedback-Kontrolle*. Das Kind wäre nie in der Lage gewesen, das Konzept mit diesen Worten zu beschreiben.

Mit Wörtern kann man schwafeln und vage bleiben. Bei Bildern geht das nicht. Sie müssen etwas malen. Ein Elternteil oder ein Lehrer kann auf einen bestimmten Teil der Zeichnung zeigen und fragen: »Was ist das?«

Bilder können oft sehr viel schneller hergestellt werden als eine Beschreibung mit Worten.

Bilder liefern einen organisierenden Rahmen für das Denken eines Kindes. Bei Wörtern ist es schwierig, alles im Gedächtnis zu behalten, wenn man es niederschreibt. Bei einem Bild kann man sofort sehen, was man schon getan hat und was man noch tun muß. Wenn es Lücken gibt, füllt man sie aus.

Die Fähigkeit, etwas zu tun

Das ist die Fähigkeit, etwas zu tun, etwas geschehen zu lassen. Ausbildung ist für gewöhnlich reaktiv und deskriptiv, weil es viel einfacher ist, einem Schüler etwas vorzulegen und ihn dann zu einer Reaktion aufzufordern. Es gibt nicht viele praktische Wege, die Fähigkeit, etwas zu tun, zu unterrichten. Kinder aufzufordern, Projekte zu betreuen oder physikalische Objekte herzustellen, ist nützlich, aber sehr zeitaufwendig. Eine Zeichnung dagegen ist schnell zu machen.

Bei einer Zeichnung muß ein Kind Erfahrung, Funktionen und Konzepte so konkret zusammenbringen, daß es eine Wirkung erzielt. Probleme müssen überwunden und Schwierigkeiten berücksichtigt werden.

Es ist oft überraschend, wie umfassend das Denken von Kindern in ihren Zeichnungen sein kann. Faktoren, Konsequenzen und andere Menschen werden berücksichtigt.

Bei einer Zeichnung bekommt ein Kind häufig ein Gefühl von Leistung, das es bei einer schriftlichen Beschreibung nicht gibt. Das Kind empfindet: »Ich habe einen Weg gefunden, dies zu tun«, und: »Das wird funktionieren.« Ob das Konzept im wirklichen Leben funktionieren würde oder nicht, ist in diesem Augenblick nicht wichtig – es funktioniert in der Zeichnung. Dieses Gefühl von Leistung ist motivierend.

Diskussion

Eine Zeichnung liefert eine gute Basis für ein Gespräch zwischen Eltern und Kind. Die Zeichnung liegt vor ihnen.

Der Elternteil bittet um Verdeutlichung und Erklärung:
»Sag mir, was das ist.«
»Was passiert hier?«
»Wofür ist das?«
»Wie funktioniert das?«

Der Elternteil kann auch Aufmerksamkeit auf Probleme und Lücken lenken:
»Wie kriegen wir den Elefanten auf die Maschine?«
»Was passiert, wenn der Hund nicht laufen will?«
»Würde das nicht sehr weh tun?«

352

Um jeden dieser Punkte herum könnte eine Denkdiskussion stattfinden. Es könnten Methoden vorgeschlagen werden, wie man mit den Schwierigkeiten umgehen kann. Werte können eingeführt werden.

Wenn ein Kind eine Schachtel zeichnet und sagt: »Alles passiert da drin«, bitten Sie es, eine Zeichnung vom Innern der Schachtel anzufertigen.

Das Gespräch kann auch auf der Ebene von Grundideen und Konzepten geführt werden. Normalerweise ist die Zeichnung eines Kindes eine besondere Art, ein Konzept auszuführen. Es ist nicht leicht zu erkennen, ob das Kind das Konzept vorher hatte und sich dann einen Weg ausgedacht hat, um es auszuführen (wie zum Beispiel der Hund dazu zu bringen ist, zu laufen), oder ob es fast direkt an einen detaillierten Weg gedacht hat, das Konzept auszuführen. Im Denken von Kindern können Konzept und Wirklichkeit Seite an Seite vorkommen.

Der Elternteil kann die Aufmerksamkeit auf das Konzept lenken und versuchen, das Konzept herauszuarbeiten. Eltern und Kind können sich dann nach anderen Wegen umsehen, das Konzept auszuführen:

– Was versuchen wir hier zu tun?
– Wie könnten wir das sonst noch tun?
– Wie wäre es, wenn wir es einmal so machen . . .?

Zusammenfassung

Kinder aufzufordern, einfache Zeichnungen anzufertigen, ist eine praktische und effektive Methode, um Denkfähigkeiten zu entwickeln. Dies sind keine *Kunst*-Zeichnungen, sondern *operationale* Zeichnungen. Jede Zeichnung zeigt, wie eine Aufgabe bewältigt werden oder ein Problem gelöst werden kann. Die Methode übt die Fähigkeiten, etwas zu tun und zu entwerfen: Wie bringe ich Dinge zusammen, um die gewünschte Wirkung zu erzielen?

Bilder haben viele Vorteile gegenüber Wörtern als Denkmedium. Wörter sind ein Kommunikationsmedium. Bilder sind nicht begrenzt durch Vokabular oder sozialen Hintergrund.

Bilder liefern ein ideales Medium für eine Denkdiskussion zwischen Eltern und Kind, weil es möglich ist, sich auf jeden Aspekt der Zeichnung zu konzentrieren.

Übungen mit Zeichnungen

Ich führe hier eine Liste möglicher Themen auf. Sie können Ihre eigenen Themen hinzufügen. Denken Sie immer daran, daß das Thema eine Aufgabe darstellen muß.

1. Wie würdest du einen Elefanten wiegen? (Du könntest ein Zoowärter sein, und du mußt wissen, wieviel Medizin du dem Elefanten geben mußt.)
2. Entwirf eine Maschine, mit der man Autos testen kann. (Damit man alle Fehler finden kann, bevor das Auto verkauft wird.)
3. Zeige eine neue Methode, wie man die Fenster in sehr hohen Gebäuden putzen kann. (Die Fenster werden von außen sehr schmutzig.)
4. Wie würdest du einen besseren Bus entwerfen? (Busse befördern viele Menschen, sind aber oft nicht sehr komfortabel.)
5. Entwirf ein Unterwasserhaus. (Damit Wissenschaftler Haie und andere Fische beobachten können, wenn sie vorbeischwimmen.)
6. Wie könnten Straßen schneller gebaut werden? (Es dauert sehr lange, neue Straßen zu bauen, und es ist sehr teuer.)
7. Zeige, wie du eine Brücke prüfen würdest. (Brücken werden alt und unsicher. Wir müssen wissen, ob sie immer noch sicher sind.)
8. Wie würdest du die Leute davon abhalten, zu schnell zu fahren? (Schnelles Fahren verursacht Unfälle und Verletzungen.)

9. Wie würdest du einen besseren Eßtisch entwerfen? Entwirf einen Tisch, der speziell dafür geeignet ist, daß man daran ißt.)
10. Zeige eine neue Methode, Fische im Meer zu fangen. (Es gibt schon Methoden, kannst du eine neue finden?)
11. Wie würdest du Waldbrände löschen? (Jeder Waldbrand richtet großen Schaden an.)
12. Kannst du eine Methode zeigen, wie Menschen in Büros Sport treiben können? (Die Menschen müssen arbeiten, sie müssen aber auch Sport treiben.)

Anhang

Denkclubs

Die Denkclubs habe ich vom übrigen Buch getrennt. Niemand braucht einen Denkclub zu gründen oder daran teilzunehmen. Die Denkclub-Struktur ist eine Gelegenheit für die, die Vorteile eines solchen Denkens für sich nutzen möchten:

1. Einzelne Familien oder ein Zusammenschluß von mehreren Familien, die eine formellere Umgebung brauchen, um dieses Buch durchzuarbeiten und Denkfähigkeiten zu entwickeln.
2. Diejenigen, die die Denkfähigkeiten in diesem Buch erlernt haben, aber feststellen, daß ohne häufige Praxis diese Fähigkeiten wieder schwinden. Solche Menschen möchten möglicherweise auch ihre Fähigkeiten weiterentwickeln (mit anderem Material von mir).
3. Die Menschen, denen Denken mittlerweile Spaß macht und die nach einer Gelegenheit suchen, Denken so zu betreiben, wie sie eine Sportart oder ein Hobby betreiben. Für sie ist es hilfreich, wenn es einen Ort, eine bestimmte Zeit und andere Menschen gibt.
4. Diejenigen, die wissen, daß sie nicht diszipliniert genug sind, um Denkfähigkeiten alleine zu lernen und zu üben – und es auch in einer Gruppe schöner finden.
5. Diejenigen, die Treffen, die sonst einfach nur sozialer Natur wären, eine Basis und einen Zweck geben möchten.

Zweck der Denkclubs

Unterschiedliche Leute haben vielleicht unterschiedliche Absichten, wenn sie einen Denkclub gründen oder ihm beitreten. Die fünf Hauptzwecke sind:

1. Das bewußte Lernen und Entwickeln von Denkfähigkeiten. Das direkte Lernen von Denken als Fähigkeit.
2. Die spezifische Gelegenheit, Denkfähigkeiten zu üben. Diese Fähigkeiten zu verbessern, zu verhindern, daß sie abnehmen, und direkte Freude am Denken (wie bei einer Sportart oder einem Hobby).
3. Die Anwendung der Denkfähigkeiten auf Probleme, Aufgaben und Projekte. Diese können persönlicher, praktischer oder entfernter Natur sein. Sowohl die Übung der Denkfähigkeiten als auch das praktische Ergebnis sind von Wert.
4. Ein Grund, um die Gesellschaft anderer zu finden und zu genießen. Denken liefert eine interessante und positive Art, mit anderen Menschen zu interagieren. Statt höflicher Konversation gibt es einen Diskussionsrahmen.
5. Eine Basis, auf der andere überzeugt werden können, daß Denken eine Fähigkeit ist, an der man Freude hat und die erlernt werden kann, daß konstruktives Denken wichtig ist für das zukünftige Wohlergehen der Welt.

Aktivitäten der Denkclubs

Die spezifischen Aktivitäten der Denkclubs werden später in diesem Kapitel ausführlicher dargestellt. Sie sind:

1. Denkfähigkeiten erlernen
2. Denkfähigkeiten üben
3. Denkfähigkeiten auf spezielle Projekte anwenden
4. Denkfähigkeiten auf persönliche oder lokale Angelegenheiten anwenden

5. Über wichtige Themen nachdenken und darüber diskutieren

Die tatsächliche Mischung dieser Aktivitäten variiert je nach Zusammensetzung und Motivation der Mitglieder eines bestimmten Denkclubs. Ein Club mit jungen Mitgliedern zum Beispiel wird sich auf die Entwicklung von Denkfähigkeiten konzentrieren wollen. Ein Club mit aktiven erwachsenen Mitgliedern wird vielleicht Denken auf spezielle Projekte anwenden wollen. Ein Club mit hauptsächlich älteren Mitgliedern wird lieber über Themen der Welt diskutieren wollen.

Prinzipien

Im allgemeinen bilden die Prinzipien guten Denkens, die in diesem Buch diskutiert worden sind, die Grundlage des Denkens, wie es in den Denkclubs stattfindet. Es lohnt sich jedoch, hier noch einmal fünf fundamentale Prinzipien darzulegen:

1. Das Denken muß seiner Natur nach immer konstruktiv sein.
2. Das Denken richtet sich auf die Fähigkeiten des Tuns und des effektiven Denkens. Der Zweck der Clubs ist also nicht philosophische Betrachtung.
3. Es gibt ein direktes Interesse an der Entwicklung und Verbesserung der Denkfähigkeiten und nicht daran, zu zeigen, wie schlau man ist und wie man bei Auseinandersetzungen gewinnen kann.
4. Das Denken muß jederzeit Spaß machen. Das Denken darf nicht zu komplex sein oder zuviel emotionalen Streß erzeugen.
5. Die Clubs basieren auf meiner Theorie des Denkens. Das ist sehr wichtig, weil das Mischen verschiedener Methoden völlige Verwirrung hervorruft, auch wenn die unterschiedlichen Methoden ihre Verdienste haben. Im Sport beispielsweise schaffen zu viele Trainer ein Durcheinander.

Es ist möglich, Denkclubs mit verschiedenen Prinzipien zu betreiben. Jeder hat das Recht dazu. Viel Glück dabei! Ich stelle hier meine eigenen Vorschläge dar.

Praktische Angelegenheiten

Die Vorschläge hier sollen Richtlinien sein. Sie können übernommen oder verändert werden je nach den Umständen oder der Natur der einzelnen Gruppen.

Disziplin

Weil Denken seiner Natur nach frei ist, ist Disziplin so wichtig. Ohne Disziplin verkommen die Clubs schnell zu Meinungs- und Argumentationssitzungen, in denen ein oder zwei Leute die anderen zu beeindrucken versuchen. Wenn die Gruppen das wollen, sollen sich die Mitglieder dieser Gruppe daran erfreuen – aber darunter verstehe ich keinen Denkclub.

Am wichtigsten ist es, Disziplin in Zeit und Fokus zu halten. Wenn es eine strenge Zeitdisziplin gibt, wird der Verstand auch in anderen Dingen diszipliniert. Zeitdisziplin bedeutet, zu einer bestimmten Zeit anzufangen und aufzuhören. Es bedeutet, sich an die festgelegten Zeiten für die Übungen zu halten. Es bedeutet, eine Diskussion am Ende des Zeitlimits abzubrechen. Jahrelange Erfahrung hat mir gezeigt, daß Zeitdisziplin beim Denken die Leute dazu befähigt, produktiver und schneller zu denken. Ohne Zeitdisziplin wird nur geredet, abgeschweift und herumdiskutiert.

Wichtig ist auch Fokusdisziplin. Das bedeutet eine klare Definition der Aufgabe, des Denkwerkzeugs oder der Übung. Fokusdisziplin bedeutet zu wissen, wo man steht, und genau zu wissen, was man zu tun versucht. Das mag so aussehen, als ob es das Denken einschränkt und verhärtet. Aber dies ist nicht der Fall.

Wenn man weiß, was man zu tun versucht, ist man frei darin,

wie man es tut. Wenn man nicht weiß, was man zu tun versucht, ist man überhaupt nicht frei, nur verwirrt. Wir verwechseln zu oft Verwirrung mit Freiheit.

Dauer der Treffen
Kein Treffen sollte länger als drei Stunden dauern.

Die Dauer eines Treffens könnte eine, zwei oder drei Stunden betragen. Das hängt ganz von den Mitgliedern des Clubs und praktischen Überlegungen wie Tageszeit, Anreise oder anderen Erfordernissen ab.

Es ist möglich, die Länge der Treffen zu variieren, wobei einige lang und andere kurz sind. Das muß vorher festgelegt werden. Auf den Arbeitsteil des Treffens kann immer ein sozialer Teil folgen, für den es keine Zeitbegrenzung gibt. Es sollte jedoch nicht versucht werden, den Arbeitsteil in den sozialen Teil hinüberzuziehen.

Häufigkeit der Treffen
Ich plädiere für einmal alle vierzehn Tage. Wenn die Treffen kurz sind und innerhalb einer Familie abgehalten werden, ist einmal die Woche besser für die Entwicklung der Denkfähigkeiten. Wenn die Teilnehmer von weit her kommen müssen, ist vielleicht nur ein Treffen pro Monat möglich.

Die Treffen sollten zu festen Zeiten (an einem bestimmten Wochentag, zu einer bestimmten Uhrzeit) abgehalten werden. Wenn die Zeiten der Treffen geändert werden, um unterschiedlichen Leuten gerecht zu werden, bricht der Club oft auseinander. Auf jeden Fall muß die Zeit des nächsten Treffens immer am Ende eines Treffens bestimmt werden.

Organisator
Der Erfolg und die Kontinuität eines Clubs hängt weitestgehend von der Energie und der Fähigkeit des ursprünglichen Organisators ab. Diese Person muß viel Energie, eine Fähigkeit, mit Menschen umzugehen und Organisationstalent besitzen. Diese Person braucht kein großer Denker zu sein und

braucht sich auch nicht besonders gut mit den Denkfähigkeiten auszukennen. Wenn nötig, kann jemand anders die eigentlichen Schritte des Treffens organisieren.

Es sollte nur einen Organisator geben, denn es funktioniert nicht, die Verantwortung zwischen verschiedenen Organisatoren rotieren zu lassen. Der Organisator kann mit der Zeit ein Hilfskomitee zur Verteilung der Arbeit einberufen.

Wenn eine Person mit dem Organisator nicht zurechtkommt, steht es ihr frei, den Club zu verlassen und einen anderen Denkclub zu gründen. Diskussion und Austausch von Standpunkten sind wichtig, aber zuviel Politik und Debatten sind symptomatisch für einen Club, der wenig tut.

Ort des Treffens

Im allgemeinen werden die Clubtreffen im Haus von jemandem abgehalten. Gelegentlich könnte man einen anderen Treffpunkt wählen, der zur Verfügung steht. Das Treffen kann abwechselnd in den Häusern der Clubmitglieder stattfinden. In diesem Fall arbeitet der Organisator mit der Person zusammen, die die Räumlichkeiten für das nächste Treffen zur Verfügung stellt.

Anzahl der Mitglieder

Es gibt zwar keine absolute Grenze, aber es gibt praktische Grenzen. Maximal sechs Leute können als Gruppe zusammenarbeiten. Bei einer größeren Anzahl als dieser ist der Zeitaufwand, der erforderlich ist, um sich die individuellen Ergebnisse (aus den Übungen) anzuhören, zu groß. Bei acht Leuten besteht die Möglichkeit, zu zwei Gruppen à vier Personen zu arbeiten. Bei zwölf Mitgliedern können drei Gruppen à vier Personen oder zwei Gruppen à sechs Personen gebildet werden. Zwölf Personen sind ungefähr das Limit für einen Club. Wenn der Club mehr Mitglieder hat, kann er in Nebenclubs aufgeteilt werden.

Wenn eine Person dreimal hintereinander bei den Treffen fehlt, wird sie aus dem Club ausgeschlossen (außer sie ist im Krankenhaus oder für lange Zeit verreist). Neue Mitglieder können zweimal hintereinander als Gäste zu den Clubtreffen eingeladen werden. Die Gruppe diskutiert dann, ob sie möchte, daß diese Person Mitglied wird. Das ist eine offene Diskussion – keine geheime Wahl.

Logbuch

Es sollte ein formelles Protokoll jeder Sitzung geben. Das Protokoll sollte nicht vom Organisator geführt werden, sondern von jemand anderem, der sich zu dieser Aufgabe bereiterklärt. Das Protokoll im Logbuch sollte nicht weniger als 250 Wörter und nicht mehr als 500 Wörter enthalten.

Im Protokoll sollten Datum, Zeit, Dauer und Anwesende aufgeführt sein. Die Denkfähigkeiten, die im formellen *Lernteil* des Treffens behandelt werden, sollten aufgelistet werden. Die Denkbegriffe, die direkt zur Übung der Fähigkeiten gebraucht werden, müssen nicht aufgeführt werden. Die praktischen Begriffe, über die ernsthafter nachgedacht werden muß, sollten jedoch aufgeführt werden. Die Probleme oder Aufgaben müssen klar definiert werden. Die Denkschritte oder die Ergebnisse brauchen nicht aufgelistet zu werden – es sei denn, es gibt eine herausragende Idee.

Wo Denken ernsthaft auf ein Projekt oder ein lokales Problem angewendet wird, kann es als Projekt- oder Problempapier festgehalten und braucht nicht ins Logbuch eingetragen zu werden. Es ist nützlich, einen Kassettenrecorder griffbereit zu haben, um das Ergebnis der *ernsthaften* Denksitzung zusammenfassen zu können. Später kann man sich von diesem Band Notizen machen.

Aktivitäten während einer Sitzung des Denkclubs

Ich werde hier die Struktur eines idealen Treffens darlegen.

Soweit wie möglich sollte man sich an diese Struktur halten. Die größte Gefahr besteht darin, daß der Denkclub zu einer reinen Gesprächs- oder Diskussionsrunde verkommt, und die

Mitglieder nicht mehr kommen. Am Anfang mögen die Leute die Disziplin der Struktur vielleicht nicht, aber mit der Zeit werden sie ihren Wert erkennen – denn sie erlaubt es, Denken zu üben und zu genießen.

1. Formelles
Der Bericht des letzten Treffens wird verlesen, im Anschluß daran die Entschuldigungen derer, die an diesem Treffen nicht teilnehmen können. Vorstellung der Gäste. Abhandeln organisatorischer Fragen.
Zeit: fünf Minuten.

2. Katalog der Denkaufgaben
Es ist nicht leicht, etwas zu finden, über das man nachdenken kann. In den Übungen am Ende der meisten Kapitel in diesem Buch stehen einige Dinge, über die man nachdenken kann und die man zum Üben der relevanten Denkfähigkeit verwenden kann.

Dieser erste Teil jedes Treffens dient dazu, daß Mitglieder des Clubs weitere Denkthemen, Aufgaben, Probleme usw. vorschlagen können. Sie sollten aufgeschrieben werden, damit sie in den *Katalog* aufgenommen werden können. Mitglieder sind verpflichtet, über solche Dinge nachzudenken und sie zwischen den Treffen schriftlich festzuhalten. Zu den Themen könnten gehören:

Übungsthemen: Sie dienen speziell zum Üben der Denktechniken. Denken Sie daran, daß auch lustige Themen dabei sein sollten – es sollten nicht alle Themen zu ernst sein. Auch abgelegenere Themen können vorkommen.

Persönliche Themen: Dies sind Probleme, Aufgaben oder Schwierigkeiten, die Mitglieder des Clubs (oder Freunde der Mitglieder) haben. Es sind alltägliche Schwierigkeiten. Sie können als Dritte-Person-Themen vorgebracht werden: »Ich habe einen Freund mit diesem Problem . . .« oder direkt: »Ich habe dieses Problem . . .« Wenn das Thema sehr dringend oder sehr aktuell ist, kann es auf der stattfindenden Sitzung behandelt werden, anstatt in den Katalog aufgenommen zu werden.

Lokale Themen: Das sind Themen, die für die lokale Gemeinschaft von Bedeutung sind. Sie machen das Denken relevanter und interessanter. Aus einem örtlichen Thema kann auch ein Projekt werden.

Projektthemen: Das sind spezifische Projektvorschläge. Zu einem Projekt gehört Denken, das in Aktion mündet. Es kann ein lokales Projekt sein: Geld sammeln für wohltätige Zwecke; benachteiligten Jugendlichen helfen; gegen Umweltzerstörung demonstrieren usw. Wenn sonst nichts anliegt, sollte der Club wenigstens alle zwei Monate eine Party organisieren. Vielleicht gibt es Vorschläge für neue Projekte. Vielleicht taucht auch bei der Durchführung laufender Projekte ein neues Projekt auf, und dieses kann dann angegangen werden.

Internationale Angelegenheiten: Dies sind ernsthafte Denkthemen, die Angelegenheiten außerhalb der Gemeinschaft betreffen: entweder landesweit oder weltweit. Zu solchen Themen könnten Drogenprobleme, Umweltschäden, Arbeitslosigkeit, Wohnraumknappheit, bestimmte Konflikte, Rassismus, Gleichberechtigung, AIDS-Vorsorge und so weiter gehören.

Zeit: zehn bis fünfzehn Minuten.

(Wenn die Zeit nicht ausreicht, können die Themen aufgeschrieben und später an den Organisator weitergegeben werden.)

3. Erlernen der Fähigkeiten und Übung

Das ist der wichtigste Teil des Treffens. Hier geht es um das Erlernen einer Fähigkeit aus diesem Buch oder aus anderem Material, wie zum Beispiel dem CoRT-Denkprogramm. Die Mitglieder sollten Exemplare des Buches oder Kopien des Materials haben und die Fähigkeiten selbst erlernen. Es findet eine kurze Diskussion statt, um festzustellen, ob die Fähigkeiten jedem klar sind. Wenn der Club aus Jugendlichen besteht, können Eltern oder andere Erwachsene die Fähigkeiten direkt vermitteln.

Die Übung der Fähigkeit setzt sofort ein. Zu jedem Übungsthema sollten spezielle Themen angeboten werden. Die Übungsthemen können von einzelnen Personen (üblicherweise) oder von kleinen Gruppen durchgeführt werden, die Ideen austauschen und am Ende ein Ergebnis vorstellen. Die typische Zeitspanne für ein Thema sind zwei, drei oder vier Minuten. Es sollten, wenn möglich, zumindest fünf oder sechs einzelne Übungsthemen bearbeitet werden. Die Denkübungen sind wesentlich zum Erlernen der unterschiedlichen Denkfähigkeiten. Das Denkergebnis der jeweiligen Person oder der Gruppe ist nicht so wichtig zur Entwicklung der Fähigkeit. Es ist jedoch wichtig zur Motivation. Wenn Sie über etwas nachdenken, möchten Sie, daß jemand sich Ihr Ergebnis anhört. Das Vorstellen dieses Ergebnisses sollte so kurz wie möglich gehalten werden – es sollte keine Argumentation oder Diskussion über einzelne Punkte entstehen, weil sonst der Ergebnisteil der Übungen den größten Teil der Zeit in Anspruch nehmen könnte. Es ist besser, fünf Übungsthemen mit kurzer Ergebnisschilderung durchzuführen als zwei Themen mit ausführlicher Vorstellung des Ergebnisses.

Zeit: dreißig bis fünfundvierzig Minuten.

4. Kommentar zur Denkfähigkeit

Dem Erlernen und der Übung einer besonderen Denkfähigkeit folgt eine Diskussion über diese Fähigkeit. Zweck dieser Diskussion ist es, das Erlernen dieser Fähigkeit zu verstärken

1. um sicherzustellen, daß bei jedem Klarheit über diese Fähigkeit herrscht,
2. um die Nützlichkeit der Fähigkeit zu diskutieren und
3. um die Anwendung der Fähigkeit zu überprüfen.

Wie ich bereits erwähnt habe, sollte diese Diskussion immer konstruktiv sein: »Was kann ich daraus lernen?« Der Grund dafür ist, daß, wenn man Menschen auffordert, negative Punkte zu finden (weil sie sowohl positive als auch negative Punkte her-

367

ausstellen sollten), sie sich bemühen, welche zu finden. Selbst wenn diese negativen Punkte geringfügig sind, verbinden sie sich mit der Denkfähigkeit und verringern ihre Nützlichkeit.

Im Fall des Schreiners könnten wir zum Beispiel sagen, daß eine Säge eine rauhe Kante hinterläßt oder daß ein Stichel abrutschen und sich in die Hand bohren kann – im ganzen gesehen sind Säge und Stichel jedoch sehr nützliche Werkzeuge.

Zeit: zehn bis fünfzehn Minuten.

5. Anwendung auf persönliche Angelegenheiten

Dies ist eine Gelegenheit für Mitglieder des Denkclubs, andere Mitglieder über eins ihrer Probleme oder Aufgaben nachdenken zu lassen. Dies kann in der Dritten-Person-Form vorgebracht werden: »Ich habe einen Freund mit diesem Problem.« Dies kann auch direkt mitgeteilt werden: »Das ist mein Problem.«

Wichtig ist, daß niemand Wunderergebnisse erwartet. Ich würde höchstens für zwanzig Prozent der Zeit mit etwas wirklich Originellem oder Nützlichem rechnen.

Es ist wichtig, daß dieser Teilbereich nicht die ihm zugedachte Zeit überschreitet.

Das Thema kann aus dem Themenkatalog stammen oder kann gerade erst entstanden sein.

Zu der Betrachtung des Themas sollte eine spezifische Denkfähigkeit gehören, und es sollte nicht nur eine allgemeine, *hilfreiche* Diskussion werden.

Zeit: zwanzig bis dreißig Minuten.

6. Anwendung auf lokale Themen

Das besondere Problem oder die Aufgabe können aus dem Katalog stammen oder neu entstanden sein. Ein lokales Thema betrifft die örtliche Gemeinschaft. Das bedeutet, daß es umfassender ist als ein familiäres oder individuelles Thema, aber kleiner als eins, das die Gesellschaft im allgemeinen oder das ganze Land betrifft.

Wichtig ist die Relevanz des Themas. Hier müssen Menschen, Werte und Wirkung sorgfältig beachtet werden. Es könnte zu Auseinandersetzungen und Streitigkeiten kommen.

An diesem Punkt ist das lokale Problem (oder die Aufgabe oder der Entwurf) nur dazu da, daß man darüber nachdenkt. Wenn Clubmitglieder beschließen, daß sie etwas *tun* wollen, wird aus diesem Thema ein spezielles Projekt.

Wichtig ist, daß das Ergebnis des Denkens klar dargestellt wird – als Schlußfolgerung oder Ergebnis jeder Art.

Zeit: zwanzig bis dreißig Minuten.

7. Projektbericht und Denken
Zu einem Projekt gehört Denken, das in Aktion übergeht.

Weil das Tun und die Effektivität des Denkclubs besonders wichtig sind, sollten immer ein paar Projekte *vorrätig* sein. Sonst wird aus der Denkaktivität nur Diskussion, Argumentation und Kontemplation.

Zuerst sollten die gewählten Projekte klein sein, gefolgt von einem Resultat. Wenn das Selbstvertrauen und die Fähigkeiten wachsen, können die Projekte anspruchsvoller werden.

Zu jedem Projekt sollte ein Projektpapier erstellt werden – ganz getrennt von dem Logbuch des Clubs.

Ein Projekt wird von einem Projektteam mit einem Projektleiter (freiwillig) und einer beliebigen Anzahl von Teilnehmern durchgeführt werden.

In diesem Bereich können einige Dinge getan werden:

1. Diskussion und Auswahl eines Projekts
2. Nachdenken darüber, wie man ein Projekt durchführt
3. Bericht über den Fortlauf des Projekts
4. Definition neuer Fokusbereiche und Probleme, die entstanden sind und über die man nachdenken muß.

Das Nachdenken über das Projekt muß nicht während der Treffen des Denkclubs stattfinden. Die Mitglieder des Projektteams können sich zu anderen Zeiten treffen, um zusätzlich darüber nachzudenken.

Wenn es keine anderen Projekte gibt (und auch, wenn es welche gibt), sollte der Club alle zwei Monate eine Party feiern. Man sollte versuchen, die Party jedesmal anders zu gestalten. Zu diesen Partys können Gäste von außen eingeladen werden.

Zeit: dreißig bis fünfundvierzig Minuten.

8. Internationale Angelegenheiten

In diesem Bereich wird das Denken auf größere Themen angewendet. Dies sind Themen, bei denen der Club wahrscheinlich nicht viel tun kann. Trotzdem ist es sinnvoll, über diese Themen nachzudenken. Zu den Themen könnten gehören: Dritte-Welt-Verschuldung; Zerstörung des Regenwaldes; Handelsprotektionismus; Asylanten; Energiesparen; Wirkung des Fernsehens auf die Politik; Krisen im Bildungswesen; Verfall der Innenstädte usw.

Die Themen können aus dem Katalog oder aus aktuellen Nachrichten stammen. Sie können zum Beispiel die aktuelle Tageszeitung nehmen und ein Thema aufgreifen.

Statt eines Gesprächs und eines Meinungsaustauschs sollte eine bewußte Anwendung der Denktechniken stattfinden. Dieser Bereich kann leicht zu einer Meinungsparade verkommen, ohne daß viel gedacht wird.

Zeit: zwanzig bis dreißig Minuten.

9. Schlußthemen

Eine Schlußzusammenfassung mit organisatorischen Details (zum Beispiel hinsichtlich des nächsten Treffens). Alle anderen Themen.

Zeit: fünf Minuten.

Timing

Die Gesamtsumme der hier dargestellten Zeitspannen ergibt ein Minimum von hundertfünfzig Minuten (zwei Stunden, drei-

ßig Minuten) und ein Maximum von zweihundertzehn Minuten (drei Stunden und dreißig Minuten).
Diese Zeitspannen werden folgendermaßen reduziert:

1. Man braucht nicht bei jedem Treffen jeden Bereich durchzugehen. Wenn die Treffen kurz sind, können die Themen von Treffen zu Treffen gewechselt werden. Man kann zum Beispiel bei dem einen Treffen ein lokales Thema erörtern, und auf dem nächsten Treffen ein persönliches Thema.
2. Der Zeitabschnitt für jeden Bereich kann sehr reduziert werden. Die Zeitspannen, die ich vorgeschlagen habe, gelten für längere Treffen. Es reicht möglicherweise aus, auf jedes Thema fünf Minuten zu verwenden.

Die einzige Zeitspanne, die nicht verringert werden sollte, ist die Zeit zum Erlernen und Üben der Denkfähigkeit. Dazu sollten nie weniger als dreißig Minuten zur Verfügung stehen. Die *Kommentar*-Zeit kann reduziert oder in kurzen Treffen sogar weggelassen werden.

Ein einstündiges Treffen würde zum Beispiel aus formellen Angelegenheiten (fünf Minuten), Erlernen der Denkfähigkeit (dreißig Minuten), einem Anwendungsbereich (zehn Minuten), Projektdenken und -bericht (zehn Minuten) und Zusammenfassung (fünf Minuten) bestehen.

Es ist wichtig, die Zeitspannen und den Plan vorher festzulegen, und nicht von Augenblick zu Augenblick vorzugehen. Haben Sie keine Angst davor, das Denken jederzeit abzubrechen, auch wenn wichtige Angelegenheiten diskutiert werden.

Material

Dieses Buch bietet das grundlegende Denkfähigkeiten-Material für die Denkclubs. Pro Sitzung sollte nur eine Denkfähigkeit (oder Gewohnheit) ausprobiert werden. Es ist sogar noch besser, jeder Fähigkeit zwei Sitzungen zu widmen – manchmal bei komplexeren Fähigkeiten sogar noch mehr. Danach kann man das vollständige CoRT-Denkprogramm durchgehen.

Jeder Club sollte seinen eigenen *Katalog* von Denkaufgaben und Projekten aufbauen. Mit der Zeit kann ein Hauptkatalog in Zusammenarbeit mit verschiedenen anderen Denkclubs erstellt werden.

Es ist viel besser, ein paar Werkzeuge zu erlernen und sie effektiv nutzen zu können, als viel von dem Material zu lesen. Es geht nicht darum, den Denkprozeß zu verstehen, sondern darum, eine Denkfähigkeit anwenden zu können.

Training

Mit der Zeit kann man ein besonderes Training für die einrichten, die Denkclubs gründen möchten.

Zusammenfassung

Die Denkclubs bieten eine formelle und ständige Struktur für die Entwicklung von Denkfähigkeiten und für die Freude am Denken als Sport oder Hobby. Hier ist dargestellt worden, wie solche Clubs arbeiten könnten. Dieses Thema ist von den Inhalten dieses Buchs getrennt zu sehen. Diese Inhalte können direkt, auch ohne einen Club, genutzt werden.

Über den Autor

Dr. Edward de Bono war Rhodes Scholar an der Oxford University und hat an den Universitäten von Oxford, Cambridge, London und Harvard gelehrt. Neben seiner Lehrtätigkeit arbeitet er auch für die Industrie, die Regierung und das Auswärtige Amt. Im Zuge dessen entwickelte er das sogenannte CoRT-Programm, ein weitverbreitetes Unterrichtsmodell für den direkten Denkunterricht, das sowohl an Schulen als auch international in großen Unternehmen angewendet wird.

Bildung, so Ausgangspunkt seiner These, ist kein zweckfreies Spiel, sondern eine Vorbereitung auf das Leben. Die Fähigkeit zum richtigen Denken, die in der Schule erlernt werden soll, müßte demnach für das spätere Leben nützlich sein. Dies ist jedoch traditionell nicht der Fall. Die Schüler in der Schule müssen das, was ihnen vorgesetzt wird, akzeptieren. Der Eintritt in die Geschäftswelt oder Politik stellt dann im Normalfall einen Härtetest dar. Denn Manager oder Politiker akzeptieren Denkunterweisungen nur, wenn sie sie für relevant, praktikabel und wichtig halten. Die Geschäftswelt ist somit ein ultimativer Test für den zahlenden Verbraucher.

Dr. de Bono hat in vielen unterschiedlichen Kulturen und unter verschiedenen Ideologien gearbeitet. Dadurch wurde sein Blick für die wesentlichsten Aspekte des Denkens geschärft. So hat er zum Beispiel deutlich die Grenzen der westlichen Denkgewohnheiten, etwa in bezug auf Auseinandersetzungen und kritisches Denken erkennen können. Seine Erfahrungen in unterschiedlichen Ländern, mit unterschiedlichen Lehrern und unter durchaus nicht immer idealen Gegebenheiten haben ihn dazu gebracht, seine Lehrmethoden so weit wie möglich zu vereinfachen, um sie möglichst praktikabel zu machen.

Anders als andere Wissenschaftler hat Dr. de Bono die Natur des Denkens und die Methoden, Denken zu lehren, direkt in Angriff genommen. Seine psychologischen und medizinischen Kenntnisse haben ihm dabei geholfen, biologische, *selbstorganisierende* Informationssysteme zu entschlüsseln, die die Grundlage für das Verstehen von Wahrnehmung und kreativem Denken sind.

Zudem unterscheidet sich Dr. de Bono aufgrund seiner zweiundzwanzigjährigen Erfahrung auf dem Gebiet des direkten Denkunterrichts von seinen Kollegen, die sich erst in jüngster Zeit mit diesem Thema befaßt haben. Seine Methoden (wie das CoRT-Programm) sind jahrelang an unterschiedlichen Altersgruppen mit unterschiedlichen Fähigkeiten, unterschiedlichen Lehrern und unter unterschiedlichen Bedingungen erprobt worden.

Dr. Edward de Bono gilt allgemein als Pionier für das direkte Unterrichten von Denken in Schulen. Seine ersten Bücher erschienen 1967, und das CoRT-Programm wird seit 1972 angewandt. Er hat auf zahlreichen Tagungen Vorträge gehalten, wie auf der Internationalen Denkkonferenz, der Weltversammlung für begabte Kinder und der ASCD National Convention. Heute wird das CoRT-Programm vor allem in Kanada (einschließlich der französischsprachigen Gebiete), aber teilweise auch in den USA angewendet. Selbst einige Schulen in Rußland, China, Singapur, Malaysia und Bulgarien unterrichten mittlerweile danach.

Ein Philosophieprofessor an der Universität von Caracas in Venezuela, der zugleich politisch tätig war und ein spezielles Ministerium für die Entwicklung von Intelligenz gründete, war so begeistert von »The Mechanism of Mind«, daß er Dr. de Bono nach Venezuela einlud, wo er Lehrer trainieren sollte. Insgesamt wurden schließlich 105 000 Lehrer ausgebildet, und Denkunterricht wurde per Gesetz an allen Schulen eingeführt. Von den vierzehn Projekten des Ministeriums für die Entwicklung der Intelligenz basierten acht direkt auf Dr. de Bonos Methoden.

Ein besonders großes Interesse an Dr. de Bonos Werk hat die Industrie gezeigt, denn der Zusammenhang von Denken mit Handeln, Entscheiden und dem Entwickeln neuer Ideen ist offensichtlich. Dr. de Bono wurde bereits von zahlreichen Firmen aus unterschiedlichen Branchen damit beauftragt, Hilfestellung zu geben. Zu ihnen zählen: IBM, General Motors, Shell, Du Pont, Ciba Geigy, die Modefirma Zegna, Heineken und viele andere internationale Unternehmen. Außerdem hat Dr. de Bono Seminare für die Polizei von Los Angeles abgehalten, an Konferenzen der American Bar Association und der Commonwealth Law Conference teilgenommen und bei zahlreichen Veranstaltungen in der Wirtschaft mitgewirkt, unter anderem beim angesehenen ›World Economic Forum‹ in Davos, der ›Pacific Rim Economic Conference‹ und dem International Institute of Banking. Auch das Department of Toxic Waste der kalifornischen Regierung und Organisationen wie der ›World Wildlife Fund‹ und die ›International Union for the Conservation of Nature‹ haben Dr. de Bonos Hilfe gesucht.

Dr. de Bono veröffentlichte 1967 mit *New Think* sein erstes Buch. Seitdem hat er dreißig Bücher geschrieben, die sich alle mit dem Denken befassen und mittlerweile in dreiundzwanzig Sprachen übersetzt worden sind. Zu den Titeln gehören beispielsweise *Konflikte, Das Sechs-Farben-Denken, Der Klügere gibt nicht nach, Laterales Denken, Die vier richtigen und die fünf falschen Denkmethoden* und *Die positive Revolution.*

Der britische Sender BBC produzierte eine zehnteilige Fernsehserie mit dem Titel »De Bonos Denkkurs«, die auch in den USA ausgestrahlt wurde. Eine dreizehnteilige Fernsehserie mit dem Titel »Die größten Denker« wurde von IBM Deutschland und Encyclopaedia Britannica gesponsert und in mehreren europäischen Staaten ausgestrahlt.

Zur Entwicklung seiner Ideen trug Dr. de Bonos medizinische Ausbildung einen wesentlichen Teil bei.

Im Rahmen seiner Beschäftigung mit den integrierten Systemen des menschlichen Körpers (Blutkreislauf, Atmung, Ionenkontrolle, Nierenfunktion, Hormone usw.) war er gezwungen, biologische Konzepte für den Umgang mit Organisation und Information zu entwickeln. Darauf basiert letztlich sein Verständnis von selbstorganisierenden Systemen.

In seinem Buch *The Mechanism of Mind*, das 1969 veröffentlicht wurde, beschreibt Dr. de Bono, wie das Gehirn als neurales Netzwerk, in dem sich Information selbst in Muster organisieren kann, funktioniert. Dieses Buch war seiner Zeit um ungefähr zwanzig Jahre voraus, da die darin enthaltenen Konzepte heute die Basis für die jüngsten Entwicklungen bei Computern bilden: Neurocomputer, Neuralnetzmaschinen usw. Seit seiner Veröffentlichung haben sich zahlreiche Wissenschaftler mit selbstorganisierenden Systemen befaßt, und heute ist dieses Thema ein Teil der Mathematik. Verschiedene Modelle der Gehirnfunktion sind entwickelt worden, und einige von ihnen haben große Ähnlichkeit mit dem Modell, das Dr. de Bono 1969 entwarf. Auf dieser Grundlage konnte Dr. de Bono seine Ideen über Wahrnehmung und Kreativität entwickeln, und auf dieser Grundlage entstanden auch die Techniken des lateralen Denkens sowie die wahrnehmungsverändernden Techniken des CoRT-Programms.

In jüngster Zeit hat Dr. de Bono führende Computer- und Software-Unternehmen eingeladen, an einer *Denkarbeitsgruppe* teilzunehmen, die die Verbindung zwischen Informationslieferung und unserer Fähigkeit, sie anzuwenden, erforschen soll. Dr. de Bono arbeitet auch an der Entwicklung einer neuen, internationalen Denksprache.

Der Begriff des »lateralen Denkens«, den Dr. de Bono geprägt hat, ist mittlerweile im Oxford English Dictionary aufgenommen worden und somit Bestandteil der englischen Sprache. Durch die zahlreichen Übersetzungen seiner Werke hat er sich auch bereits in anderen Sprachen durchsetzen können.